U0578834

权威·前沿·原创

皮书系列为
"十二五""十三五""十四五"时期国家重点出版物出版专项规划项目

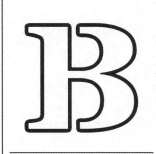

BLUE BOOK

智库成果出版与传播平台

山西蓝皮书
BLUE BOOK OF SHANXI

山西经济社会发展报告
（2024）

ANNUAL REPORT ON ECONOMY AND SOCIETY

OF SHANXI (2024)

主　编／张　峻
副主编／韩东娥

社会科学文献出版社
SOCIAL SCIENCES ACADEMIC PRESS（CHINA）

图书在版编目（CIP）数据

山西经济社会发展报告 . 2024 / 张峻主编；韩东娥
副主编 . --北京：社会科学文献出版社，2023. 12
（山西蓝皮书）
ISBN 978-7-5228-2936-4

Ⅰ.①山… Ⅱ.①张… ②韩… Ⅲ.①区域经济发展
-研究报告-山西-2024②社会发展-研究报告-山西-
2024 Ⅳ.①F127. 25

中国国家版本馆 CIP 数据核字（2023）第 236220 号

山西蓝皮书
山西经济社会发展报告（2024）

主　　编／张　峻
副 主 编／韩东娥

出 版 人／冀祥德
组稿编辑／任文武
责任编辑／刘如东
文稿编辑／范灵娇
责任印制／王京美

出　　版／社会科学文献出版社 · 城市和绿色发展分社（010）59367143
　　　　　地址：北京市北三环中路甲 29 号院华龙大厦　邮编：100029
　　　　　网址：www. ssap. com. cn
发　　行／社会科学文献出版社（010）59367028
印　　装／天津千鹤文化传播有限公司

规　　格／开 本：787mm×1092mm　1/16
　　　　　印 张：23.25　字 数：348 千字
版　　次／2023 年 12 月第 1 版　2023 年 12 月第 1 次印刷
书　　号／ISBN 978-7-5228-2936-4
定　　价／128.00 元

读者服务电话：4008918866

编　委　会

主要编撰者简介

张　峻　山西省社会科学院（山西省人民政府发展研究中心）党组书记、院长。毕业于中国人民大学哲学系。历任山西省政务改革和管理办公室党组书记、主任，山西省人力资源和社会保障厅党组成员、副厅长，山西省委宣传部副部长（兼）、省文明办主任。长期关注经济社会发展与相关政策研究，多次参与全省经济工作会议和政府工作报告的撰写，多次参加省政府重大调研活动，撰写30余篇综合调研报告及政策建议，发表论文、理论文章70多篇，获得各类奖项20余项。在《光明日报》《山西日报》《前进》等报刊发表《太行精神历久弥新的时代价值》《以党的二十大精神为指引开创山西社科研究新局面》《国家知识产权试点政策是否促进了城市创新合作》《坚持以"两个结合"推进马克思主义中国化时代化》等文章；专著《教育高质量发展》等，主编《区域协调发展理论与实践》《山西能源革命研究报告（2022）》《山西经济社会发展报告（2023）》等。

韩东娥　山西省社会科学院（山西省人民政府发展研究中心）原副院长，二级研究员。长期从事资源能源和生态环境经济研究。主持完成国家社会科学基金课题"西（中）部地区生态建设补偿机制、配套政策和评价体系"1项，山西省级重点课题"资源和生态环境产权制度研究""山西生态产品价值实现机制和路径研究""山西煤炭产业发展战略研究""山西打造能源革命排头兵推进能源革命综合改革试点的路径及突破口选择研究"等20多项，各地市各部门委托课题"山西能耗'双控'对策措施研究""山西非常规天然气产业发展研究"等 20 多项。先后在各级专业期刊发表论文 40 多篇。专著《走向未来战略》《生态建设补偿机制研究——以西（中）部地区为例》，主编《山西煤炭产业政策研究》《迈向能源革命新征程》《能源革命若干问题研究》，参编著作 10 多部。先后获得全国青年社会科学优秀成果奖 1 项，山西省社会科学优秀成果一等奖 1 项、二等奖 2 项，山西省"五个一工程"优秀作品奖 1 项，山西省科技进步三等奖 2 项。

序 言

黄群慧[*]

　　建设国家资源型经济转型综合配套改革试验区是党中央赋予山西的一项重大使命，也是实现山西转型发展的关键一招。当前，世界百年未有之大变局加速演进，我国开启全面建设社会主义现代化国家的新征程。新时代新征程，不断开拓转型发展新内涵新路径，加快培育转型发展新动能新优势，努力蹚出一条体现山西特色、具有示范意义的转型发展新路，对山西推进高质量发展和为中国式现代化作出山西贡献具有重要意义。

　　在现代化新征程上，要进一步把握山西加快转型发展的实践要求和重大意义。一是转型发展是习近平总书记赋予山西的时代课题，必须坚定不移地沿着习近平总书记指引的转型发展康庄大道砥砺前行，既要有紧迫感，又要有长远战略谋划，要久久为功，在转型发展上率先蹚出一条新路来。新时代新征程，转型发展是山西最鲜明的特征，一定要完成这一时代命题和重大使命，在全国资源型地区率先走出一条可供借鉴的转型之路。二是转型发展是山西推动高质量发展的内在要求。对于山西这样的资源型地区来说，转型发展与高质量发展的内涵要求高度一致，是内在统一的，实现高质量发展的首要任务就是推动转型发展，加快转型发展的重要目标就是实现高质量发展，都是要完整、准确、全面贯彻新发展理念，实现经济发展的质量变革、效率变革和动力变革。三是转型发展是中国式现代化山西实践的具体行动。山西

---

　　[*] 黄群慧，中国社会科学院经济研究所所长，研究员，博士生导师。

要实现到 2035 年与全国同步基本实现社会主义现代化，首要前提就是要实现转型发展，可以说转型发展是谱写全面建设社会主义现代化国家山西篇章的必由之路。当前，山西转型发展进入了乘势而上、提质提速的关键时期，必须站在现代化建设全局的高度，深刻把握高质量发展阶段的特征变化，深刻把握构建新发展格局的战略需求，深刻把握数字经济发展的时代浪潮，找准转型发展的新方位，适应转型发展的新要求，把握转型发展的新机遇，全面提升物质文明、政治文明、精神文明、社会文明、生态文明发展水平，把山西现代化建设事业不断推向前进。

现代化新征程上，要进一步认识山西加快转型发展的现实基础和问题挑战。一方面，山西转型发展行稳致远的基础正不断夯实。近年来，山西深入贯彻落实习近平总书记对山西工作的重要讲话重要指示精神，持续增强思想和行动自觉，转型发展迈出了坚实步伐，取得了积极进展。全省经济总量不断迈上新台阶，全省地区生产总值由 2017 年的 1.45 万亿元提升至 2022 年的 2.56 万亿元，在全国的排名由第 24 上升至第 20。能源革命成效显著，产业转型步伐加快，全省非煤产业增速持续快于煤炭产业，工业战略性新兴产业、高技术制造业近年来呈两位数速度增长，创新生态持续优化，生态环境明显改善，全省改革开放纵深推进，营商环境持续改善，各类经营主体量质齐升，民生福祉不断增进，人民群众获得感大幅提升。另一方面，转型发展是一项长期而艰巨的任务。资源型经济转型是世界性难题，山西的转型发展更不是一时一日之功，转型进程中还存在不少问题、面临诸多困难和挑战。其中比较突出的是，经济总体规模仍偏小，尤其是工业和制造业总体规模相对偏小，制造业增加值仅占全国的 1%，制造业占工业的比重从"十三五"初期的 40% 左右下降到 2022 年的 30.7%；资源型经济特征依旧明显，三次产业之间以及各产业内部未形成协调发展格局，"一煤独大"的产业结构未发生实质性改变，2022 年山西采矿业占规上工业增加值的比重仍高达67%；新兴产业比重较低，特别是汽车、电子通信等终端消费需求产品的新兴产业发展不足，难以支撑全省经济新旧动能的转换；科技和人才要素对转型的支撑不够，市场化改革还较为滞后，对外开放水平还不高；等等。

　　在现代化新征程上，要进一步明确山西加快转型发展的关键抓手和路径选择。当前，随着科技革命和产业变革持续演进，特别是在大数据、云计算、区块链、人工智能等数字技术的驱动下，数字技术与实体经济深度融合，成为引领新型经济形态推动经济发展的重要动力，也为资源型地区经济转型打开了新思路、提供了新动能。转型发展的关键是经济转型。习近平总书记在山西考察调研时深刻指出，要加快推动经济转型发展，形成多点产业支撑、多元优势互补、多级市场承载、内在竞争力充分的产业体系，真正走出一条产业优、质量高、效益好、可持续的发展新路。要进一步找准深化转型的着力点，明确转型发展的方法路径，在经济平稳发展中推动转型，在深化能源革命中推动转型，在激发动力活力中推动转型，以经济转型牵引带动各项事业高质量发展，让转型发展成果更多更公平惠及人民群众。一是要加快构建现代化产业体系。加快传统产业改造提升，推动新兴产业发展壮大，促进消费品工业高质量发展，推进农业"特""优"发展，推动服务业提质增效，持续推动能源产业绿色发展。二是要大力提升科技创新能力。提高科技创新供给能力，加快建设重大科技创新平台，强化重点产业链科技服务，强化企业创新主体作用，大力发展科技服务业。三是优化提升营商环境。推进营商环境创新试点，提升政务服务水平，提升综合监管水平，推进各类惠企政策落实。四是发展壮大民营经济。建立经营主体公平竞争制度，对各类经营主体一视同仁，完善民营企业权益保护机制，强化民营企业产权保护，纾解民营企业融资困境。五是全力打造开发区升级版。支持开发区提档升级，提高开发区服务质效，推动向开发区放权赋能，深化开发区体制机制改革。

　　新时代提出新要求，新征程呼唤新作为，新格局要有新气象。在现代化新征程上，山西要牢记习近平总书记的殷殷嘱托，用足用好国家支持山西转型发展的政策措施，找准推动转型发展的途径抓手，着力解决制约转型发展的结构性、体制性、素质性矛盾和问题，坚定不移地把转型发展进行到底，努力开创转型发展新境界。

摘　要

2023 年，山西经济保持了平稳复苏、稳中向好的发展态势，生产需求基本平稳，就业物价总体稳定，发展质量稳步提升，民生福祉不断增进。2023 年前三季度，全省地区生产总值为 18049.37 亿元，同比增长 4.5%。从三次产业看，第一产业增加值为 907.62 亿元，同比增长 3.5%，拉动经济增长 0.2 个百分点；第二产业增加值为 8720.94 亿元，同比增长 4.6%，拉动经济增长 2.05 个百分点；第三产业增加值为 8420.82 亿元，同比增长 4.5%，拉动经济增长 2.25 个百分点。从需求侧看，出口和投资对经济增长的拉动减弱，但消费持续复苏，消费拉动经济增长的基础性作用凸显。前三季度，全省固定资产投资增速同比下降 6.8%，但降幅较 1~8 月收窄 0.1 个百分点；社会消费品零售总额 5836.2 亿元，同比增长 3.7%，新型消费加速增长；全省完成进出口额 1210.9 亿元，同比下降 11.6%，但新能源汽车、医药制品、轨道交通设备等新的增长点加快显现，带动进出口降幅收窄。9 月，全省进出口、出口增速由负转正，增速分别为 9.9%、9.3%。从社会形势来看，就业趋稳向好，居民收入保持增长，教育卫生服务能力明显增强，生态环境持续改善，社会治理水平明显提升，人民群众幸福感不断增强。

展望 2024 年，山西经济社会发展机遇与挑战并存，有利于经济社会向好的积极因素不断集聚，同时也应看到，需求不足、预期不强等问题依然突出，经济持续回升向好的基础还不够牢固，社会发展仍面临诸多风险挑战。山西要全面贯彻落实党的二十大和二十届二中全会精神，深入贯彻落实习近平总书记对山西工作的重要讲话重要指示精神，坚持稳中求进、以进促稳、先立后破，着力扩大内需、提振信心、防范风险，夯实经济稳定恢复基础，持续巩固和增强经济回升向好态势，扎实推进高质量发展。同时，多措并举稳定和扩大就业，加快提升基本公共服务供给能力和质量，持续加强生态环境综合治理，推进社会治理现代化，持续保障和改善民生，奋力谱写中国式现代化山西篇章。

关键词： 经济运行　社会形势　高质量发展　山西

目　录 ⟆

Ⅰ　总报告

B.1 2023~2024年山西经济形势分析与预测

　　　　　　　　　…………… 张　峻　张文丽　张文霞　焦子宸 / 001

　　一　2023年经济运行特征分析 ………………………………… / 002

　　二　需要重点关注的问题 …………………………………………… / 013

　　三　2024年经济形势展望与政策建议 ………………………… / 018

B.2 2023~2024年山西社会形势分析与预测 ……………… 柏　婷 / 024

　　一　2023年山西社会发展总体形势分析 ……………………… / 025

　　二　山西社会发展面临的困难和挑战 …………………………… / 034

　　三　2024年山西社会发展形势及政策建议 …………………… / 038

Ⅱ　运行篇

B.3 山西农业农村经济发展特征及形势分析 ……… 武甲斐　刘玲玲 / 048

B.4 山西工业经济运行特点及形势分析 ………… 蔡　飞　谢秀峰 / 070

B.5 山西财政运行分析与预测 ………………… 张　婷　吴梅英 / 084

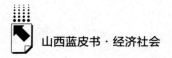
Ⅲ 专题篇

B.6 山西推动转型发展路径研究⋯⋯⋯⋯⋯⋯ 孙秀玲 栗 挺 / 103

B.7 山西优化能源资源收益分配机制研究

⋯⋯⋯⋯⋯ 曹海霞 李 菲 张艳梅 王 鑫 / 123

B.8 山西煤炭增产保供和可持续发展研究

⋯⋯⋯⋯⋯⋯ 高剑峰 逯晓翠 郑 玥 / 138

B.9 山西建设高标准市场体系研究⋯⋯⋯ 梁正华 李 峰 王 鑫 / 156

B.10 山西构建现代综合交通运输体系研究

⋯⋯⋯⋯⋯ 郭 勇 巩 萍 陈其志 / 173

B.11 山西实施农业"特""优"战略研究

⋯⋯⋯⋯⋯ 赵旭强 王 中 王 娜 / 189

B.12 山西实现"一泓清水入黄河"问题研究

⋯⋯⋯⋯⋯ 赵文江 魏 强 李维斌 / 212

B.13 山西推进以县城为载体的城镇化建设研究

⋯⋯⋯⋯⋯ 贾步云 王 中 吕 凯 / 227

B.14 山西推进教育科技人才振兴研究

⋯⋯⋯⋯⋯ 张雪莲 王晶鑫 梁鹏伟 / 249

B.15 太原发挥山西中部城市群龙头作用研究⋯⋯ 刘志育 焦 弘 / 270

B.16 大同对接京津冀协同发展研究

⋯⋯⋯⋯⋯ 郭泰岳 王爱民 高 燕 白小利 / 291

B.17 山西全面深化改革开放研究⋯⋯⋯⋯⋯ 黄 桦 张 婷 / 313

Abstract ⋯⋯⋯⋯⋯⋯⋯⋯⋯⋯⋯⋯⋯⋯⋯⋯⋯⋯⋯⋯ / 333

Contents ⋯⋯⋯⋯⋯⋯⋯⋯⋯⋯⋯⋯⋯⋯⋯⋯⋯⋯⋯⋯ / 335

皮书数据库阅读 **使用指南**

总报告

B.1

2023~2024年山西经济形势
分析与预测

张　峻　张文丽　张文霞　焦子宸*

摘　要： 2023年，面对复杂严峻的外部环境和多重困难挑战，山西经济继续保持平稳复苏、稳中向好的发展态势，三次产业稳步增长，有效需求逐步恢复，就业物价总体稳定，发展质量稳步提升。但也要看到，当前全省经济持续回升向好的基础尚不够牢固，有效需求不足、社会预期偏弱等问题依然突出。展望2024年，国内外发展环境依然复杂多变，但随着我国逆周期和跨周期调节政策的落地见效，将有利于稳预期、稳增长、稳就业目标的实现。山西要坚持稳中求进、以进促稳、先立后破，着力扩大内需、提振信心、防范风险，在转方式、调结构、提质量、增效益上积极进取，不断推动

---

* 张峻，山西省社会科学院（山西省人民政府发展研究中心）党组书记、院长，研究方向为区域经济、政策研究；张文丽，山西省社会科学院（山西省人民政府发展研究中心）经济研究所所长，研究员，研究方向为宏观经济、区域经济；张文霞，山西省社会科学院（山西省人民政府发展研究中心）经济研究所副研究员，研究方向为宏观经济、区域经济；焦子宸，山西省社会科学院（山西省人民政府发展研究中心）经济研究所研究实习员，研究方向为宏观经济、产业经济。

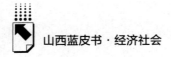

经济持续回升向好、内生动力持续增强、社会预期持续改善、风险隐患持续化解，扎实推进高质量发展，全力谱写中国式现代化山西篇章。

关键词： 经济形势　经济运行　高质量发展　山西

2023 年是全面贯彻党的二十大精神的开局之年，是实施"十四五"规划承前启后的关键一年。山西省委省政府全面贯彻落实党的二十大精神，深入贯彻落实习近平总书记对山西工作的重要讲话重要指示精神，全面贯彻党中央、国务院关于经济工作的各项决策部署，扎实推动高质量发展和现代化建设，全省经济发展呈现出平稳复苏、稳中向好的发展态势，生产需求基本平稳，就业物价总体稳定，发展质量稳步提升。

一　2023年经济运行特征分析

2023 年，山西经济总体保持稳中向好的发展态势，1～2 月，全省经济实现稳中开局，第一季度，地区生产总值为 5824.33 亿元，按不变价格计算，同比增长 5.0%，快于全国（4.5%）0.5 个百分点，快于 2022 年（4.4%）0.6 个百分点；上半年，全省经济总体恢复向好，地区生产总值为 11688.56 亿元，同比增长 4.7%；前三季度，全省经济实现稳定恢复，地区生产总值为 18049.37 亿元，同比增长 4.5%（见图 1）。从两年平均增速看，第一季度、上半年、前三季度全省 GDP 两年平均分别增长 5.7%、4.9% 和 4.9%，分别快于全国 1.1 个、0.9 个和 0.8 个百分点。[①]

（一）生产供给持续增加，三次产业稳步增长

分产业看，三次产业稳步增长，农业经济形势稳中有进，工业保持平稳

---

① 《前三季度全省经济运行呈现较强韧性——省统计局综合处解读前三季度经济运行情况》，山西省统计信息网，http：//tjj.shanxi.gov.cn/sjjd/sjxx/202310/t20231025_9413715.shtml。

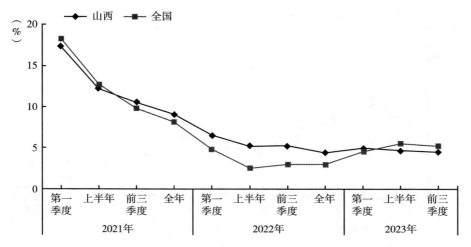

图1 2021年至2023年前三季度山西与全国GDP累计同比增速

资料来源：山西省统计局、国家统计局。

增长，服务业实现较快增长。前三季度，第一产业增加值907.62亿元，同比增长3.5%，拉动经济增长0.2个百分点；第二产业增加值8720.94亿元，同比增长4.6%，拉动经济增长2.05个百分点；第三产业增加值8420.82亿元，同比增长4.5%（见图2），拉动经济增长2.25个百分点。[①]

1. 农业经济稳中有进，综合生产能力不断提高

山西坚持农业农村优先发展，全方位提升粮食综合生产能力，高位推动农业"特""优"发展，农业经济形势稳中有进，农业高质高效发展，为经济社会大局稳定提供了基础支撑。第一季度，农业生产开局良好，全省实现农林牧渔业（包括农林牧渔专业及辅助性活动）增加值306.9亿元，同比增长3.9%。上半年，全省农业经济稳中向好，实现农林牧渔业增加值475.68亿元，同比增长1.4%。前三季度，农业生产稳定增长，实现农林牧渔业增加值968.75亿元，同比增长3.6%。夏粮喜获丰收，播种面积、总

---

① 《前三季度全省经济运行平稳恢复——省统计局核算处解读前三季度GDP数据》，山西省统计信息网，http://tjj.shanxi.gov.cn/sjjd/sjxx/202310/t20231024_9413101.shtml。

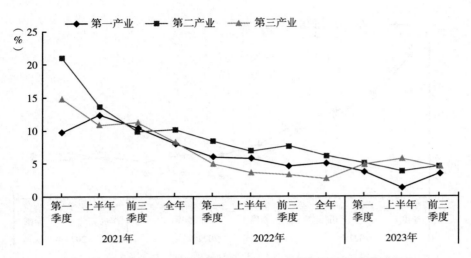

图 2 2021 年至 2023 年前三季度山西三次产业增加值累计同比增速

资料来源：山西省统计局。

产、单产实现"三增"，同比分别增长 0.2%、0.8%、0.6%。秋粮长势良好，丰收在望，截至 10 月 25 日，秋粮收获面积 3772.4 万亩，收获进度为92.2%，预计全年产量与 2022 年持平略增。蔬菜、水果、中草药产量继续增长，同比分别增长 5.4%、10.8%、9.5%。畜禽生产增势良好，生猪、牛、羊、家禽出栏同比分别增长 7.5%、9.1%、6.1%、9.1%；猪牛羊禽四肉、牛奶、禽蛋产量同比分别增长 8.1%、4.8%、6.3%，全省肉蛋奶市场供应总体充足。特色渔业稳步增长，水产养殖面积同比增长 3.4%，水产品总产量同比增长 9.2%。[①]

2. 工业生产总体平稳，新兴产业发展壮大

2023 年以来，在煤炭供需形势变化、煤炭工业低速增长的情况下，全省聚焦培育壮大新动能，工业生产总体呈现平稳运行态势。前三季度，全省规模以上工业增加值同比增长 3.5%，工业占全省 GDP 比重为 44.3%，对经

———————————

① 《全省农业经济稳中有进——省统计局农村处解读前三季度农业数据》，山西省统计信息网，http://tjj. shanxi. gov. cn/sjjd/sjxx/202310/t20231023_9408450. shtml。

济增长的贡献率为47.8%，拉动经济增长2.2个百分点。从三大门类看，采矿业增长2.7%，制造业增长5.7%，电力、热力、燃气及水生产和供应业增长2.0%。从煤与非煤看，煤炭工业增速趋缓，同比增长3.0%，是工业增速回落的主要原因；非煤工业同比增长4.3%，快于规模以上工业增加值增速0.8个百分点。

工业新动能发展壮大，制造业展现较强发展韧性。全省规模以上工业中，第一季度、上半年、前三季度，工业战略性新兴产业增加值同比分别增长13.9%、6.2%、12.5%，废弃资源综合利用业同比分别增长98.9%、75.3%、57.9%，节能环保产业同比分别增长29.9%、20.4%、36.3%，对工业经济增长的拉动作用明显。重点产业链、特色专业镇持续发力，1～8月，省级十大重点产业链实现营业收入3330.3亿元，同比增长17.9%；省级十大重点专业镇实现产值410.5亿元，同比增长18.2%。主要产品产量保持增长，主要规模以上工业产品中，原煤、生铁、钢材、原铝、发电量、光伏电池、非常规天然气等产品产量延续增长势头。其中，前三季度环境污染防治专用设备产量同比增长1.3倍，光伏电池产量同比增长21.8%，电子计算机整机产量同比增长3.7倍。从经济先行指标看，用电量、货运量基本保持平稳运行态势，前三季度，全社会用电量同比增长4.7%，其中工业用电量增长3.6%；公路货运量同比增长11.4%，铁路货运量同比下降7.8%。①

3.服务业较快增长，接触型服务业明显改善

随着经济社会全面恢复常态化运行，山西大力实施服务业提质增效行动计划，服务业实现较快恢复增长。前三季度，服务业增加值8420.8亿元，同比增长4.5%，占GDP比重为46.7%，对经济增长的贡献率为50.0%，拉动全省生产总值增长2.25个百分点，为全省经济作出积极贡献。特别是现代服务业引领发展，其中信息传输、软件和信息技术服务业以及金融业增加

---

① 《前三季度全省工业生产平稳运行——省统计局工交处解读前三季度工业数据》，山西省统计信息网，http://tjj.shanxi.gov.cn/sjjd/sjxx/202310/t20231023_9408429.shtml。

值分别增长 10.9% 和 7.0%，比全省服务业增速分别快 6.4 个和 2.5 个百分点，共拉动服务业增加值增长 1.6 个百分点。服务业新业态快速发展，互联网相关行业快速发展，1~8 月，规模以上互联网和相关服务营业收入同比增长 19.4%，比上半年快 9.8 个百分点；快递市场规模继续扩大，前三季度，全省邮政行业寄递业务量累计完成 12.8 亿件，同比增长 24.7%。

接触型服务业显著改善。第一季度，批发和零售业、交通运输业、住宿餐饮业、房地产业、居民服务业和文体娱乐业等行业增加值增速均较 2022 年全年实现由负转正，有力支撑了服务业快速恢复。前三季度，住宿和餐饮业、文化体育和娱乐业、交通运输仓储和邮政业等保持较快增长，增加值分别同比增长 14.6%、5.5% 和 6.3%。随着新消费场景的竞相涌现，实体店铺经营持续改善，1~8 月，全省规模以上文艺创作与表演、电影放映、体育组织、游乐园以及商业综合体管理营业收入同比分别增长 91.2%、66.2%、33.1%、30.9% 和 22.9%。旅游市场持续回暖，前三季度，全省重点监测景区的接待人数 6600.6 万人次，同比增长 1.3 倍；门票收入 22.2 亿元，同比增长 1.7 倍；经营收入 38.2 亿元，同比增长 1.6 倍；全省铁路累计发送旅客 6467.7 万人，同比增长 96.4%。[①]

（二）市场需求稳步扩大，消费恢复态势向好

从市场需求看，受外需收缩、房地产下行等影响，出口和投资对经济增长的拉动有所减弱，但经济社会全面恢复常态化运行，消费持续复苏，对经济增长的拉动作用提升，有效弥补了出口和投资拉动降低的影响。

1. 投资需求同比下降，房地产市场逐步回暖

近年来，山西固定资产投资增速连续放缓，2020~2022 年增速分别为 10.6%、8.7%、5.9%，2023 年以来，受房地产市场调整、民间投资活力不足、基础设施投资放缓等影响，全省固定资产投资增速由正转负，下行压力

---

① 山西省统计局、国家统计局山西调查总队：《前三季度全省经济持续复苏　稳中向好》，山西省统计信息网，http://tjj.shanxi.gov.cn/sjjd/sjxx/202310/t20231023_9408553.shtml。

持续加大。前三季度，全省固定资产投资增速下降6.8%，降幅较1~8月收窄0.1个百分点，但低于全国（3.1%）9.9个百分点。其中，民间固定资产投资增速下降9.6%。分产业看，第一产业、第二产业、第三产业投资增速分别下降8.0%、7.2%、6.4%（见图3）。在第二产业中，工业投资增速下降7.3%。其中，制造业投资增速下降明显，由第一季度下降7.7%到1~8月下降18.7%，前三季度，制造业投资增速下降16.4%，降幅收窄。

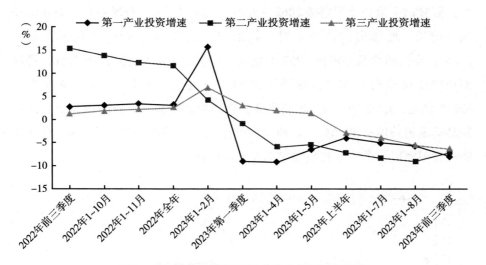

图3 山西三次产业固定资产投资累计同比增速

资料来源：山西省统计局。

经济恢复向好，促进房地产健康发展政策显效，房地产市场逐步企稳回暖。第一季度，前期积压的购房需求集中释放，商品房销售量快速增长，销售面积439.8万平方米，同比增长20.0%；房地产开发投资同比增长2.4%，扭转了自2022年4月以来持续负增长的态势。上半年，全省商品房销售面积1140.0万平方米，同比增长13.8%；房地产投资保持增长，同比增长0.5%。近期，房地产市场总体处于调整阶段，国家先后出台首套房贷款"认房不认贷"、调整住房贷款最低首付比例等优化措施，全省房地产市场呈现出企稳复苏和平稳修复的态势。前三季度，商品房销售面积1764.9万平方米，同比增长 6.2%；商品房销售额 1202.9 亿元，同比增长 8.1%；房地产开发投资同比持平，高于全国 9.1 个百分点。

2. 消费市场持续回暖，新型消费快速增长

随着经济恢复向好、消费场景拓展、促消费政策落地显效，居民消费稳步扩大，市场销售增速加快，消费拉动经济增长的基础性作用更加稳固。前三季度，社会消费品零售总额 5836.2 亿元，同比增长 3.7%（见图 4）。其中，限额以上消费品零售额 2062.7 亿元，增长 1.7%。分城乡看，城乡市场同步增长，城镇市场快于乡村，城镇消费品零售额 4784.2 亿元，增长 3.8%；乡村消费品零售额 1052.1 亿元，增长 3.0%。从消费形态看，餐饮消费增长快于商品零售，商品零售 5199.7 亿元，增长 2.9%；餐饮收入 636.5 亿元，增长 10.3%。出行类商品销售带动明显，全省限额以上石油及制品类零售额增长 11.5%，限额以上单位汽车类零售额增长 3.7%，合计拉动全省限额以上单位零售额增速 2.8 个百分点。

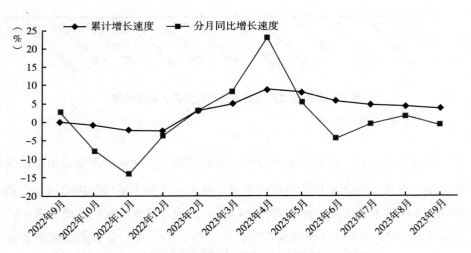

图 4 山西社会消费品零售总额分月及累计同比增速

资料来源：山西省统计局。

新型消费快速增长，升级类产品需求不断释放。绿色升级类消费较快增长，前三季度，绿色智能产品销售较快增长，新能源汽车零售额同比增长

55.0%，可穿戴智能设备零售额同比增长49.4%。随着零售市场新业态新模式不断涌现，直播带货、即时零售等网上零售带动作用持续显现，前三季度，限额以上网上零售额157.5亿元，增速由上半年的下降4.9%转为增长6.3%，拉动限额以上消费品零售额增速0.4个百分点。①

3. 进出口降幅收窄，外贸新增长点加快显现

受全球经济增长乏力，外部需求增长放缓影响，进出口对经济增长的拉动作用减弱。随着我国产业升级发展，新产品市场竞争力稳步提升，以及山西培育重点产业链，有助于实现外贸促稳提质的目标。前三季度，全省完成进出口额1210.9亿元，同比下降11.6%，低于全国平均增速11.4个百分点，但与全国差距较上半年缩小9.2个百分点；较全省第一季度、上半年分别收窄10.7个、6.9个百分点，降幅逐步收窄（见图5）。其中，出口754.6亿元，下降15.8%；进口456.3亿元，下降3.6%，出口、进口下降幅度同步收窄。同时，山西持续深化国际交流与合作，加强与"一带一路"共建国家主要口岸的互联互通，前三季度，山西与"一带一路"共建国家进出口516.6亿元，同比增长3.3%。其中，进口247.1亿元，增长16.9%。太原海关共监管出境中欧（亚）班列61列，货值约11.7亿元，辐射"一带一路"沿线11个国家27个城市。

进入第三季度，外贸新增长点持续发力，全省进出口降幅开始收窄。1~7月，进出口额886.1亿元，同比下降16.1%，降幅比上半年收窄2.4个百分点。7月，进出口总额153.9亿元，环比增长22.2%，新能源汽车、医药制品、轨道交通设备成为外贸新的增长点。1~8月，进出口额1047.6亿元，同比下降14.1%，降幅比上半年收窄4.4个百分点。其中，铁合金进口78.8万吨，货值126.2亿元，同比分别增长205.6%和62.1%。铁合金进口增长拉高全省进出口增速4个百分点；手机零件（天线除外）增长51.1%，拉高1个百分点。医药材及药品出口16.2亿元，增长10.5%；轨道交通装

---

① 《前三季度全省消费市场持续恢复向好——省统计局贸易处解读前三季度全省贸易数据》，山西省统计信息网，http://tjj.shanxi.gov.cn/sjjd/sjxx/202310/t20231024_9408928.shtml。

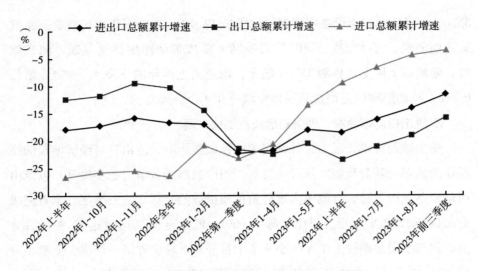

图5 山西进出口、出口、进口总额累计增速

资料来源：山西省统计局。

备出口 10.4 亿元，增长 212.3%。1～9 月，主要出口商品中手机持续下降，钢材量增值降，轨道交通装备大幅增长。手机出口 1467.7 万台、433.4 亿元，同比分别下降 25.1% 和 19.1%。钢材出口 62.1 万吨、60.8 亿元，同比分别增长 10.3% 和下降 20%。轨道交通装备出口 11.6 亿元，同比增长 190.8%。① 9 月，进出口、出口增速由负转正，增速分别为 9.9%、9.3%。

4. 居民消费价格总体稳定，工业生产价格继续下降

2023 年以来，受国际国内多重因素共同影响，全省 PPI、CPI 持续回落。CPI 低位运行，1～2 月，CPI 开始波动下行；上半年，CPI 同比上涨 0.4%；前三季度，CPI 同比上涨 0.1%。分类别看，食品烟酒类价格上涨 0.8%，衣着类上涨 0.2%，居住类下降 0.1%，生活用品及服务类上涨 0.4%，交通和通信类下降 2.0%，教育文化和娱乐类上涨 0.5%，医疗保健

---

① 《2023 年 1～9 月份山西省进出口情况分析》，中华人民共和国太原海关网，http：//taiyuan. customs. gov. cn/taiyuan_ customs/zfxxgk50/3023433/3023453/4676174/5442204/index. html。

类上涨0.9%，其他用品和服务类上涨2.4%。① 分月来看，CPI涨幅从年初增长1.5%到4月下降0.4%，继续回落到7月下降0.7%、9月下降0.3%，降幅9月比7月收窄0.4个百分点。物价回落呈现明显的结构性特征，食品和能源价格受季节、天气、地缘政治等影响波动较大，导致CPI同比涨幅总体呈回落态势，但扣除食品和能源的核心CPI总体稳定。

受国际大宗商品价格下行、国内需求不足与上年同期基数较高等因素影响，PPI降幅持续扩大。前三季度，PPI同比下降8.1%，较上半年下降1.2个百分点。其中，煤炭开采和洗选业下降12.0%，石油、煤炭及其他燃料加工业下降18.5%，黑色金属冶炼和压延加工业下降13.8%，电力、热力生产和供应业下降0.5%。工业生产者购进价格下降5.0%。分月看，PPI持续下跌，跌幅从年初的同比持平一直跌落，到6月下降15.3%，7月降幅开始收窄，由下降12.9%转为8月下降9.1%，跌幅收窄3.8个百分点，9月下降9.5%，跌幅扩大0.4个百分点。

（三）财政收入小幅下降，金融支持总体稳定

全省财政收入有所下降，但总体运行平稳有序，金融运行保持稳定，支持实体经济力度明显加大，助力全省经济高质量发展。

1. 财政收入小幅下降，重点领域保障有力

2023年以来，受煤炭价格波动下行和2022年财政收入高增长垫高基数等多重因素影响，财政收入增速回落明显，前三季度全省一般公共预算收入小幅下降，税收收入负增长，非税收入成为财政收入重要支撑。前三季度，一般公共预算收入2666.6亿元，同比下降1.4%，减收37.8亿元。其中，占比74.7%的税收收入下降5.4%，减收113.1亿元；通过加大矿业权出让收益征缴力度、大力盘活存量国有资产、及时上缴国有资本经营收入等手段，占比25.3%的非税收入增长12.5%，增收75.3亿元。从支出来看，山

---

① 山西省统计局、国家统计局山西调查总队：《前三季度全省经济持续复苏 稳中向好》，山西省统计信息网，http://tjj.shanxi.gov.cn/sjjd/sjxx/202310/t20231023_9408553.shtml。

西积极发挥财政作用，加强财政资源统筹，持续加大对经济社会发展薄弱环节和关键领域的投入，转型发展、能源革命、生态环保、基本民生、乡村振兴、教育、科技攻关等重点领域支出得到有力保障。前三季度，一般公共预算支出4407.0亿元，同比增长8.0%，增支325.8亿元。其中，民生领域支出稳步增长，民生支出3455.9亿元，占全省一般公共预算支出的78.4%，增长7.1%，增支228.5亿元。①

2. 金融支持运行稳健，服务实体经济质效提升

2023年以来，央行坚持贯彻落实党中央、国务院决策部署，精准有力实施稳健的货币政策，进一步加大对实体经济的支持力度，持续完善市场化利率形成和传导机制，优化央行政策利率体系，发挥贷款市场报价利率（LPR）改革效能和指导作用，推动企业融资和居民信贷成本稳中有降。在政策引导下，山西金融支持运行稳健，到9月末，全省金融机构本外币各项存款余额5.76万亿元，比2022年同期末增长8.7%，比年初增加3988.1亿元。社会融资规模稳定增长，6月末，全省社会融资规模存量达5.84万亿元，比年初增加3754.05亿元，同比多增568.35亿元，同比增长7.9%。其中，投放实体经济的贷款增加3151.65亿元，占社会融资规模增量的84.0%，同比多增987.78亿元，是社会融资规模增量的1.7倍，信贷支撑作用更加突出。9月末，各项贷款余额4.15万亿元，同比增长11.1%，比年初增加3775.0亿元。分部门看，企（事）业单位贷款新增3.27万亿元，比年初增加2767.7亿元，占全部人民币贷款增量的73.3%。其中，用于满足企业固定资产投资资金需求的中长期贷款2.00万亿元，比年初增加2571亿元。

（四）就业形势总体稳定，居民收入稳步提升

经济恢复向好，稳就业政策持续显效，就业形势逐步改善，居民收入继续稳步增长，民生保障有力有效。

---

① 《山西省2023年1~9月份一般公共预算收支情况》，山西省财政厅官网，http://czt. shanxi.gov.cn/czdt/czsj_49468/202310/t20231023_9407981.shtml。

1. 就业形势平稳向好，城镇调查失业率下降

随着经济持续恢复、服务业加快增长，稳就业政策显效发力，全省就业形势平稳向好。上半年，全省城镇新增就业 26.6 万人，完成全年目标的 59.1%；城镇调查失业率均值为 5.4%，比全国高 0.1 个百分点，比第一季度下降 0.1 个百分点。6 月，全省城镇调查失业率为 5.3%，比全国高 0.1 个百分点，控制在年度 5.5% 左右的目标以内。全省落实落细就业优先政策，多措并举促进重点群体就业，接续举办"职引未来""惠民生促就业"等系列招聘活动 837 场，为高校毕业生提供岗位 38.72 万个；助力脱贫劳动力就业创业，截至 6 月底，脱贫人口（含防贫监测对象）务工规模达到 98.86 万人；推进城镇失业人员再就业，截至 6 月底，再就业 9.76 万人；做好城镇公益性岗位开发，截至 6 月底，就业困难人员就业 1.59 万人；拓宽灵活就业渠道，截至 8 月底，全省 117 个县（市、区）均已建成零工市场。前三季度，全省城镇新增就业 42.6 万人，完成全年目标的 94.7%。

2. 居民收入稳步增长，农村居民收入增速快于城镇居民

2023 年，山西居民收入稳步增加，就业形势总体稳定，保障了居民工资性收入增长；服务业恢复较好，带动居民经营净收入实现较快增长。前三季度，全省城镇居民人均可支配收入 30775 元，同比增长 4.7%，增速与全国（5.2%）相差 0.5 个百分点。其中，工资性收入 17892 元，占收入的比重为 58.1%，增长 7.0%；经营净收入 3032 元，增长 5.6%；财产净收入 1989 元，下降 14.7%；转移净收入 7862 元，增长 5.2%。农村居民人均可支配收入 12388 元，同比增长 8.0%，快于全国（7.6%）0.4 个百分点。其中，工资性收入 5875 元，占收入的比重为 47.4%，增长 9.2%；经营净收入 2980 元，增长 8.8%；财产净收入 167 元，增长 6.2%；转移净收入 3366 元，增长 5.4%。

二　需要重点关注的问题

2023 年以来，全省经济整体延续恢复态势，总体回升向好，但疫情的

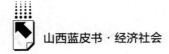

"疤痕效应"对生产、需求、收入产生的影响尚未完全消散，全省经济持续向好的基础还不稳固，资源型经济的基本省情依然存在，高质量发展仍面临诸多挑战和压力。

（一）从生产端看，结构问题尚存，增长后劲不足

前三季度，山西三次产业结构为5.0∶48.3∶46.7，全省"二三一"的产业结构特征突出，产业转型任务依然艰巨。

1. 工业经济承压运行

山西是工业大省，工业占GDP比重较高，在全省经济中扮演重要角色。2023年，受市场需求不足、宏观经济恢复不及预期、同期基数较高等影响，工业稳增长的压力加大，工业经济呈现筑底企稳态势。由于连续三年（2020~2022年）全省规模以上工业增加值同比分别增长5.7%、12.7%、8%，规模以上工业增加值同比增长难度加大。前三季度，规模以上工业增加值同比增长3.5%，低于全国（4.0%）0.5个百分点。一方面，传统优势工业稳定恢复的基础还不牢，煤炭、焦煤、钢铁等主要产品价格大幅下跌，以产业链上游的能源、原材料行业为主的工业稳增长的压力较大。其中，煤炭工业是全省最大的主导产业，占比超过60%，但煤炭工业增速缓慢，第一季度、上半年、前三季度规模以上煤炭工业增加值分别增长1.8%、2.5%、3.0%，对全省工业的拉动作用减弱。另一方面，非煤工业不同行业增长呈分化态势，第一季度、上半年、前三季度规模以上非煤工业增加值分别增长10.3%、6.5%、4.3%，其中，废弃物综合利用业带动明显；部分非煤工业运行低迷，装备制造、钢铁等行业增速由正转负，炼焦、建材等行业增速降幅扩大（见表1）。同时，部分行业的规模以上工业产品产量增速也呈下降态势，前三季度，水泥、氧化铝、化学药品原药、移动通信手持机产量增速分别下降6%、8.4%、7.2%、26.6%。

2. 服务业修复较慢

前三季度，全省服务业增长与GDP同步，增速较第一季度、上半年分别回落0.4个、1.2个百分点，低于全国（6.0%）1.5个百分点。其中，批

零业、信息服务业等部分服务业增速明显回落，拉低全省服务业增加值增速。前三季度，限额以上批发和零售业销售额下降 10.6%，较上半年回落 0.6 个百分点，主要是由占批发业销售额 80% 的煤炭、金属制品价格大幅回落导致。信息服务业增速回落，前三季度，信息传输、软件和信息技术服务业增长较第一季度回落 0.8 个百分点。

表1　2023 年 1~9 月山西规模以上工业部分行业同比增速对比情况

单位：%

	第一季度	上半年	前三季度
全省规模以上工业增加值	4.7	3.9	3.5
煤炭工业	1.8	2.5	3.0
非煤工业	10.3	6.5	4.3
其中:炼焦工业	-3.4	-2.0	-3.6
钢铁工业	0.7	-4.6	-3.3
有色工业	-7.2	-6.8	-6.3
电力工业	5.6	6.1	2.9
化学工业	7.7	5.2	4.6
建材工业	-6.2	-10.5	-10.9
装备制造业	3.0	-4.8	-3.3
食品工业	20.5	15.4	8.0
医药工业	10.4	5.9	4.4
高技术制造业	-1.2	-14.4	-8.8
废弃资源综合利用业	98.9	75.3	57.9

资料来源：山西省统计局。

（二）从需求端看，市场有效需求不足，供需两端衔接不畅

需求恢复不充分，消费和投资的需求低于供给能力，外需持续疲弱，影响经济稳步恢复。

1.固定资产投资偏弱

2023 年以来，山西固定资产投资增速同比下降，工业投资、民间投资、基础设施投资下降幅度较大。全省固定资产投资增速由第一季度增长 0.9%

到上半年、前三季度分别下降 4.7%、6.8%。其中，1~8 月固定资产投资下降 6.9%，为 2023 年以来最低值，降幅较第一季度扩大 7.8 个百分点，低于全国（3.2%）10.1 个百分点。造成投资下行的主要原因，一是受工业投资、房地产投资、大项目好项目不足等影响，部分地市投资下滑严重，上半年，太原、晋中、大同、阳泉投资增速分别下降 14.2%、11.2%、9.9%、7.6%，分别下拉全省投资增速 2.4 个、1.1 个、0.9 个、0.3 个百分点。二是受当前市场下行影响，民间投资活力不足，上半年投资增速为下降 12.7%，低于全国（-0.2%）12.5 个百分点。三是受 PPP 项目清理整顿、项目用地手续问题等影响，基础设施投资下滑严重，第一季度、上半年、前三季度投资增速分别下降 4.4%、6.6%、12.1%。

2. 消费复苏进程放缓

2023 年，山西社会消费品零售总额增速缓慢。第一季度、上半年、前三季度全省社会消费品零售总额增速分别为 4.9%、5.7%、3.7%，分别低于全国同期 0.9 个、3.4 个、3.1 个百分点，与 2019 年相比，分别低于同期 3.3 个、2.6 个、3.7 个百分点。其中，汽车、家居等大宗商品消费修复偏弱，对消费的下拉作用明显。2022 年 5~7 月，全省针对汽车、家电领域发放数字消费券，促使居民对大宗商品的消费潜力提前释放，在高基数影响下，2023 年 6 月汽车类、通信器材类、家电类零售额增速分别下降 11.5%、45.3%、13.8%，合计负拉动全省限额以上消费 6.8 个百分点。2023 年 9 月，全省社会消费品零售总额下降 0.8%，较 8 月下降 2.5 个百分点，消费复苏进一步放缓。

3. 进出口下降幅度较大

2023 年，山西货物进出口下降幅度较大，富士康、武宿综保区进出口影响较明显。出口方面，机电产品、高新技术产品、钢材是山西出口的重要产品，前三季度，钢材、机电产品、高新技术产品出口分别下降 20.0%、15.2%、15.3%。进口方面，全省以矿产资源等初级产品为主，受国际市场价格影响，未锻轧铜及铜材、煤及褐煤、铁合金、锰矿砂、镍及其制品、铁矿砂及其精矿等产品平均进口单价出现不同程度下跌，拉低了进口额。前三季度，各类金属矿及矿砂进口786.3万吨、106.8亿元，同比分别下降33.3%和17.9%。

（三）从收入端看，企业利润大幅下降，财政收入压力较大

疫情造成的"疤痕效应"使企业持谨慎态度，企业对经济发展的预期和信心尚未完全恢复；财政收入压力不断加大，财政收支处于紧平衡。

1.市场主体经营困难

三年疫情造成市场需求低迷，经营主体产能恢复困难，企业经营绩效下滑，不少个体工商户和中小微企业面临关停风险，经济复苏的微观基础尚不牢固。一是企业盈利困难。2023年1~8月，全省规模以上工业企业实现利润总额2053.6亿元，同比下降27.2%，降幅较第一季度扩大19.0个百分点。民营企业特别是中小企业经营困难，1~5月全省规模以上中小企业实现营业收入和利润分别下降4.9%、24.2%，分别低于全国6.3个、9.5个百分点。二是上市公司营收、净利润双降，整体业绩下滑。上半年，41家上市公司实现营业收入3054.04亿元，同比减少175.5亿元，同比下降5.75%；实现净利润367.42亿元，同比减少80.31亿元，同比下降17.94%。

2.财政收支矛盾凸显

2023年以来，山西一般公共预算收入增速先增后降，并呈明显的放缓态势。第一季度、1~4月、1~5月、上半年、1~7月、1~8月，一般公共预算收入增速分别为4.4%、9.6%、8.6%、7.4%、2.0%、0.2%。前三季度，一般公共预算收入下降1.4%，增速进一步放缓，由正转负。分月看，7月、8月、9月增速转为负增长，分别下降26.6%、14.9%、15.2%，财政收入压力增大。从税收收入看，占税收比重高的煤炭行业税收减收，导致整体税收下降。前三季度，税收收入完成1990.73亿元，同比下降5.4%，减收113.1亿元，增速较上半年（2.4%）下降7.8个百分点。由于增值税、资源税、企业所得税三大主体税种增速均呈下降态势，对税收收入的下拉作用明显。前三季度，增值税、企业所得税、资源税三大主体税种收入1594.65亿元，同比下降7.1%，占全省税收收入的80.1%；减收122亿元，

超过全部税收减收额。一般公共预算支出不断增长，第一季度、上半年、前三季度增速分别为2.8%、7.4%、8.0%，财政收支处于紧平衡，减收与增支叠加，基层财政预算平衡压力较大（见表2）。

表2 2023年1~9月山西一般公共预算收支同比增速对比情况

单位：%

	1~2月	第一季度	1~4月	1~5月	上半年	1~7月	1~8月	前三季度
一般公共预算收入	-0.7	4.4	9.6	8.6	7.4	2.0	0.2	-1.4
其中:税收收入	-6.8	-3.4	5.5	4.0	2.4	-3.2	-4.6	-5.4
非税收入	37.3	40.4	28.2	29.6	27.6	26.0	19.8	12.5
一般公共预算支出	4.2	2.8	12.5	7.6	7.4	7.8	10.2	8.0
其中:民生支出	6.3	4.6	15.2	10.5	9.7	8.8	8.8	7.1

三 2024年经济形势展望与政策建议

2023年，面对复杂严峻的外部环境和多重困难挑战，山西省委省政府坚决贯彻落实党中央、国务院各项决策部署，坚持把高质量发展作为新时代的硬道理，采取有力举措推动经济实现质的有效提升和量的合理增长，全省经济保持平稳复苏向好态势。展望2024年，虽然发展中的风险挑战和不确定因素依然较多，但仍处于经济高质量发展的重要窗口期。从全球来看，国际环境依然复杂严峻，世界经济复苏乏力，全球通货膨胀持续、世界主要国家制造业景气程度较为低迷、乌克兰危机胶着化，巴以冲突等重大地缘局势动荡，威胁全球产业链、供应链稳定，经济系统中的潜在风险点不断增多，但还存在多方面的积极因素，特别是全球科技革命和产业变革加速突破，为数字技术与实体经济深度融合，提升智能化、绿色化发展水平带来新的发展机遇。从全国来看，面对复杂严峻的国际环境和艰巨的国内改革发展稳定任务，我国坚定不移推动高质量发展，科学精准实施宏观调控，国民经济持续恢复向好，生产供给稳步增加，市场需求持续扩大，展现出强大的韧性和活力。当前尽管经济运行面临一些困难挑战，有效需求不足、部分行业产能过剩、社会预期偏弱、风险隐患仍然较多，但随着宏观政策加力增效，新动能加速培育和改革开放红利的进一步释放，经济运行中的积极因素将不断增多，我国发展的有利条件强于不利因素，经济回升向好、长期向好的趋势没有改变。

从全省来看，"十四五"以来，山西全面贯彻落实党的十九大、二十大精神，深入贯彻落实习近平总书记对山西工作的重要讲话重要指示精神，加快推动高质量发展，聚焦制造业升级主攻方向，协同推进传统产业改造升级和新兴产业培育壮大，加快构建体现山西特色优势的现代化产业体系，全省经济稳中向好、稳中有进，转型发展迈出坚实步伐，能源革命综合改革纵深推进，创新引领作用显现，市场活力持续释放，城乡区域发展协调性增强，生态环境质量持续改善，改革开放步伐全面加快，民生福祉不断增进，发展质效稳步提升。当然，也要清醒地看到，当前全省经济回升向好的基础还不稳固，有效需求仍显不足，内生动力还不强，结构性矛盾仍突出。山西要坚持稳中求进、以进促稳、先立后破，着力稳预期、稳增长、稳就业，在转方式、调结构、提质量、增效益上积极进取，不断推动经济持续回升向好、内生动力持续增强、社会预期持续改善、风险隐患持续化解，扎实推进高质量发展，全力谱写中国式现代化山西篇章。

（一）立足特色优势，加快构建现代化产业体系

进入全面建设社会主义现代化国家的新发展阶段，山西要围绕建设国家资源型经济转型发展示范区和能源革命综合改革试点两块金字招牌，充分发挥好能源资源、原材料产业、文旅康养资源、毗邻京津冀区位、开发区和专业镇集聚平台、要素成本、算力资源、政策红利等八个方面的比较优势，加快构建体现山西特色优势的现代化产业体系。一是推动制造业振兴升级，加快推进新型工业化，培育壮大产业链，梯次打造专业镇，积极承接东部地区制造业产业转移，推进传统产业改造升级和新

兴产业培育壮大，前瞻布局未来产业，聚力创新驱动提升产业创新能力，加快制造业高端化、智能化、绿色化转型，打造中部地区先进制造业基地。二是推动能源产业绿色转型，扛牢能源稳产保供政治责任，持续深化能源革命综合改革试点，推进"五大基地"建设和能源产业"五个一体化"融合发展，不断优化调整能源结构，加快发展方式绿色低碳转型，建设国家新型综合能源基地。三是推动文旅康养产业融合发展，深化文旅康养产业供给侧结构性改革，加快打造成为战略性支柱产业和民生幸福产业，打造国际知名文化旅游目的地。四是推动农业"特""优"发展，守牢粮食安全底线，加快推进高标准农田建设，大力发展设施农业，提高农业综合生产能力，因地制宜发展乡村特色产业，将山西打造成为优质杂粮、优质畜产品、特色果品蔬菜供应基地。五是推动服务业提质增效，聚焦产业转型升级和群众高品质生活需要，加快发展生产性服务业和生活性服务业，构建优质高效的服务业新体系。六是推动数字经济发展壮大，围绕建设数字山西，加快推进数字产业化、产业数字化、数据价值化、治理数字化，实现数实融合、数智赋能，打造数字经济发展新高地。

（二）建设高标准市场体系，持续营造良好营商环境

建设高标准市场体系是加快完善社会主义市场经济体制的重要内容，山西要按照全国统一大市场的建设要求，加快建设高标准市场体系，完善产权保护、市场准入、公平竞争、社会信用等市场经济基础制度，深化要素市场化配置改革，打造煤炭、焦炭、电力全国性或区域性交易平台和特色产品专业化交易市场，推动市场基础设施互联互通，建设市场主体集聚平台，大力激发经营主体活力，提升市场环境和商品服务质量。优化营商环境是市场经济健康发展的需要，要持续优化提升营商环境，按照市场化、法治化、国际化要求，深化"放管服"改革，全面落实"五有套餐"，持续创优"三无""三可"营商环境，深入实施营商环境3.0版改革，推动"五有套餐"落地落细，完善现代化市场监管机制，全面提升政务服务水平。

（三）聚力扩大内需，提振市场有效需求

恢复和扩大需求是当前经济持续回升向好的关键所在，山西要深入实施扩大内需战略，从消费和投资两方面入手，以高质量供给引领和创造需求，不断优化政策举措，形成政策合力，充分发挥消费的基础作用和投资的关键作用。坚持把恢复和扩大消费摆在优先位置，将稳消费促消费政策的重点放在减负担、增活力等方面，加快消费提质升级，促进汽车消费、家居和电子产品消费、文旅体消费，提升城市消费，扩大农村消费，加快补齐消费基础设施短板，改善消费环境，增强消费对经济增长的拉动作用。充分发挥政府投资的带动放大效应，强化土地、用能、环评等要素保障，深入实施百项堵点疏解行动，积极落实促进民营经济发展壮大系列政策举措，激活民间投资具体措施落地，鼓励和吸引更多民间资本参与国家重大工程和补短板项目建设，加快重点领域、重点工程项目建设，谋划实施一批打基础利长远的项目，不断增强投资对优化供给结构的关键作用。

（四）深化重点领域改革，扩大高水平对外开放

坚持用改革的思路和办法解决市场化过程中面临的难题，做好重点领域改革的"后半篇文章"。深入实施新一轮国企改革，加快国有经济布局优化和结构调整，做好煤企重组整合"后半篇文章"，完善国资监管运营协同推进机制，健全国企风险防控体系，使国企成为国民经济稳定持续健康发展的"定海神针"。坚持"两个毫不动摇"，切实优化民营企业发展环境，强化民营经济发展法治保障，鼓励和支持民营经济和民营企业发展壮大。深化财税和投融资体制改革，防范化解政府债务风险。深化科技体制机制改革，有效整合创新资源，突破一批关键核心技术和共性技术。扩大高水平对外开放，积极对接落实国家重大区域发展战略，提升开放平台功能，加快建设开发区升级版，培育壮大外贸主体，更大力度吸引和利用外资，大力实施长板招商，深化要素流动型开放，稳步扩大制度型开放，加快打造成为内陆地区对外开放新高地。

（五）推进以县城为载体的城镇化建设，加快城乡融合发展

统筹推进新型城镇化和乡村全面振兴，深入实施区域重大战略和区域协调发展战略，深入落实黄河流域生态保护和高质量发展战略，统筹城乡区域协调发展，完善城乡融合发展体制机制。全力推进山西中部城市群高质量发展，统筹推进晋北、晋南、晋东南城镇圈建设，支持太原建设国家区域中心城市，支持大同建设国家区域重点城市，建设宜居、韧性、创新、智慧、绿色、人文城市，推进以县城为重要载体的城镇化建设，打造特色精品小城镇，构建大中小城市和小城镇协调发展格局。大力发展县域经济，因地制宜探索县域差异化发展模式，立足资源禀赋壮大特色主导产业，推动县域内城乡融合发展，加快实现城乡融合。全面推进乡村振兴，学习推广"千万工程"经验，统筹推进乡村发展、乡村建设、乡村治理，巩固拓展脱贫攻坚成果同乡村振兴有效衔接，抓好国考省考反馈相关问题整改落实，奋力谱写农业强、农村美、农民富的乡村振兴美好画卷。

（六）增进民生福祉，提高人民生活品质

民生与经济发展相互牵动、相互促进，要坚持在发展中保障和改善民生，着力解决群众急难愁盼问题，切实提高人民群众获得感、幸福感、安全感。强化就业优先导向，把稳就业提高到战略高度通盘考虑，落实稳就业各项举措，全力促进高校毕业生、农民工等重点群体和困难群体就业，进一步完善灵活就业的激励政策和保障措施。坚持因城施策，适时调整优化房地产政策，更好满足居民刚性和改善性住房需求，促进房地产市场平稳健康发展。持续促进居民增收，健全工资合理增长机制，多渠道促进城乡居民增收，加大困难群众社会救助兜底保障力度。加快健全多层次社会保障体系，加大对养老、医疗等基本公共服务的投入，进一步稳定居民收入预期、提升消费意愿。统筹高质量发展和高水平安全，切实防范化解重点领域风险，维护社会大局稳定。

参考文献

［1］盛来运：《中国经济高质量发展大势没有变》，《经济日报》2023年9月22日。

［2］中共国家统计局党组：《国民经济恢复向好　高质量发展取得新成效》，《求是》2023年第15期。

［3］《经济研究》智库经济形势分析课题组：《2023年前三季度我国宏观经济形势若干研判》，中国社会科学院经济研究所网，http：//ie. cssn. cn/academics/economic_trends/202310/t20231007_5688839. html。

［4］康义：《锚定高质量发展首要任务不动摇》，《学习时报》2023年9月27日。

［5］中国社会科学院宏观经济研究智库课题组：《加力提效扩大内需　持续增强内生动力——2023年年中中国宏观经济形势分析》，《改革》2023年第7期。

［6］张宇贤：《推动经济实现质的有效提升和量的合理增长》，《红旗文稿》2023年第17期。

B.2

2023~2024年山西社会形势
分析与预测

柏 婷*

摘 要： 2023年山西全省上下坚持以习近平新时代中国特色社会主义思想为指导，全面贯彻党的二十大精神，深入贯彻落实习近平总书记对山西工作的重要讲话重要指示精神，坚持稳中求进工作总基调，以推动高质量发展为主题，多措并举稳定和扩大就业岗位，着力促进教育公平与质量提升，加快建设山西特色医疗卫生服务体系，加快健全多层次社会保障体系，大力实施生态保护和环境治理项目，积极探索基层社会治理现代化新模式，各项社会事业发展成效显著。但面对当前国际国内环境发生的深刻复杂变化，山西社会发展也面临很多新的风险和挑战，青年群体就业形势较为严峻，促进人口长期均衡发展迫在眉睫，基本公共服务供给仍显不足，生态环境治理任务依然艰巨。2024年山西要多措并举扩岗位、优服务，突出做好重点群体就业工作；不断完善生育支持体系，构建生育友好型社会；着力提升基本公共服务供给能力和质量，增强均衡性和可及性；持续加强生态环境综合治理，大力推进绿色低碳发展，进一步做好普惠性、基础性、兜底性民生建设，切实促进山西民生事业发展，实现社会大局和谐稳定。

关键词： 社会形势 民生保障 基本公共服务 人口发展

---

* 柏婷，山西省社会科学院（山西省人民政府发展研究中心）社会治理研究所助理研究员，研究方向为人口社会学。

2023 年是全面贯彻党的二十大精神的开局之年，是为全面建设社会主义现代化国家奠定基础的重要一年，山西坚持稳中求进工作总基调，以推动高质量发展为主题，持续保障和改善民生，增进民生福祉，提高人民生活品质。2024 年，山西将进一步围绕民生福祉抓改善，继续实施就业优先战略，进一步完善生育支持体系，着力补齐基本公共服务短板，大力推进生态环境高质量保护，奋力谱写全面建设社会主义现代化国家山西篇章。

一　2023年山西社会发展总体形势分析

2023 年是山西谱写高质量发展新篇章的关键之年，全省上下始终以习近平新时代中国特色社会主义思想为指导，以推动高质量发展为主题，持续保障和改善民生，各项社会事业发展成效显著。

（一）多措并举稳岗促就业，城乡居民收入平稳增长

就业是民生之本，关乎国计民生，更关乎千家万户。2023 年以来，山西认真贯彻党中央、国务院部署，全面强化就业优先战略，落实落细积极就业政策，全省就业形式趋稳向好。2023 年前三季度，山西城镇新增就业 42.6 万人，完成全年目标的 94.7%。①

持续加大稳岗扩岗支持力度。2023 年以来，山西出台了《关于优化调整稳就业政策措施全力促发展惠民生的通知》《关于开展重点群体创业推进行动的通知》《山西省金融助企稳岗扩岗实施方案》等一系列政策文件，全力稳就业、促发展、惠民生。延续实施阶段性降费率政策，降低失业保险费率 1%（其中，单位部分 0.7%、个人部分 0.3%）。继续实施失业保险稳岗返还政策，中小微企业按上年度实际缴纳失业保险费的 60% 返还，大型企业按 30% 返还。继续实施一次性扩岗补助政策，对符合条件的企业按每招

---

① 山西省统计局、国家统计局山西调查总队：《前三季度全省经济持续复苏　稳中向好》，山西省统计信息网，http://tjj.shanxi.gov.cn/tjgz/jrgz/202310/t20231023_9408570.shtml。

用1人1500元的标准发放。继续实施职业技能提升补贴政策，符合条件的人员在取得职业资格证书或职业技能等级证书后可享受每人每年不超过3次的技能提升补贴。实施金融助企稳岗扩岗行动，鼓励金融机构设立"助企稳岗扩岗专项贷款"，面向吸纳就业人数多、稳岗效果好且用工规范的小微企业和个体工商户发放低息贷款。实施个体工商户保险保障项目，有效化解个体工商户经营风险，激发经营活力。[①]

推动青年群体就业创业。为推动青年群体更加充分更高质量就业，山西启动实施"2023年高校毕业生等青年就业创业推进计划"，聚焦岗位拓展、服务优化、能力提升、权益维护等方面开展"十大行动"：实施中小微企业吸纳毕业生就业政策落实行动，实施公共部门稳岗扩岗行动，实施高校毕业生等青年创业服务支持行动，实施"职引未来"系列招聘行动，实施公共就业服务进校园行动，实施离校未就业毕业生服务攻坚行动，实施青年专项技能提升行动，实施就业见习质量提升行动，实施就业困难结对帮扶行动，实施就业权益护航行动，引导青年群体转变就业观念，实现更加充分更高质量就业。

促进脱贫劳动力务工就业。山西积极开展脱贫劳动力技能培训和务工就业行动，帮助3万名农民工有序返岗复工；开展促进就业帮扶车间发展专项行动，全省1847个就业帮扶车间吸纳脱贫劳动力3.5万人；在6个重点帮扶县举办"乡村振兴"专场招聘活动，送岗位、送服务到村民家门口，截至2023年6月底，全省脱贫劳动力务工就业规模达98.86万人，完成年度目标任务的103.94%。[②]

加强困难群众就业帮扶。山西按照就业困难人员认定标准，及时将零就业家庭、低保家庭、脱贫户、大龄、残疾、长期失业等人员纳入援助范围，开展常态化就业援助；对符合条件的毕业生发放一次性求职创业补贴，对符合条件的失业人员发放一次性生活补助；将符合条件的生活困难人员纳入最

---

① 王佳丽、车凌清：《我省多措并举稳定和扩大就业岗位》，《山西经济日报》2023年8月6日。
② 高建华：《全省就业形势总体稳定》，《山西日报》2023年8月8日。

低生活保障、临时救助等社会救助范围；对通过市场渠道难以实现就业的人员，合理统筹公益性岗位安置。

优化公共就业服务供给。建设高标准人力资源市场体系，对成功创建国家级和省级人力资源服务产业园的按规定给予一次性奖励和基础运营经费补助。将公益性零工市场纳入就业公共服务体系，实施公益性零工市场县县全覆盖工程，对每县给予60万元至120万元不等的一次性支持，确保公益性零工市场建设不留缺口。截至2023年8月底，全省117个县（市、区）零工市场均已建成，累计提供零工岗位9.3万个，服务零工7.5万人次。

收入乃民生之源，提高城乡居民收入水平，是我们党坚持全心全意为人民服务根本宗旨的重要体现，是广大人民群众的热切期盼。2023年以来，山西坚持稳字当头、稳中求进，全力保障稳增长各项政策落地见效，多渠道增加居民收入，2023年前三季度，山西城镇居民人均可支配收入30775元，同比增加1369元，同比增长4.7%；农村居民人均可支配收入12388元，同比增加917元，同比增长8.0%，农村居民人均可支配收入增速快于城镇居民3.3个百分点。①

（二）着力促进教育公平与质量提升，教育服务贡献能力显著增强

教育是国之大计，是全面建设社会主义现代化国家的战略性支撑。2023年以来，山西始终把教育摆在优先发展的战略位置，认真贯彻落实全国教育工作会议精神，坚持立德树人根本任务，全省教育服务贡献能力显著增强。

推进基础教育优质均衡发展。持续扩大公办幼儿园学位供给，新改扩建100所公办幼儿园，预计增加公办幼儿园学位2.4万个以上。持续扩大公办义务教育学校寄宿学位供给，建设改造500所寄宿制学校，预计增加公办寄宿制学位1.5万个以上。推动有需求的城区小学实施"放心午餐"工程，支持284所学校建设改造食堂（115所）或实施配餐（169所），并同步实

---

① 山西省统计局、国家统计局山西调查总队：《前三季度全省经济持续复苏 稳中向好》，山西省统计信息网，http://tjj.shanxi.gov.cn/tjgz/jrgz/202310/t20231023_9408570.shtml。

施食品安全保障工程，其中200所学校建设改造午休场所，将惠及14.37万名学生。投入3600万元专项补助经费推动人口20万以上的9个县建设特殊教育学校，截至2023年8月底，各学校主体均已完工。

提升职业教育办学质量。进一步健全职业教育制度体系，2023年3月，山西省委办公厅、省政府办公厅印发《关于推动现代职业教育高质量发展的实施意见》，围绕完善具有山西特色的现代职业教育体系、深化产教融合校企合作、推进教育教学改革等6个方面，进一步明确改革目标、思路和举措。切实做好职业学校布局结构优化工作，截至2023年7月，全省共有本科层次职业学校2所、高职（专科）学校49所、中等职业学校415所，覆盖全省所有市、县，涉及专业基本覆盖全省经济社会发展所有领域。继续实施国家和省级"双高计划"、高水平中职学校建设计划，培养更多应用型、技能型人才；制定人才需求、产业发展和政策支持"三张清单"，根据产业需求动态调整专业布局，2023年新增50个产业急需的新兴重点专业。积极对接山西省重点专业镇，培育建设省级特色专业学校，其中，山西药科职业学院已率先与平顺县人民政府合作共建上党中药材产业学校。[1]

支持高等教育内涵式发展。加快"双一流"建设，支持山西大学、太原理工大学高标准完成"双一流"建设任务，支持中北大学、山西医科大学等高校的优势学科建设，打造冲击新一轮"双一流"学科梯队。持续优化高等教育布局结构，加快培养理工农医专业紧缺人才，研究制定高校分类发展实施意见，补齐晋南地区研究生教育空缺短板。打造山西特色人才中心和创新高地，布局建设3~5个省级卓越工程师学院和产教融合研究生联合培养基地、5个左右省级基础学科拔尖学生培养基地、5个左右专业特色学院、5个左右综合性重大科学研究与技术研发平台，自主培养拔尖创新人才，以适应"新技术、新业态、新模式、新产业"要求。[2]

---

① 杨晶、王琪：《职业教育人才将变成"香饽饽"》，《山西晚报》2023年4月20日。

② 马骏：《强化政治担当 续写教育新篇 为高质量发展提供基础性战略性支撑》，《前进》2023年第3期。

（三）加快山西特色医疗卫生服务体系建设，卫生健康事业取得明显成效

健康是人民幸福之本，是社会发展之基，持续提升基层医疗机构的服务质量和水平，是政府保障和改善民生的重要着力点。2023年以来，山西紧紧围绕"建设高水平健康山西"战略目标，牢牢把握"建高地、兜网底、提能力"总体思路，加快建设"省优、市精、县强、乡活、村稳"的具有山西特色的医疗卫生服务体系，努力提升卫生健康服务供给水平，持续增进人民群众健康福祉，推动卫生健康事业取得明显成效。

强化基层医疗卫生服务网底。开展中心乡镇卫生院建设，打造县域医疗次中心，每个县遴选1~3所离城较远、辐射人口较多、服务能力较强的乡镇卫生院开展中心乡镇卫生院建设，与县级医疗机构形成功能互补。实施县级医疗卫生机构能力提升三年行动计划，提升县级医疗机构服务能力。持续开展"优质服务基层行"和社区医院建设，提升基层医疗机构服务能力。以国家"千县工程"为牵引，实现胸痛、卒中、创伤、危重孕产妇救治、危重儿童和新生儿救治等急诊急救"五大中心"全覆盖。①

全面落实中医药强省战略。实施中医药重大工程建设项目，打造1个国家中医药传承创新中心、1个国家中医疫病防治基地、2个国家中西医协同"旗舰"医院、3个国家中医特色重点医院。建设100个省级中医优势专科，争取一批国家中医优势专科。在全省基层医疗卫生机构开展"百名医师传帮带、千乡（镇）万村兴中医"中医药适宜技术培训活动，确保全省城乡居民在家门口就能获得优质便捷的中医药服务，实现"乡乡都有中医馆、院院都有中医师、村村都能提供中医药服务"。

加强人才队伍建设。启动实施山西省医学队伍"五个提升"培育计划，即以国内综合公立医院绩效考核前十名医疗机构为主体开展"国内访问学者综合培训项目"，以国内专科公立意愿绩效考核前三名医疗机构为主体开

---

① 王旻：《我省进一步完善医疗卫生服务体系》，《山西法治报》2023年8月22日。

展"国内访问学者专科培训项目"，以骨干管理人员培训为主体开展"国内访问学者医疗卫生事业管理培训专项"，以疑难危重新技术新项目新理念引进为主体建设"外聘专家工作室"，以推广基层医疗卫生机构适宜性技术为主体开展"基层适宜性技术推广应用项目"。实施千名医师下基层提能力行动，从全省三级医院每年抽调1000名以上执业时间较长并具备中级以上职称医师和卫计人员下沉到全省县级医疗机构，持续充实人才队伍。村卫生室广泛开展"双千行动"，给予村医每室每月岗位补助1000元，每年完成1000名在岗村医大专学历提升招录工作。

（四）加快健全多层次社会保障体系，社会保障待遇不断提高

社会保障是保障和改善民生、维护社会公平、增进人民福祉的基本制度保障，关系着每一个人、每一个家庭的福祉，关系着社会的稳定。2023年以来，山西持续完善覆盖全民、统筹城乡、多层次、可持续的社会保障体系，不断满足人民群众多层次多样化需求，为群众提供更可靠更充分的保障。

深入推进全民参保计划，社保覆盖群体更加全面。2023年以来，山西锁定参保重点对象，有针对性地开展精准扩面工作，加强新就业形态从业人员、灵活就业从业人员、农民工等重点人群养老保险参保扩面工作；加强社会组织、民办非企业单位、有雇工的个体工商户的失业保险参保扩面工作；加强国家机关公务员和参照公务员法管理单位工作人员、实习学生、新业态从业人员等群体的工伤保险参保扩面工作。

稳步提高各项社保待遇标准，做好困难群体兜底保障。2023年1月起，山西省失业保险金计发比例由一类地区最低工资标准的85%提高到90%，全省统一标准达1782元。城乡低保家庭高龄老年人生活补贴从每人每月50元提高到不低于70元，2023年1~8月累计发放补贴760422人次，补贴5746.72万元。调整城乡低保和特困供养标准，全省城市低保平均保障标准达到每人每年7824元，比上年提高276元；农村低保平均保障标准达到每人每年6546元，比上年提高337元。对残疾人两项补贴进行提标扩面，困

难残疾人生活补贴标准提高到每人每月 80 元，重度残疾人护理补贴标准提高到每人每月 105 元，比上一年分别提高了 9 元和 11 元。

加快健全养老服务体系。实施基层医养结合能力提升工程，2023 年重点在全省 23 个基层医疗卫生机构和 4 所医院实施医养结合奖补项目，以失能半失能、慢病、高龄、残疾的老年人为重点服务对象，为老年人提供预防期保健、患病期治疗、康复期护理、稳定期生活照料、临终期安宁疗护一体化的医养结合服务。实施城镇社区幸福养老提速工程，大力培育社区居家养老服务品牌，截至 2023 年 8 月底，全省 100 个"城镇社区幸福养老提速工程"项目中有 12 个项目已完工。① 加强养老服务人才队伍建设，山西省民政厅、省财政厅下发《关于建立养老服务从业人员一次性入职奖励制度的通知》，从 2023 年 7 月 1 日起，对中等职业及以上院校毕业生入职养老服务行业发放一次性奖励，对于硕士研究生及以上学历、本科学历、大专学历、中专学历分别给予 6 万元、5 万元、4 万元、3 万元的一次性入职奖励，鼓励年轻人从事生活照料、护理服务等直接面向老年人的服务，优化养老服务行业人才结构。

加快发展普惠托育服务体系。扩大托育服务有效供给，加快推进 2023 年省政府公办示范性综合托育机构县县全覆盖民生实事项目，全省各级财政预算安排资金 6.2 亿元，在全省 117 个县（市、区）每县建设 1 所公办综合托育机构。截至 8 月底，117 个县（市、区）全部开工建设，其中主体工程完工 40 个，完工率为 34%，项目建成后将直接增加 1.2 万个普惠性托位。② 全面推进普惠托育服务专项行动，持续开展婴幼儿照护服务试点工作，推动建成一批具有示范效应的婴幼儿照护服务机构。

不断完善住房保障和供应体系。2023 年，山西开工（筹集）建设城镇保障性安居工程 1.36 万套，年度发放租赁补贴 4.2 万户；年度筹集保租房

---

① 王佳：《总体进度好于预期　8 件已提前超额完成全年目标任务》，《山西经济日报》2023
　年 8 月 30 日。

② 王佳：《总体进度好于预期　8 件已提前超额完成全年目标任务》，《山西经济日报》2023
　年 8 月 30 日。

8100 套；以老城区脏乱差的棚户区为重点，开工棚户区住房改造 5400 套；改造城镇老旧小区 1855 个，优先将养老托幼、日间照料、社区食堂等公共服务设施配套建设作为提升改造内容；继续实施既有住宅加装电梯工程，2023 年省财政提前下达省级奖补资金 2290 万元。截至 2023 年 8 月，山西全省既有住宅加装电梯已开工 564 部，让更多居民享受出行便利。

（五）大力实施生态保护和环境治理项目，推动人居环境持续改善

生态环境是关系民生福祉的重大社会问题。2023 年以来，山西省坚持降碳、减污、扩绿、增长协同推进，生态环境保护各项工作取得积极成效。

大力推进"一泓清水入黄河"工程。2023 年以来，山西把工程治理作为保障"一泓清水入黄河"的关键之举，推动实施十大工程 280 余项子工程，以水资源利用、水污染防治和水生态治理为重点工作，多措并举促进黄河流域水生态环境质量全面改善。在加强工程建设方面注重治管并重，实行地表水环境质量日预警、周研判、月通报机制。推动建立"污染源—入河排污口—水体"全链条监管体系，深化入河排污口排查整治。

实施生态保护和修复治理项目。2023 年，山西继续坚持"节约优先、保护优先、自然恢复为主"的方针，争取了 3 个总投资 66.7 亿元国家级的重大生态保护和修复治理项目，其中吕梁山西麓山水林田湖草沙一体化保护和修复工程总投资 55.08 亿元，重点解决吕梁山西麓 8 条主要入黄河流和上千条冲沟支流的水土流失问题；另外两个矿山示范工程项目总投资 11.62 亿元，可完成治理临汾、大同 2 市 12 县历史遗留矿山 483 个图斑，治理面积 32.7 平方公里，有效消除区域内矿山地质环境隐患。[①]

扩绿提质迈出新步伐。山西人工造林规模连续三年位居全国第一，2023 年，山西自加压力将年度营造林生产计划由 400 万亩增加到 452 万亩，截至

---

① 赵云云：《山西持续改善生态环境 推进"一泓清水入黄河"》，《山西青年报》2023 年 9 月 15 日。

8月底已完成341.77万亩。吕梁、忻州2市黄河流域国土绿化项目纳入2023年中央财政支持的国土绿化试点示范项目范围，成为全国5个连续3年通过竞争性评审获得国家支持的省份之一。启动实施100万亩未成林地封山育林项目，依法保护和工程管护并驾齐驱为巩固绿化成果保驾护航，进一步提升表里山河"含绿量"，助力全省实现基本绿化。

（六）积极探索基层社会治理现代化新模式，打造山西基层治理典范和品牌

2023年以来，山西深入贯彻落实习近平总书记视察山西期间作出的"推动社会治理中心向基层下移"的重要指示精神，依托市域、县区、乡镇、社区、网络，努力构建共建共治共享的基层社会治理体系，社会治理基层基础更加稳固。

深入推进市域社会治理。山西是全国首个出台市域社会治理意见的省份，在市域社会治理现代化试点创建工作中形成了一些典型经验和做法。如晋城市建立了市域社会治理中心（市矛盾纠纷多元化解中心），承接矛盾纠纷多元化解中心、公共法律服务中心、综治中心"三大板块"业务，实现了对群众合理诉求的"一站式接待、一揽子解决、一条龙服务"；根据网格要素不同，实行新建型、城中村型、老旧型、单位型、城郊型5类网格差异化管理，推动形成网格化服务管理新格局；全面推广"三长会商"机制，由政法委员牵头，以公安派出所所长、司法所所长和基层法庭庭长为会商主体，建立"3+N"化解矛盾联席小组，邀请不同类型矛盾纠纷相关专业力量参与日常会商，晋城市《全面推广"三长会商"机制夯实市域矛盾纠纷化解工作基础》入选"全国市域社会治理现代化优秀创新经验"。①

进一步完善矛盾纠纷多元化解工作格局。从2023年开始，山西在全省范围内开展"化解矛盾纠纷　助力转型发展"专项行动，着力防范和化解社会矛盾风险，推动建设更高水平的平安山西。各地各部门因地制宜，创新

---

① 郭志平：《对群众诉求一揽子解决一条龙服务》，《山西法治报》2023年10月27日。

矛盾纠纷化解机制,如太原市迎泽区委成立了创新型"一站式"解纷平台——矛盾纠纷多元调解中心,形成了"一站式受理、一揽子调处、全链条解决"的矛盾纠纷多元化解新路径;平陆县实现了县、乡、村三级"一站式"矛盾中心全覆盖,建立了矛盾纠纷"排查管理、分析研判、多元调处"机制,建立了以人民调解为基础,人民调解、行政调解、司法调解衔接联动的大调解工作体系。

积极打造基层典范和特色品牌。山西各地紧紧围绕坚持和发展新时代"枫桥经验",进一步打造基层典范,如永济市将心理服务工作纳入综治中心标准化建设内容,市、镇、村三级全部设立心理服务中心(室),有力发挥"心治"融通作用,形成具有永济特色的"六治融合"(政治、自治、德治、法治、智治、心治)社会治理新模式;阳泉市城区以党建引领为核心,以网格化服务管理为依托,将基层党建和平安城区创建有机融合,形成了"党建+网格+服务"的基层治理模式,整合"党员+网格+志愿"力量让志愿服务融入网格,深化"党建+网格+公共"服务解决居民群众"急难愁盼"问题,推进"党建+网格+便民"服务为群众提供优质高效服务,推进"党建+网格+为老"服务为老年人提供贴心服务,开展"党建+网格+宣传"服务提升群众对政策方针、政府行为的知晓度;平定县深入探索"数字赋能基层治理新模式",着力构建"县乡一体、智治融合、一网通管"的数字化基层治理格局,组建了平定县智能化社会治理服务中心,积极拓展智能社会治理应用场景建设,努力打造"基层智治"示范样板,实现了跨部门资源的互联互通、信息共享,实时监控和预警监测,推动实现各系统的集成联通,让县域社会治理智能化水平不断提升,真正实现了"数字"赋能基层治理。

二 山西社会发展面临的困难和挑战

2023年,在省委省政府的坚强领导下,山西全省上下坚持稳中求进工作总基调,以推动高质量发展为主题,持续保障和改善民生,各项社会事业发展成效显著,但社会发展过程中长期积累的深层次矛盾和结构性问题依然存在。此外，受国际国内环境影响，山西经济发展出现一定程度的波动，部分行业、民营企业、小微企业发展出现一些问题，社会发展仍面临诸多困难与挑战。

（一）青年群体就业形势依然较为严峻

在当前需求收缩、预期转弱等压力的冲击下，青年群体就业竞争更加激烈、就业前景和形势变得更加复杂。一是高校毕业生规模持续扩大加大了青年群体的就业压力，2023年山西高校毕业生共28.2万人，比上年增加2.7万人，增长10.6%，创历史新高。二是受近年来经济下行的影响，多数企业扩张意愿不足，劳动力市场有效需求减少，岗位供给有限，导致就业市场竞争激烈。三是青年群体就业观念发生转变，出现了倾向于选择"慢就业"和"稳就业"的现象，"慢就业"表现为一部分青年群体在面对不满意的工作时，选择暂时不进入劳动力市场，智联招聘发布的《2023大学生就业力调研报告》显示，高校毕业生"慢就业"比例从2022年的15.9%上升到2023年的18.9%[1]；"稳就业"表现为相当一部分青年群体更愿意选择进体制以实现稳定就业，而公务员、事业编和国有企业招聘职位数量有限，与庞大的青年就业群体相比，"稳就业"职位供给严重不足，求职竞争激烈。四是青年群体专用性人力资本（专用于某一特定企业或行业的能力）较低，与人才市场实际招聘需求之间存在较大差距，当前高校专业设置尚未建立起行业人才需求预测机制，专业设置与产业结构调整和市场需求变化接轨不够紧密，培养的应用型、技能型人才偏少，实操能力较弱。五是新一代青年群体对就业期望普遍偏高，对自身能力认识不到位，对职业生涯的规划不够重视，自己的专业素养达不到企业发展的具体要求，在一定程度上导致了青年群体在完成从学生到职业人的角色转换过程中面临更多困难，影响高校毕业生等群体快速进入新角色。

---

[1]　赖德胜、何勤：《当前青年群体就业的新趋势新变化》，《人民论坛》2023年第11期。

（二）促进人口长期均衡发展迫在眉睫

人口发展是关系中华民族发展的大事情，人口趋势一旦形成就很难在短时间内改变。新时期山西人口发展面临着深刻而复杂的形势变化，一是生育率持续下降，2022 年人口变动情况抽样调查数据显示，2022 年末山西省常住人口中，出生人口 23.51 万人，比上年减少 1.13 万人；出生率为 6.75‰，比上年下降 0.31 个千分点，人口自然增长率为 -0.98‰，比上年下降 0.72 个千分点。山西人口出生率自 2017 年以来持续走低，从 2017 年的 11.06‰ 持续下降至 2022 年的 6.76‰，低生育率已成为影响人口均衡发展的主要风险。二是老龄化程度不断加深，2022 年人口变动情况抽样调查数据显示，山西 60 岁及以上常住人口 711.07 万人，占总人口的 20.43%，已全面进入中度老龄化社会。少子老龄化结构将会导致劳动力不足，劳动力成本不断提高。三是家庭养老抚幼功能弱化，2022 年末，全省共有家庭户 1325.12 万户，家庭户人口 3233.29 万人，占常住人口的 92.87%，平均家庭户规模为 2.44 人，家庭规模的小型化和家庭结构的扁平化使得传统家庭养老抚幼功能弱化，家庭抗风险能力也相对减弱。面对山西人口发展新形势，当前的配套生育支持政策体系尚不完善，与促进人口长期均衡发展需要存在较大差距，如当前山西省生育支持力度有待加大，对生育本身的引导和鼓励不足，"真金白银"补贴力度不够；普惠性托育服务供给不足，托育服务水平参差不齐，亟待采取有效措施为育龄家庭解除托育的"后顾之忧"；与后续养育子女有关的配套保障不完善，教育、医疗、住房等资源有限，高质量公共服务供给不足；性别平等意识偏弱，职业女性承受过重的生育养育和职业发展压力等。

（三）基本公共服务供给仍显不足

随着经济的快速发展，人民群众对医疗、教育、住房、养老、托育等的发展性需求和保障性需求日益增长，现有的公共服务供给能力无法满足当前人民群众多样化的需求。城市与农村之间、经济发展程度不同的地区之间在义务教育、医疗卫生和社会保障等方面的资源拥有量也存在一定程度的失衡。

教育方面，基础教育优质资源不足，城乡之间、区域之间、校际教育资源差距较大，"择校热"现象依然存在，义务教育优质均衡发展与群众期待还存在一定差距；职业教育校企合作层次不高，产教融合发展深度不够，与现代产业体系发展的人才需求存在脱节现象；优质高等教育资源相对不足，重点学科数量较少。

医疗方面，优质医疗资源主要集中在城市和大医院，乡镇、社区等基层医疗机构优质卫生资源不足，医疗服务能力不强，不能很好地满足居民健康服务需求；"一老一小"等重点人群医疗卫生服务供给不足，疾病预防、妇幼健康、健康教育体系需要进一步完善；合理的分级诊疗模式和激励导向机制尚未完善，医保政策对引导民众基层医疗卫生机构就医的作用仍需加强；基层医疗机构人才匮乏，"引不进""招不到""留不住"是基层医疗机构面临的主要问题，基层高层次人才、紧缺型人才的培养力度不够，缺乏高水平学科带头人。

养老方面，农村养老服务存在"双低双高"问题：一方面，农村老年人的收入水平、购买力较低，农村养老服务供给程度低；另一方面，农村老年人独居比例较高，失能无人照护的比例也较高。社区居家养老服务社会化程度较低，没有形成完善的服务模式，且与老年人需求匹配度不高；普惠性养老机构数量不足，养老补贴标准偏低，民办机构维系困难，服务范围偏窄；规模化、品牌化、连锁化养老机构较少，养老服务水平参差不齐；失能老人家庭的医疗照护需求很高，而养老机构的照护功能明显不足；专业养老服务人员短缺，缺乏专业的护理培训；家庭、居住小区、社区、城市公共场所等适老化设施的配套建设刻不容缓；数字时代的"困老化"问题也不容忽视。

托育方面，城镇家庭对社会化托育服务的需求急剧上升，但社会化托育服务严重不足；普惠性托育服务供给较少，家庭托育成本较高，面临家庭经济承受能力不足的问题；托育机构服务质量参差不齐，对托育机构的监管不足；婴幼儿照护服务从业人员存在质量不高、数量不足问题；面向社会和家

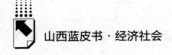
庭的婴幼儿照护指导服务缺乏。

其他公共服务方面，公共服务资源配置机制不完善，设施布局与人口分布匹配不够，服务效能有待提高；保障性住房对于相当部分的住房困难群体来说依然存在门槛过高的问题；针对社会弱势群体的基本公共服务范围比较狭窄，保障水平也较低。

（四）生态环境治理任务依然艰巨

生态文明建设是中华民族永续发展的千年大计。党的十八大以来，以习近平同志为核心的党中央把生态文明建设作为重要内容纳入"五位一体"总体布局和"四个全面"战略布局，谋划开展了一系列根本性、开创性、长远性工作。"绿水青山就是金山银山"已成为当代中国的发展共识。在新时代背景下，山西省下大功夫，狠抓生态文明建设，持续提高绿色发展的自觉性和主动性，美丽山西建设迈出重大步伐，全省生态文明保护发生全局性变化，但生态环境依然是制约山西高质量发展的突出短板，生态环境保护工作任重道远。一是能源消费总量和碳排放总量的增长压力仍持续存在，山西以煤焦、冶金、电力为主的重化工产业结构和以煤为主的能源结构短期内难以根本扭转，经济发展与资源能源消耗没有完全脱钩。二是山西作为国家重要的能源原材料和化工生产基地，存在基础能源原材料比重过大和工业固废资源综合利用发展不足的问题，煤炭、电力、冶金、焦化、化工等产业在支撑山西经济发展的同时，也带来了生态环境脆弱的突出问题，工业固废"量大率低"现象依然存在。三是城乡水环境基础设施建设存在短板，城市污水收集率不高，农村生活污水处理管网建设滞后，相较于城市，农村的水环境基础设施建设更为薄弱，运行成本高，运行效率低。

三　2024年山西社会发展形势及政策建议

党的十八大以来，习近平总书记先后四次莅临山西考察调研，为山西推动转型发展指明了前进方向，提供了根本遵循，指引山西各项工作取得历史性成就。2024年是山西进一步加快转型发展的重要之年,全省上下要把学习贯彻习近平总书记对山西工作的重要讲话重要指示精神与学习贯彻习近平新时代中国特色社会主义思想和党的二十大精神结合起来,持续推动重大任务的落实和突出问题的解决,助力中国式现代化山西实践。

(一)社会发展形势分析

2024年是山西实现经济和社会发展"十四五"规划的关键之年,受日趋复杂的国际国内环境影响,山西经济社会发展的不稳定性不确定性依然存在,面对新的复杂形势,山西将在省委省政府的坚强领导下,坚决贯彻党的二十大精神,坚决落实"着力解决好人民群众急难愁盼问题"的重要要求,更加优先保障和改善民生,实现社会稳步发展。

民生需求发生变化,对民生体系建设提出新的要求。随着经济社会的不断发展,广大人民群众对公共服务的需求产生了新的变化,更加重视基本公共服务的质量要求,并在教育、医疗、养老、托育等领域产生高品质和个性化需求,这对公共服务和社会保障事业提出了更高要求。2024年,山西将进一步完善民生体系建设,着力补齐民生领域存在的短板弱项,促进民生服务与广大人民群众对美好生活不断升级的需求相匹配。就业方面,继续实施就业优先战略,更加注重缓解结构性就业矛盾,完善灵活就业保障制度,实现更加充分和更高质量的就业。教育方面,进一步扩大普惠性学前教育资源,推动义务教育优质均衡发展,促进普通高中教育优质特色发展,加强职业教育产教融合,构建公平优质的现代化教育体系。医疗卫生方面,进一步深化医药卫生体制改革,扩大普惠性医疗服务供给,构建全生命周期健康保障体系,实现公平可及的医疗卫生服务。住房方面,继续坚持"房住不炒"的定位,有效增加保障性住房供给,加强城镇老旧小区改造和适老化社区建设,保障全省人民住有所居、住有宜居。

人口形势发生变化,对构建生育友好型社会提出新的要求。当前,山西人口发展呈现出生人口持续减少、人口老龄化程度加深、平均家庭户规模持续收缩、区域人口增减分化的趋势性特征,这些特征与目前的生育率低位运行息息相关。受经济、社会、城市化等发展因素的影响，低生育水平是现代化过程中的一个必然结果，难以大幅度回升，但可以在一定程度上延缓生育率的持续下降，稳定生育水平，为社会经济应对这些人口新变化争取时间。2024年，山西将进一步加大生育支持政策的投入力度，减轻家庭生育养育子女负担。进一步完善性别平等的制度体系，保障女性在就业和职业发展上的权益，进一步促进家庭责任合理分担，引导父亲积极参与育儿过程。加快构建全生命周期视角的生育支持体系，融通婚嫁、生育、养育、教育重大生命事件以及就业、税收、住房、养老等重要政策着力点，为生育意愿的提升提供坚实的社会基础。更加重视生育文化建设，营造性别平等、尊重生育、重视家庭的社会氛围，引导大众生育价值观的转变。

人民群众对优美生态环境的需求日益增长，对生态环境高水平保护提出新的要求。"生态兴则文明兴，生态衰则文明衰"，良好的生态环境是最普惠的民生福祉，是人民群众实现美好生活的基本条件，是实现高质量发展的重要基础。2024年，山西将全面贯彻节水优先方针，做好治水兴水大文章，统筹推进水资源保护、水环境治理、水生态修复，持续深化水源、水权、水利、水工、水务"五水综改"。持续深入打好污染防治攻坚战，聚焦焦化、钢铁、电力等重点行业加快改造升级步伐，实施重污染应急绩效分级、差异化管理，构建"大气网格化系统"，为大气质量改善提供数据支撑。以"碳达峰、碳中和"目标为导向，以黄河流域生态保护和高质量发展国家战略为引领，积极探索实现生态环境高水平保护和高质量发展的具体路径，在全社会、各领域探索山西能源产业生态化和生态环境产业化的资源型经济转型以及生态产品价值实现的发展新路，实现高水平保护和高质量发展相得益彰。

随着数字技术的快速发展，智慧民生成为新发展方向。随着科技的发展和城市化进程的加快，智慧城市将成为城市化进程中的重要发展趋势，信息科技成为促进提升民生发展现代化水平的重要支撑，只有不断推进科技创新和应用，加强政策和制度保障，才能实现城市发展的可持续性和民生的美好未来。2024年，山西将积极推动数字技术与民生服务领域的深度融合，提升现代公共服务水平，描绘出智慧赋能、人人共享的科技创造美好生活的民生新画卷。大力推进智慧医疗建设，提质升级医疗健康大数据平台，完善医疗标准体系建设和数据质量治理，开展业务监管和惠民应用。加快推进智慧教育建设，构建由省级主干网、市县教育网和校园网组成的新型教育信息网络，实现省—市—县优质教育资源互联共享。构建智慧养老托育服务体系，为老年人提供紧急救护、生活照料、精神慰藉等多元智慧健康养老服务，为婴幼儿家庭提供全生命周期健康管理服务、婴幼儿健康教育服务、远程咨询服务等多元智慧托育服务。

（二）对策建议

2024年及今后一段时间，山西要全面贯彻落实党的二十大精神，深入贯彻落实习近平总书记对山西工作的重要讲话重要指示精神，以推动高质量发展为主题，持续保障和改善民生，通过实施就业优先战略、完善生育支持体系、补齐基本公共服务短板、推动生态环境高水平保护等举措，切实促进山西民生事业发展和社会大局和谐稳定。

1.多措并举扩岗位、优服务，突出做好重点群体就业工作

扩展新就业岗位。充分发挥经济增长带动就业的主导作用，经济发展是扩大就业的基础，应使经济持续健康发展的过程成为就业持续扩大的过程。加快推进煤炭、电力、钢铁、焦化、装备制造业等传统优势产业率先转型，带动就业提质扩容。增强市场主体吸纳就业的积极性，中小微企业是吸纳就业的关键市场主体，进一步为中小微企业创造良好的发展环境，包括加大金融扶持力度、加快落实退税降费等纾困政策、支持中小微企业稳岗扩岗。以数字经济发展为突破口，加快发展以平台经济为代表的新经济新业态新模式，拓宽新兴职业领域的就业空间。继续落实好创业补贴等优惠措施，对从事新业态、新模式的创业者进行精准帮扶。

优化公共就业服务。建立统一规范的人力资源市场体系，打造覆盖省、市、县、街道（乡镇）、社区（村）的五级公共就业服务体系，提高劳动力市场供需匹配效率。加快劳动力市场数字化信息化平台建设，运用大数据手段为用人单位和求职者进行供求分析，推动用人单位、人力资源服务机构以及政府相关部门的数据共享、数字共治，实现劳动力供需双方有效对接。积极搭建公益性灵活就业服务阵地，为辖区劳动者提供符合市场需求、易学易用的免费培训，引导零工人员参加急需紧缺职业技能培训和新职业技能培训。

关注重点群体就业问题。继续将高校毕业生作为重中之重，实施基层成长计划，继续鼓励、引导高校毕业生到基层就业创业；加强职业规划和职业指导，强化高校与劳动力市场的对接，开展线上线下招聘活动；持续推进高等教育学科结构调整工作，主动创新人才培养供给侧结构性改革，推动人才培养目标精准对接经济社会多样化发展需求。积极促进农民工就业，加快农民工市民化进程，大力推进公共服务均等化，实现外出农民工稳定就业；持续开展职业技能培训，不断提升农民工就业技能水平；培育发展"晋字号"特色劳务品牌，提升农民工就业质量和规模；积极落实返乡入乡人员创业就业扶持政策，支持农民工就地就近就业。健全困难群体就业援助制度，对就业困难人员进行深入摸排、建立台账、动态管理，提供"一对一"精细化服务，对于脱贫农民工，应加大以工代赈的支持力度，创造更多非农就业机会；对于残疾人群体，应充分发挥政府机关事业单位带头吸纳残疾人就业的引领作用，完善就业创业支持性措施，创造更多就业创业机会；对于零就业家庭，利用公益性岗位托底安置，实现动态清零。

2. 完善生育支持体系，构建生育友好型社会

加大生育支持力度。生育成本过高是影响育龄家庭生育意愿的最主要因素之一。提供家庭生育经济支持是激励生育的有效方式，对于减轻家庭生育养育子女负担，提升生育率具有积极作用。一是进一步完善生育津贴制度和政策，加大生育补贴力度，包括一次性生育补贴、按月发放育儿补贴，给多孩家庭发放教育、医疗补贴，提高多孩家庭的个税扣除比例等。二是对多孩家庭提供租房补贴或房贷优惠，在经济适用房、公租房申请或购房贷款利率减免等政策实施中优先保障育儿家庭。三是扩大生育保险覆盖面，完善灵活就业人员生育保险的缴纳基数与比例及享受的生育保险待遇等。四是逐步把分娩镇痛和辅助生殖项目纳入医保报销范围。

发展普惠托育服务。研究表明，提高 3 岁以下婴幼儿的入托率，对于提升家庭生育意愿具有显著作用。① 大力发展托育服务，有效增加普惠托育服务供给。一是加大政府投入力度，提高托位建设补贴标准，降低普惠托育机构开办成本；通过运营补贴、购买服务等多种方式，降低普惠托育机构运营成本。二是整合社区服务资源，结合社区综合服务站、社区卫生服务站、幼儿园等建设婴幼儿照护服务设施，为 0~3 岁婴幼儿提供方便可及的托育服务。三是支持党政机关、企事业单位和社会组织为本单位职工提供托育服务，解决本单位职工子女入托问题。四是加快健全托育服务的人才培养体系，支持普通高校、职业院校设置婴幼儿托育相关专业，鼓励将托育服务从业人员列入急需紧缺职业培训目录，建立托育机构从业人员资格认定。五是推进托幼一体化发展，依托现有的幼儿园扩展托幼教育与保育服务资源，实现学前教育资源整合利用和增加托育有效供给的双赢。

营造生育友好的工作环境。促进职业女性平衡家庭和工作关系，让育儿有机融入职业发展。一是进一步完善生育假政策，扩大产假、陪产假的覆盖面，推行夫妻"共同育儿假"制度，以缓解女性育儿焦虑和压力，帮助女性更好平衡工作和家庭生活。二是鼓励有条件的用人单位实行弹性工作制，允许员工以居家办公、弹性上下班等灵活形式参与工作，帮助女性减轻职业发展和育儿的冲突。三是增强男性的家庭角色意识，减少子女养育中的"父职缺失"现象，逐步普及责任平等的健康育儿方式。

构建新型生育文化。2021 年发布的《中共中央国务院关于优化生育政策促进人口均衡增长的决定》中明确提出"尊重生育的社会价值，提倡适龄婚育、优生优育，鼓励夫妻共担育儿责任，破除高价彩礼等陈规陋习，构建新型婚育文化"。新型婚育文化建设涉及从婚恋、嫁娶、生育、养育、教育到家庭关系、社会风俗习惯、社会价值观念、社会心理、社会生活方式等众多内容，在加强新型生育文化建设中，一是尊重和理解生育的社会价值，提倡适龄婚育、优生优育，鼓励夫妻共担育儿责任。二是持续推进婚俗改

---

① 张本波：《积极构建生育友好型社会》，《中国党政干部论坛》2023 年第 6 期。

革，抵制高价彩礼、铺张浪费、盲目攀比，弘扬勤俭节约、孝老敬亲的优良传统和良好家风。三是加强青少年价值观教育，倡导"修身齐家、孝老爱亲、适龄婚育、家庭和睦"的家庭发展理念，引导其树立正确的婚恋观、家庭观、生育观。

3. 着力提升基本公共服务供给能力和质量，增强均衡性和可及性

打造优质公平的现代化教育体系。通过购买服务、减免租金等方式支持普惠性民办园发展，鼓励有条件的单位举办公办园，扩大普惠幼儿园覆盖率。深入推进集团化办学，不断推动中心城区优质中小学资源向外围城区辐射，促进区域教育服务共建共享。加强县域普通高中建设，整体提升县域普通高中办学水平，促进普通高中优质特色发展。深化职业教育产教融合发展，着力培养高素质劳动者和技术技能人才。实现特殊教育特惠发展，扩大残疾人群体接受学前教育、高中阶段教育和高等教育的机会。加快教育数字化转型，健全数字教育资源公共服务体系，提升教育政务信息化水平和智慧校园建设应用水平，促进线上教育与线下教育深度融合，推广智慧阅读、人工智能教育、共享课程、智慧课堂，为各年龄段学习者提供综合性学习场所和个性化学习服务。

打造全周期的医疗卫生服务体系。进一步推动优质医疗资源均衡布局，推动公立医院改革，推进国家医学中心、区域医疗中心建设，引导优质医疗资源向医疗服务能力相对薄弱、群众医疗需求大的地区转移。推动优质医疗卫生资源下沉基层，以大病重病在本省解决、一般常见病多发病在市县解决、日常头疼脑热等小病在乡村解决为目标，进一步加强"基层首诊、双向转诊、急慢分治、上下联动"的分级诊疗制度建设，提升基层医疗服务能力。构建多元化、多层次、整合型医疗卫生服务体系，引导和支持社会办医以多样化形式为民众提供普惠性医疗卫生服务，扩大普惠性医疗卫生服务供给。加强医疗卫生人才队伍建设，强化乡村医生培训教育。实施"智慧健康"工程，加快卫生健康"数字化"转型，推动卫生健康信息化基础体系、应用体系、产业体系协同发展，建设"互联网+医疗健康"便民惠民平台，切实推动解决群众"看病难""就医繁"等一系列问题。

打造多样化可持续的养老服务体系。积极推动公共设施适老化改造，加快建设多功能、多样化、专业化的社区养老服务设施。大力培育专业化、连锁化、品牌化的社区养老服务组织，推动专业机构服务向社区延伸。深入推进医养结合发展，加强老年健康服务。支持社会力量参与普惠养老服务供给，面向老年群体，尤其是失能、半失能老人，提供价格合理、方便可及、质量可靠的普惠性养老服务。推进多层次养老服务人才培养，通过引导和鼓励有条件的院校设立养老服务相关专业，按照分类培训、分层培训，采取线上、线下相结合的方式落实培训制度，提高政策待遇等方式吸引养老服务人才深耕养老行业。以科技手段打造现代智慧养老服务新体系，为老年人提供健康管理、康复照料、紧急救护、家政预约、网络点餐、物品代购、精神慰藉等多元智慧健康养老服务，满足老年人多元化、多层次养老服务需求。

打造惠民宜居的住房保障体系。因地制宜多渠道筹集公共租赁住房房源，努力实现本地区低收入住房困难家庭应保尽保。推进公租房货币化保障，逐步将住房保障方式由以实物保障为主转变为以租赁补贴为主。扩大保障性租赁住房供给，优化城市住房供应结构，利用存量土地、存量房屋建设小户型、低租金的保障性住房，缓解新市民、青年人等群体的住房困难。规范发展租赁住房市场，完善长租房政策，逐步使租购住房在享受公共服务上具有同等权利。

打造普惠全覆盖的社会救助服务体系。完善最低生活保障制度和特困人员供养救助制度，做到应保尽保。加强动态管理，健全低保标准与消费支出挂钩的动态调整机制。统筹城乡和经济社会发展要素，做到低保制度与其他专项社会救助制度有效衔接。持续关注经济困难的高龄老人、失能老人、独居老人、残疾人等重点人群的服务保障和关爱帮扶。实施"智慧救助"，加强社会救助信息化建设，打造"一门受理+一网通办"的智慧救助管理服务平台，整合救助业务，实现救助事项"就近办、网上办、掌上办"。

4.持续加强生态环境综合治理，大力推进绿色低碳发展

推动黄河流域生态环境高水平保护。扎实抓好"两山""七河""五湖"生态保护修复，以太行山、吕梁山为重点，持续推进国土绿化和护岸林、水保林和生态经济林建设，巩固天然林保护及退耕还林还草成果，构建黄河流域防护林体系。大力实施"一泓清水入黄河"工程，以汾河为重点加强"七河"保护，加大水污染治理力度。持续推进黄河水资源治理和水土保持重点工程，以流域为单元，重点做好"五湖"生态空间管控、水污染防治、生物多样性保护。全力推进黄河流域"清废行动"，着力破解固废堆放、储存、倾倒和填埋难题，加强生活垃圾资源化、减量化、无害化处理。

深入推进环境污染防治。聚焦重污染天气、臭氧污染、柴油货车污染等突出问题，全面实施钢铁、焦化、煤电等高耗能高污染行业的节能升级改造和污染物深度治理。抓好建设用地、农用地土壤污染风险管控，加强重金属和新污染物治理，推进县域生活垃圾"全焚烧、零填埋"。加强入河排污口规范化管理，推进工业园区工业废水近零排放。加大农村生活污水治理力度，结合村庄发展规划、农村人口分布，合理确定污水处理设施建设布局和规模。科学调度流域内生产、生活、生态用水，推动实现水资源节约集约高效利用。

推动资源型经济绿色低碳发展。持续深化生态省建设，强化绿色低碳发展法规和政策保障，推进经济生态化、生态经济化，促进全产业链和产品全生命周期绿色发展。大力推动产业结构和能源结构调整，促进经济社会发展绿色低碳转型，加快形成绿色发展方式和生活方式，倡导并养成绿色低碳、合理适度消费习惯，鼓励绿色公共交通出行，减少碳排放污染等，推动生态环境保护和经济社会发展全面深度融合，在全社会形成绿色生产生活方式，促进经济社会发展全面绿色转型。

参考文献

[1] 山西省统计局、国家统计局山西调查总队：《前三季度全省经济持续复苏 稳中向好》，山西省统计信息网，http://tjj.shanxi.gov.cn/tjgz/jrgz/202310/t20231023_

9408570. shtml。

［2］王佳丽、车浚清：《我省多措并举稳定和扩大就业岗位》，《山西经济日报》2023年8月6日。

［3］高建华：《全省就业形势总体稳定》，《山西日报》2023年8月8日。

［4］杨晶、王琪：《职业教育人才将变成"香饽饽"》，《山西晚报》2023年4月20日。

［5］马骏：《强化政治担当　续写教育新篇　为高质量发展提供基础性战略性支撑》，《前进》2023年第3期。

［6］王旻：《我省进一步完善医疗卫生服务体系》，《山西法治报》2023年8月22日。

［7］王佳：《总体进度好于预期　8件已提前超额完成全年目标任务》，《山西经济日报》2023年8月30日。

［8］赵云云：《山西持续改善生态环境　推进"一泓清水入黄河"》，《山西青年报》2023年9月15日。

［9］郭志平：《对群众诉求一揽子解决一条龙服务》，《山西法治报》2023年10月27日。

［10］赖德胜、何勤：《当前青年群体就业的新趋势新变化》，《人民论坛》2023年第11期。

［11］张本波：《积极构建生育友好型社会》，《中国党政干部论坛》2023年第6期。

运行篇 ß

B.3
山西农业农村经济发展特征
及形势分析

武甲斐 刘玲玲*

摘 要： 2023年是全面贯彻落实党的二十大精神开局之年和建设农业强国起步之年。全省全面贯彻落实党的二十大精神，深入贯彻落实习近平总书记关于"三农"工作的重要论述和对山西工作的重要讲话重要指示精神，认真贯彻中央农村工作会议、省第十二次党代会、省委经济工作会议和省委农村工作会议精神，以农业"特""优"发展为主线，紧紧抓住耕地和种子两个关键，聚力打好特色优势、有机旱作、加工转化三张牌，全力保障粮食、果菜、畜牧等重要农产品安全稳定供给，全省农业生产形势呈现稳中向好态势，为奋进"两个基本实现"目标作出重要贡献。下一步，要坚持农业农村优先发展，坚持城乡融合发展，坚持区域协调发展，

---

* 武甲斐，山西省社会科学院（山西省人民政府发展研究中心）经济研究所副所长，副研究员，主要研究方向为区域经济、农业经济；刘玲玲，山西省社会科学院（山西省人民政府发展研究中心）经济研究所研究实习员，主要研究方向为产业经济。

全面夯实粮食安全根基，大力推动特优农业提质增效，不断强化农业科技和装备支撑，多措并举促进农民持续增收，着力推进稳粮固农、产业富农、增收强农、科技兴农、建设惠农、改革活农，加快推动特色农业大省向特色农业强省转变。

关键词： 农业农村经济　稳粮保供　特优发展

山西是农业特色资源大省，2017年至2023年，习近平总书记四次来山西考察调研，为山西指出了有机旱作农业和"特""优"农业的发展路子。山西坚决贯彻习近平总书记对山西工作的重要讲话重要指示精神，全面落实中央农村工作会议和中央一号文件要求，以农业"特""优"发展为主线，紧紧抓住耕地和种子两个关键，聚力打好特色优势、有机旱作、加工转化三张牌，为奋进"两个基本实现"目标作出重要贡献。

一　全省农业农村经济总体发展情况

2023年山西全面贯彻落实党的二十大精神，深入贯彻落实习近平总书记关于"三农"工作的重要论述和对山西工作的重要讲话重要指示精神，认真贯彻中央农村工作会议、省第十二次党代会、省委经济工作会议和省委农村工作会议精神，发挥比较优势，用好转型抓手，精准落实政策，提振发展信心，全力保障粮食、果菜、畜牧等重要农产品安全稳定供给，全省农业生产形势呈现稳中向好态势。

（一）全省农业农村领域重要政策举措

1.加强高标准农田建设项目建后管护

高标准农田具有集中连片、设施配套、高产稳产、生态良好、抗灾能力强等特性，是践行"藏粮于地、藏粮于技"战略的重要抓手，对于改善区域农业生产条件和生态环境，提升粮食生产能力具有重大意义。《全国高标准农田建设规划（2021~2030年）》提出到2030年，中国要建成12亿亩高标准农田，以此稳定保障1.2万亿斤以上粮食产能。

2023年，山西省农业农村厅根据农田建设项目管理相关政策规定，在总结各市县现有的管护模式、管护制度的基础上，吸纳外省高标准农田建设项目有关管护办法的经验，结合山西实际，出台了《全省高标准农田建设项目工程设施建后管护办法》（晋农规发〔2023〕4号）（以下简称《办法》）。《办法》提出，建后管护是指对高标准农田建设项目的田块整治、灌溉与排水、田间道路、农田防护与生态环境保护、农田输配电和农田建设相关的其他工程及其配套设施等进行管理、维修和养护工作；建后管护应当按照"谁受益、谁管护，谁使用、谁管护"的原则，建立健全管护机制，明确管护主体，制定管护制度，落实管护责任，保障管护经费，保证工程设施在设计使用期。《办法》明确了田块整治工程、灌溉与排水工程、田间道路工程、农田防护与生态环境保护工程、农田输配电工程、农田建设其他工程及其配套设施六项管护内容及标准。确定了管护主体和管护方式的四种模式，一是受益主体或使用主体自行管护，二是成立管护协会等民间团体或农民合作组织进行管护，三是鼓励通过市场化方式进行管护，四是探索利用"保险+管护"模式进行管护。此外，《办法》还对管护费筹集管理及使用范围、管护责任及要求等内容进行了明确规定。

2. 开展"千员带万社"行动

新型农业经济主体是全面推进乡村振兴、加快农业农村现代化的重要基础和中坚力量，加快推动新型农业经营主体高质量发展，有利于完善农业农村基础制度，增强职业农业综合能力，深化大市场与小农户的精准对接。《农业农村部办公厅关于开展"千员带万社"行动的通知》（农办经〔2023〕4号）提出，各省份要根据新型农业经营主体发展情况和现实需求，因地制宜确定新型农业经营主体辅导员队伍建设规模。

2023年，山西省农业农村厅印发《"千员带万社"行动方案》（以下简称《方案》）（晋农办发〔2023〕8号）提出，到2025年底，建立完善全省新型农业经营主体辅导员名录库，入库辅导员人数达到 2000 人左右，为 2 万个农民合作社、家庭农场提供精准辅导服务；在全省创建一批新型农业经营主体服务中心，构建由"辅导员 + 服务中心"组成的基层指导服务体系，促进新型农业经营主体内强素质、外强能力。在加强辅导员队伍建设方面，《方案》提出三条具体要求。一是确定规模数量，各市、县农业农村部门要根据新型农业经营主体的发展情况、产业结构、地域分布和现实需求等因素，合理确定新型农业经营主体辅导员队伍建设规模，初步按照市级 10 ~ 20 名、县辖每个乡镇 2~3 名辅导员的规模选聘，逐步建立与新型农业经营主体发展规模、服务质量要求相匹配的辅导员队伍。二是严格选聘标准，农业农村部门要根据新型农业经营主体辅导员选聘范围、具备条件和履职能力等，将热爱农业、关心农民的相关人员选聘为辅导员，确保其具备过硬的政治素质和相关的履职能力。三是稳定现有队伍，县级农业农村部门要按照服务主体数量、服务质量成效和主体满意度等指标，对 2020 年选聘的辅导员进行综合衡量评价，择优续聘，保持现有辅导员队伍基本稳定。此外，《方案》还对用好辅导员名录库管理制度、创建新型农业主体服务中心等内容进行了明确规定。

3. 实施农产品质量安全检验检测机构"双认证"攻坚行动

农产品的质量和安全问题不仅关乎广大人民的健康，也对农业和经济社会发展产生重要影响。农产品质量安全检测机构作为农产品的质量安全体系建设的重要基础，经过多年建设，各级质检机构硬件条件和工作水平有了较大提高，但仍然存在人员技术能力不强、运行管理不规范、检测资质通过率不高、检测参数覆盖不广等问题，特别是县一级的质检机构尤为突出。2022 年，山西省根据农业农村部具体要求，制定出台《全省县级农产品质量安全检验检测机构能力提升三年行动方案》，提出通过全员培训、结对帮扶、技术指导、骨干培养等措施，力争用三年时间，实现县级质检机构农产品质量安全检验检测机构考核和检验检测机构资质认定通过率达到 85% 以上。

2023 年，山西省农业农村厅印发《关于开展农产品质量安全检验检测机构"双认证"攻坚行动的通知》(晋农办质监发〔2023〕53号),提出要充分认识"双认证"工作的重要性和紧迫性,紧盯全省农产品质量安全检验检测机构能力提升三年行动"双认证"比例达到85%这个重要指标,力争2023年在"双认证"工作上取得突破,切实提升基层农产品质量安全检验检测能力水平。农产品质量安全县作为农产品质量安全工作的排头兵,必须充分发挥示范带头作用,2023年9月30日之前未通过"双认证"的全部摘牌,正在创建的县取消创建资格,晋城市阳城县、运城市闻喜县、临汾市大宁县三个第五批省级农产品质量安全创建县,2023年底之前必须完成"双认证"工作。对于未通过"双认证"的县,必须以县政府名义制定出台攻坚方案,摆出问题短板、提出攻坚举措,并且要明确责任人和完成时间。在健全包联帮扶机制方面,在2022年建立"双认证"工作推动机制的基础上,对包联机制进一步调整完善,省厅建立省包市工作机制,11个市根据实际情况,调整各县包联人员;根据"双认证"完成情况,调整检测机构帮扶机制,未通过"双认证"的市县要加强与帮扶机构的沟通联系。此外,该通知还提出了完善考核通报机制、树立十个"双认证"典型示范县等内容。

(二)全省农业分产业运行情况

2023年,全省坚持农业农村优先发展,高位推动农业"特""优"发展。前三季度农业形势稳中向好,全省粮食综合生产能力全方位提升,粮食丰收基础稳固,畜禽生产增势明显,蔬菜生产量质双升,特色渔业稳步增长,农业经济形势稳中有进,农业农村现代化迈出坚实步伐。

1. 种植业发展形势稳定向好

2023年前三季度全省种植业总产值791.3亿元,同比增长4.9%,总体呈现粮食生产形势向好、果菜生产稳定增长的发展态势,全年粮食丰收有基础、有保障。

粮食生产形势向好。2021年以来,全省共建设高标准农田743.15万亩,省高标准农田面积累计达到2405.15万亩,粮食综合生产能力持续稳定在1365万吨以上。2023年以来，粮食生产克服低温冻害、阴雨寡照、倒春寒等不利影响，不断加大粮食生产政策支持力度，及时将74.37亿元耕地地力保护补贴、种粮农民一次性补贴等资金发放到农户和主体。农业农村部门建立春播、夏播日调度制度，每日通报各市播种进展，扎实推进撂荒耕地复耕复种，推动各地紧盯土壤墒情加快进度，确保种足种满。夏粮喜获丰收，面积、总产、单产实现"三增"，为全年粮食生产赢得主动。全省夏粮播种面积803.8万亩，比上年增加1.2万亩，增长0.2%；亩产307.4公斤，比上年增加1.9公斤，增长0.6%；总产量247.1万吨，比上年增加1.9万吨，增长0.8%。其中，冬小麦播种面积803.4万亩，比上年增加1.1万亩，增长0.1%；亩产307.3公斤，比上年增加1.9公斤，增长0.6%；总产量246.9万吨，比上年增加1.8万吨，增长0.7%。秋粮丰收已成定局，预计全年粮食总产量持平略增。全省开展下沉一线包市包片奋战100天夺秋粮丰收行动，组织全省1.4万名农技人员开展进村入户技术服务；狠抓秋收指导，合理调度农机作业，山西累计准备各类收获机械5万余台；举办秋粮机收减损大比武活动，强化秋种指导，分解小麦播种任务到6个生产市。截至10月25日，山西省秋粮收获面积3772.4万亩，收获进度92.2%，全省小麦播种面积572.8万亩。各地涌现出一批高产典型，长子县鲍店镇南街村玉米亩产2447.1斤，应县金城镇龙泉村玉米亩产2460.7斤，分别创造了山西旱地和水地春播玉米单产历史最高纪录。

果菜生产稳定增长。坚持露地蔬菜和设施蔬菜两手抓，全力保障"菜篮子"产品生产。全省大力发展设施蔬菜，持续扩大设施规模，聚焦发展新设施、改造升级老旧设施，在五大盆地蔬菜主产区，建设集中连片蔬菜日光温室、大棚等设施，配套土地耕整、直播移栽、灌溉施肥、采摘运输等机械设备，提升设施蔬菜标准化、机械化、智能化水平，提高设施农业标准化建造覆盖率。初步统计结果显示，前三季度蔬菜及食用菌播种面积312.6万亩，与上年持平，产量774.0万吨，增长5.4%。进入第三季度，雨水增多，苹果、梨等主要水果长势普遍好于上年，没有出现大面积风雹灾、病虫害等自然灾害，整体情况好于上年。全省前三季度园林水果采收面积267.7万亩，比上年同期增长1.5%；园林水果产量512.0万吨，增长4.4%。全省水果产量606.1万吨，同比增长10.8%。16万亩设施农业建设任务超额完成，目前已开工建设16.7万亩，完工16.2万亩，其中设施蔬菜完工6.2万亩，设施水果完工10.0万亩。

2. 林业实物量下滑

坚持"增绿、提质、防灾、创新"一体化思路，聚焦扩绿、经营双"提质"和省直林区、自然保护地双"升级"，以林长制为抓手，持续推进林业高质量发展。2021年、2022年两年累计完成营造林1070.57万亩，中幼林抚育204万亩，防沙治沙64.35万亩，义务植树1.45亿株；人工造林规模已连续两年位居全国第一，沿黄19县实现基本绿化。由于造林面积任务的调整，2023年上半年全省林业总产值157.4亿元，同比下降9.9%，林草部门数据显示，山西省2023年造林面积任务由上年的500万亩下降到400万亩，上半年全省造林面积完成281.13万亩，同比下降37.0%。

3. 畜牧业生产增势良好

大力实施畜牧业发展"五五战略"，全面推进生猪产业持续健康发展，推广饲草产业"南北互补、粮草兼顾、农牧循环"模式，聚力打造全国优质饲草供应基地。2023年针对部分畜产品销售不畅等情况，农业部门多次组织企业与高校开展产销对接，有效解决畜产品卖难问题。全省全力稳定生猪产能，大力发展牛羊草食畜牧业，支持495个畜禽养殖场标准化升级改造，重点抓好5个生猪、7个肉牛、2个奶牛、2个肉羊大县建设。前三季度畜禽生产增势良好，肉蛋奶产量稳步增加。分畜种看，全省生猪存、出栏分别达808.7万头、959.3万头，分别比上年同期增长3.5%、7.5%；牛、羊出栏量分别为53.3万头、599.9万只，分别增长9.1%、6.1%；家禽出栏19544.0万只，增长9.1%。全省猪牛羊禽四肉产量123.1万吨，增长8.1%；禽蛋产量94.5万吨，增长6.3%；牛奶产量108.6万吨，增长4.8%。

4. 农产品加工规模不断扩大

坚持以"三大省级战略"引领农业转型发展全局，推动"五大平台"

有形化实体化建设，大力培育农产品精深加工十大产业集群，坚定实施农业"特""优"战略，围绕强龙头、补链条、兴业态、树品牌，持续推动农业全产业链条提质增效。2023 年，山西省印发《关于 2023 年新注册农产品精深加工企业设备购置补助项目和支持龙头企业发展项目实施指导意见的通知》，进一步鼓励农产品精深加工和支持龙头企业发展，积极推动龙头企业示范引领全省农产品加工业向高端化、数字化、绿色化转型发展。上半年，全省农产品加工业销售收入达到 1710.47 亿元，同比增长 4.8%。县级以上农业产业化龙头企业营业收入达 1101.77 亿元。

5. 特色渔业稳步增长

立足渔业发展实际，紧扣"五个一"重点工程目标要求，围绕渔业提质增效发展主线，聚焦全省渔业转型升级高质量发展关键技术难题和"卡脖子"技术，高效开展试验示范，不断提升服务产业能力，稳步推进池塘标准化新改建 5000 亩、现代设施渔业设施设备 8 万立方米水体，打造 3 个万亩大水面生态渔业示范基地等重点工作。截至 9 月底，全省水产养殖面积 26.0 万亩，同比增长 3.4%；全省水产品总产量 4.7 万吨，同比增长 9.2%。

二　全省农业农村经济主要指标分析

2023 年前三季度全省第一产业固定资产投资增速有所下降，农林牧渔总产值、农村居民人均可支配收入等指标稳步增长，全省农业农村经济呈现稳中向好发展态势。

（一）农林牧渔业总产值

2023 年前三季度，山西农林牧渔总产值 1552.3 亿元，同比增长 3.8%。从产业结构看，前三季度，山西农业、林业、牧业、渔业及农林牧渔专业及辅助性活动分别占农林牧渔总产值的 50.98%、10.14%、31.97%、0.50%、6.41%。与其他产业相比，农业产值占比达到 50.98%，占比较大；其次是畜牧业，其产值占比 31.97%，畜牧业转型升级的政策红利正在逐步释放；

渔业呈现出较好的发展态势，同比增长 7.9%；林业受计划影响，产值同比降低 9.9%（见表 1、图 1）。

表 1　2023 年前三季度山西农林牧渔总产值情况

单位：亿元，%

	第一季度	同比增长	上半年	同比增长	前三季度	同比增长
农林牧渔总产值	306.9	3.9	786.3	1.4	1552.3	3.8
农业	59.8	4.1	246.3	3.0	791.3	4.9
林业	59.4	−1.9	138.0	−10.6	157.4	−9.9
牧业	173.7	5.9	334.8	6.1	496.3	7.2
渔业	1.6	11.3	4.4	7.7	7.8	7.9
农林牧渔专业及辅助性活动	12.4	4.3	62.8	3.0	99.5	3.1

资料来源：山西省统计局。

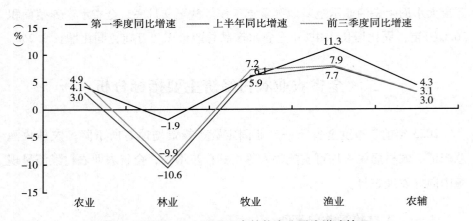

图 1　2023 年 1~9 月山西农林牧渔业同比增速情况

资料来源：根据山西省统计局有关数据整理。

（二）第一产业固定资产投资

2023 年前三季度山西省第一产业固定资产投资完成 339.2 亿元，同比下降

8.0%，增速较第一季度收窄 1.1 个百分点，低于上半年增速（-4.0%）4 个百分点（见表 2、图 2），增速较 1~8 月（-5.7%）降低 2.3 个百分点。

表 2　2023 年 1~9 月山西第一产业固定资产投资情况

单位：亿元，%

	第一季度	同比增长	上半年	同比增长	前三季度	同比增长
第一产业固定资产投资	57.4	-9.1	217.4	-4.0	339.2	-8.0

资料来源：山西省统计局。

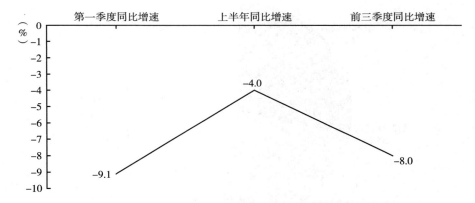

图 2　2023 年 1~9 月山西第一产业固定资产投资累计增长速度

资料来源：根据山西省统计局有关数据整理。

（三）农村居民人均可支配收入

2023 年前三季度，山西农村居民人均可支配收入 12388 元，同比增长 8.0%，快于全省城镇居民人均可支配收入增速（4.7%）3.3 个百分点。从农村居民收入结构看，工资性收入、经营性收入、财产性收入、转移性收入的占比分别为 47.42%、24.06%、1.35% 和 27.17%。前三季度山西农村居民四大项收入全面增长，工资和经营性收入增长较快。城镇居民财产性收入为负增长，而农村居民财产性收入增速较快，同比增长了 6.2%，快于全省城镇居民财产性收入增速 20.9 个百分点（见表 3、图 3）。

表3　2023年前三季度山西城乡居民收入情况

单位：元，%

	城镇居民	同比增长	农村居民	同比增长
人均可支配收入	30775	4.7	12388	8.0
工资性收入	17892	7.0	5875	9.2
经营性收入	3032	5.6	2980	8.8
财产性收入	1989	−14.7	167	6.2
转移性收入	7862	5.2	3366	5.4

资料来源：山西省统计局。

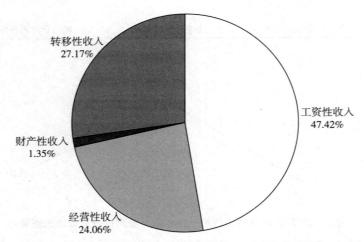

图3　2023年前三季度山西农村居民人均可支配收入占比情况

资料来源：根据山西省统计局有关数据整理。

（四）农村居民生活消费支出

2023年前三季度，全省农村居民人均生活消费支出10332元，同比增长9.2%，快于城镇居民3.1个百分点。从城乡居民消费结构看，全省城镇居民消费支出前三位的指标分别是食品烟酒、居住和交通通信，占城镇居民人均生活消费支出的比例分别为26.66%、20.67%和13.22%；全省农村居民人均生活消费支出前三位的指标同样也是食品烟酒、居住和交通通信，占农村居民人均生活消费支出的比例分别为29.11%、21.22%和12.79%；对比来看，全省农村居民食品烟酒支出占比接近30%，高于城镇2.45个百分点，居住支出占比要高于城镇居民0.55个百分点，交通通信支出占比要低于城镇居民0.43个百分点，具有一定的地域性特征（见表4、图4）。

表4 2023年前三季度山西城乡居民消费情况

单位：元，%

	城镇居民	同比增长	农村居民	同比增长
人均生活消费支出	17418	6.1	10332	9.2
食品烟酒	4643	2.1	3008	3.1
衣着	1246	3.0	672	9.8
居住	3601	5.3	2192	10.8
生活用品及服务	1143	9.6	603	15.3
交通通信	2302	11.5	1321	9.0
教育文化娱乐	1945	13.8	1063	18.2
医疗保健	2029	4.2	1250	12.6
其他用品及服务	508	6.3	222	7.9

资料来源：山西省统计局。

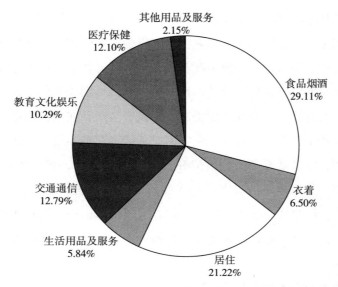

图4 2023年前三季度山西农村居民人均生活消费支出占比情况

资料来源：根据山西省统计局有关数据整理。

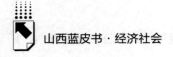
三　当前山西农业农村经济需关注的问题
及发展形势分析

当前，俄乌冲突、日本核污水排海、粮食危机、农资价格上涨等多重因素叠加，给农业农村经济发展带来巨大挑战。通过调研发现，山西省防灾减灾体系建设、种业市场主体竞争力、农产品冷链物流建设等问题需要重点关注。

（一）当前需要关注的问题

1. 防灾减灾任务依然较重

2023年以来，全省农业自然灾害总体偏轻发生，与常年相当。3~6月，全省降雨较多，部分地方迟播，但土壤墒情好，出苗较好，播种面积加大；6月中旬到7月中旬，高温干旱对玉米生长发育有一定影响，农业农村部门组织开展了抗旱技术指导；7月底到8月初，台风"杜苏芮"造成一定涝灾，对秋粮生长、畜牧养殖、渔业生产、设施农业等带来不利影响，但总体上缓解了旱情。而从地市调研情况看，在防灾减灾体系建设上存在以下三个突出问题。一是灾害预警信息精准性有待提升，特别是气象灾害的预警信息在准确性、及时性、全面性方面仍有一定提升空间，在预警信息到户、防御措施到田链条中还存在短板。二是灾害应急能力存在不足，在加强灾情调度和应急值守，准确掌握雨情、墒情和雷暴大风等灾情，组织农技人员分区域、分类型、分作物评估灾害影响等制度体系和流程体系建设方面仍待健全。三是农业保险体系还不够完善，存在保险覆盖面窄、保险费率高、理赔难等问题，在提高农业保险覆盖面和理赔效率、降低保险费率等方面有较大的提升空间。

2. 种业市场主体竞争力亟待增强

种业是保障国家粮食安全和主要农产品有效供给的重要基础。近年来，山西高度重视种业科技创新对现代农业的支撑与推动作用，种业科技创新体系持续优化，品种创新能力稳步提高，科技研发实力不断增强，培育了强盛、诚信、大丰、坤羿丰、君实等一批知名的种业企业。但在实际调研中发现，大多数种业企业规模小，种业企业之间相对分散，未能集聚成种业发展的强大动能，现有种业龙头企业集中度不高，在综合竞争实力方面与全国先进种业企业存在明显差距；部分中小企业自身实力弱、积累少，竞争力不强。种业企业在市场竞争中面临以下四个方面的突出问题。一是融资渠道方面，全省种业企业九成以上为民营企业，销售收入低，与工业企业相比盈利能力弱，资金回笼周期长，导致社会资本关注种业、投资种业的积极性受到一定限制，多数种业企业面临着"融资难、融资贵"的困境，缺少有针对性的金融产品和相关政策支持。二是研发能力方面，种业企业自主创新力量比较薄弱，创新"生力军"缺乏，企业更多的是充当销售"中间商"的角色，企业的研发能力、研发成果处于弱势；多数企业留不住研究生且没有专门的研发机构，只能选择与高等院校和科研院所等进行合作研发，科企合作缺乏长远、稳定规划。三是市场拓展方面，种业企业普遍存在市场覆盖面小的问题，大多数种业企业的销售市场主要覆盖范围为省内，销售模式单一，多为传统销售渠道，品牌影响力弱，全国种子企业50强中，山西仅有强盛种业一家入围。四是产业链条方面，育繁推一体化产业链是市场主体更为高效的组织形态，决定着现代种业产业高质量发展的成色，但从目前看，全省绝大多数种业在育种研发、种子繁殖加工、市场经营推广环节存在缺位脱节，难以形成紧密衔接、高效运转的种业产业链。

3. 农产品冷链物流对农业转型发展的支撑不足

近年来，山西省生鲜农产品进入流通领域数量大幅增长，冷链物流比例逐步提高。据商务部门测算，山西省规模以上农产品批发市场库容76.52万立方米，公共冷库库容57.83万立方米，加工配送中心库容9.4万立方米，销地冷链集配中心库容83.57万立方米，低温配送中心库容21.85万立方米，全省大型连锁商超的冷链物流中心主要有美特好和家家利两家，自有冷库容量约为23万立方米，自有冷藏车35辆，初步测算，全省农产品、肉类、海产品冷库需求量在 300 万吨左右。在太原国家物流枢纽和大同国家物流枢纽调研发现，农产品冷链物流建设主要存在以下几个方面的问题。一是冷链物流基础设施建设结构性矛盾较为突出。冷库建设存在重视肉类冷库建设，轻视果蔬冷库建设；重视销地冷库建设，轻视产地加工型冷库建设；重视存储型冷库建设，轻视流通型冷库建设等现象，这些现象导致目前用于储存畜禽类、肉类、水产类的冷冻库比例高，用于果蔬等农产品的冷藏库、产地预冷库、生产流通加工型冷库比例小；以温区划分，用于储存肉类的低温库数量多，而用来储存蔬菜、水果的恒温库数量较少，冷库温区结构上存在供需失衡。二是冷链物流专业人才短缺。冷链物流专业人才不仅要具备现代物流管理理论知识，还要具备相应的制冷技术、低温设备管理、食品科学等冷链技术专业知识。现阶段无论是冷链物流的经营者、技术服务者还是其他从业人员，都普遍缺乏冷链物流技术知识，甚至不少从业人员都是当地农民，人员素质参差不齐。三是第三方冷链物流企业发展滞后。现有冷链物流企业以中小企业为主，实力不强，经销规模较小，服务标准不统一，具备资源整合和行业推动能力的大型冷链物流企业刚刚起步；优质优价的机制仍没有形成，冷链物流的服务体系尚未完全建立，服务水平有待进一步提高，尤其是冷链"最后一公里"和"最先一公里"配送不足问题较为突出。

（二）发展形势分析

当前，农业农村经济发展的国内外形势复杂多变，不稳定性不确定性日益突出。从国际看，全球经济仍处在一些发达经济体货币政策收紧所形成的紧缩阶段，流动性紧缩和经济下行预期加剧；俄乌冲突、巴以冲突等地缘政治事件的影响令人担忧，可能再度冲击发展中国家的粮食安全，限制全球供应链；气候变化引起世界饥饿人口增长，据气候变化政府间小组（IPCC）最新报告估计，目前全球地表温度比 1850 年至 1900 年期间高出 1.1 摄氏度，干旱、热浪等极端天气事件不仅会影响农作物产量及其营养价值，而且病虫害也会变得更加频繁和蔓延；与此同时，受地缘政治、经济下行等因素影响，原有的减缓、适应、资金等气候治理目标践行一再被迫搁置，全球气候治理合作再度放缓。总的来说，地缘经济冲突加剧、自然灾害和极端天气、减缓适应气候变化受挫、自然资源与粮食危机成为全球农业经济发展面临的四大主要长期风险，对区域农业现代化发展提出更高的要求。

从国内看，随着经济社会全面恢复常态化运行，宏观政策显效发力，国民经济回升向好，高质量发展稳步推进，为农业农村经济发展创造了良好的发展环境；2023年以来，农业农村系统全力抓好稳产保供，着力巩固拓展脱贫攻坚成果，努力拓宽农民增收致富渠道，加大力度总结推广浙江"千万工程"经验，统筹推进乡村发展建设治理，农业农村经济呈现稳中向好态势；与此同时，我国在全力推进农业强国建设的新时期新征程，农业农村经济也呈现出一些新的趋势和特征。一是现代种业即将迎来爆发期，在政策支持、市场需求引导与跨学科技术交叉融合等多元因素驱动下，种业市场主体大有可为，种业投资将成为中长期的焦点。二是农机装备转型升级正当其时，农机购置补贴政策调整信号明显，国四标准开始实施，农机进入存量升级换代时期，农机行业的整合重组已然提速。三是绿色化学投入品渐行渐近，农业、化肥等化学投入品是农业碳排放的主要来源，其不合理投放也是农业面源污染的源头，随着RNA生物农药商业化提速、微生物肥料产业逐渐形成，替代传统化学投入品的行业拐点已然来临。四是数字农业平台峥嵘已现，随着数据作为新型生产要素的地位和作用日益突出，在数字基础设施完善、市场需求引导、政策举措支持等多重因素驱动下，数字农业平台建设即将迎来重要窗口期，数字农业平台也将成为农民少不了、离不开的"新农具"。五是现代设施农业发展提速，作为多元食品供应体系的重要组成部分，加快现代设施农业发展不仅是新时期农业农村基础设施建设项目的重要内容，也是增强农业综合生产能力和市场竞争力的现实方案。六是社区农产品物流体系价值凸显，随着"一刻钟生活圈"工作的深入推进，菜市场、生鲜超市等被归为社区商业中基本保障类业态，这不仅将提高农产品终端渠道连锁化水平，也将推动城市短距食品供应链发展和农产品流通格局演变。

从全省看，能源生产保障有力，新兴动能日益增强，市场活力持续释放，发展质效稳步提升，民生福祉不断增进，全省经济呈现出稳中向好的发展态势。但也要看到，经济稳定恢复的基础还不牢固，投资拉动效应不足、部分工业行业低迷等因素导致经济运行稳中有忧，高质量发展仍面临诸多挑战和压力。夯实农业基础支撑作用是山西进一步加快转型发展的必要前提和必然选择，新时代新征程推动农业农村经济高质量发展有着更为深刻而现实的意义。为此，一方面，要重新评估本地化供应链，为破解农业对自然资源的高度依赖以及自然资源分布与本地化供应链之间的结构性矛盾，加快推动农业生产方式的变革；另一方面，要积极应对气候变化，围绕数字化、绿色化、多元化发展方向，推动农业生产工业化向战略性生物经济转变。具体来说，就是要立足山西农业农村发展实际，在夯实粮食安全根基、推动特优农业提质增效、强化农业科技和装备支撑、促进农民持续增收上谋求新的突破。

四 推动全省农业农村经济高质量发展的政策建议

针对当前发展形势和存在的问题，山西要抢抓农业农村经济进一步加快转型发展的战略机遇，坚持农业农村优先发展，坚持城乡融合发展，坚持区域协调发展，全面夯实粮食安全根基，大力推动特优农业提质增效，不断强化农业科技和装备支撑，多措并举促进农民持续增收，着力推进稳粮固农、产业富农、增收强农、科技兴农、建设惠农、改革活农，加快推动特色农业大省向特色农业强省转变。

（一）全面夯实粮食安全根基

确保粮食和重要农产品稳定安全供给是贯彻落实国家粮食安全战略要求的首要任务，要坚决扛稳扛牢粮食安全的政治责任，严格粮食安全市县党政同责考核，坚持稳面积、提产量、强政策、防风险，全力确保全省粮食面积稳定在4700万亩以上，产能稳定在280亿斤以上。

一是加强耕地保护与高效利用。坚持最严格的耕地保护制度，加强用途管制，严格结构管控，坚决遏制耕地非农化非粮化，牢牢守住耕地红线，积极推进中低产田、盐碱地改造。支持农业龙头企业、农民专业合作社、种粮大户等新型经营主体流转经营"连片撂荒地"，鼓励村集体对撂荒地进行托管经营，探索土地承包权退出办法，对恢复粮食等农业生产的予以奖补。对丘陵山区的撂荒地，根据立地条件，宜粮则粮、宜特则特，支持发展特色粮油、特色水果、中药材、优质牧草等生产，实现撂荒地有效利用。

二是全面推进高标准农田建设。抢抓国家实施新一轮千亿斤粮食产能提升行动、高标准农田建设等重大政策机遇，加强统筹、全域布局、连片谋划项目，争取更多中央资金和项目支持。对标"逐步把永久基本农田全部建成高标准农田"的部署要求，分步分类推进高标准农田的建设、改造、提升；充分发挥市、县乡村振兴公司平台作用，引导更多社会资本投入高标准农田、梯田建设。

三是稳步提升粮食产能和种粮综合收益。持续推进种业强省战略，实施粮食丰收工程，扎实推动机田证一体化，推动良田、良种、良法、良机、良制集成配套，稳定提升粮食产能。深入开展绿色高质高效示范行动，全面推进小麦、玉米"一喷三防"，积极推广大豆、玉米带状复合种植。深入践行大食物观，保障重要农产品供给，在农产品保多样、保质量上下更大功夫，全方位、多途径开发食物资源，构建多元化食物供给体系。推动建立粮食种植户、食品加工厂、销售网络终端、餐饮店等利益链接机制，吸引各类新型农业经营主体建立融入农业产业链供应链，构建粮食全产业链融合体，培育一批粮食深加工产品品牌，形成有较强竞争力的产业集群。支持家庭农场、种粮大户、种粮合作社参与粮食生产功能区、特色农产品优势区、有机旱作农业示范片、现代农业产业园等建设。

（二）大力推动特优农业提质增效

独特的资源禀赋和区位特征，决定了山西农业的出路是"特"和"优"。要进一步提升农业市场主体组链成群功能，培育壮大农产品加工产业集群，推动农业生产、经营、管理和服务全产业链数字化转型，促进特色农产品集群化、标准化、品牌化、绿色化发展。

一是推动农业全产业链数字化转型。着眼太忻经济一体化发展战略布局，用好晋中国家农高区、现代农业产业示范区、农业现代化示范区、产业园、产业集群、产业强镇等资源，集中要素配置，着力推动重点产业、重点区域、重点主体率先突破，打造一批农业数字化转型样板；拓展智慧种业、智慧农田、智慧种植、智慧农机等重点应用场景。实施"互联网+"农产品出村进城工程，推动乡村e镇建设，推动农产品"加工—仓储物流—电商—追溯"各环节数字化改造；加强农村人居环境智能化监测，建立乡村综合信息服务平台，推进数字乡村建设，深入推进隰县、洪洞县、大同云州区、高平市等国家数字乡村试点地区创建工作。分级分批开展省级数字乡镇、数字农业试点，建立农技信息服务平台。推广追溯管理新模式，大力推广应用农产品质量安全监管追溯信息平台，引导生产经营主体实施追溯管理，全面落实追溯"四挂钩"。建立完善产地准出与市场准入衔接机制，实现农产品"流向可查询、质量可追溯、产品可召回、责任可追究"的目标。

二是提升农业市场主体组链成群功能。优选一批发展有基础、产品有特色、市场前景好、产业链条全、联农带农紧的产业链作为重点链试点进行集中培育、优先扶持，如云州黄花、安泽连翘、沁州黄小米、吉县苹果、隰县玉露香梨等产业链，推进主体建链、县级组链、省市集链，打造一批农业全产业链重点链优势链，一群多链、集链成群。充分融入农业现代化三大省级战略、十大产业集群建设，加快建设农产品加工集聚区，引导企业向优势产区、加工集聚区集中。打造一批以农产品加工、农旅融合为主导的农业产业强县，持续创建一批国家级和省级农村一二三产业融合发展示范园、农业现代化示范区，引导市场主体向乡村集聚，带动资源要素向乡村流动。

三是提升农产品精深加工企业市场竞争力。引导大型农业企业大力发展农产品精深加工，支持农业产业化龙头企业加快技术改造、装备升级，打造一批农业产业化头部企业，力争培育农业产业化省级重点龙头企业1000家，培育300个农业产业化省级示范联合体，围绕高粱、谷子等20类特色优势农业全产业链，打造一批"链主"企业；积极发展地方特色农产品和地域品牌食品、功能性产品，深度挖掘和合理利用县域民间传统优秀技艺与现代工业的集成技术相结合，发展与生活密切关联农产品加工业。支持升级农产品加工、食品加工等小微企业，支持与域外食品加工企业进行协作和联合，推进制作工艺的规范化、标准化改造，提升产品成型环节的工业化程度，实现食品生产的工业化升级。

（三）不断强化农业科技和装备支撑

聚焦全面推进乡村振兴科技需求，大力提升科技创新能力，推动农业农村科技创新体系基本完善，农技推广服务更加高效，高素质农民队伍更加壮大，农业科技体制机制改革取得明显成效，农业科技支撑引领作用显著提升，农业科技进步贡献率达到全国平均水平。

一是强化农业科技创新。制定农业重大科技攻关方案，明确农业科技创新导向。培育一批高产、优质、多抗、广适新品种，集成创新一批农机农艺融合关键技术、高产高效主推技术、生产生态安全技术；推动晋中国家农高区（太谷国家农业科创中心）建设提档升级，在有机旱作和功能农业领域形成一批高转化性科技成果，凸显农业"硅谷"和区域经济增长极作用。支持建设省级以上重点实验室、技术研发中心和科研试验基地，打造一批科技创新平台，争取更多省级科技资源进入国家农业科技战略布局。支持企业牵头组建创新联合体，催生一批专精特新涉农企业。

二是提升农机装备水平。突出精量播种、土地平整、收获减损、高效植保、粮食烘干全环节减损提效，针对粮食机械化生产关键和薄弱环节，大力引进推广适应本地生产机具装备；统筹推进丘陵、山区宜机化改造、"智能农机"建设、社会化服务组织提档等，基本形成覆盖全面、智慧赋能、专业高效的农机社会化服务体系；实施农机配套融合工程，引导农机企业围绕杂粮、畜牧、林果、中药材等特色农产品机械化生产需求，示范推广轻便耐用、经济实惠、环保低耗的中小型动力机械和耕、种、管、收等关键生产环节适用机械；在全省开展丘陵山区土地宜机化改造、机耕道、机库棚建设；坚持改地适机与改机适地相结合，在丘陵山区创建一批农业机械化示范区，开展 25 度以下坡耕地宜机化改造示范。

三是加强农业技术集成推广。编制农业重大技术集成推广清单，集成推广农业重大技术、主推技术，组织产业体系专家、农技推广员、乡土专家开展"专家团队"包联服务；以发展有机旱作农业为重点，加快技术集成推广运用，开展新品种试验筛选；推进化学、农药减量化，充分利用智能化监测设备，及时发布病虫预警，科学指导病虫应急防控，确保农作物重大病虫害总体危害损失率控制在 5% 以内；推进农作物病虫统防统治和绿色防控技术，加大新型肥料的试验示范，推广机械施肥和精准施肥技术，提高肥料利用率，促进化肥、农药使用量持续减少；依托中国农技推广信息平台、"12316"信息服务平台等，开展线上技术服务，提高农技推广服务信息化水平。

（四）多措并举促进农民持续增收

坚持家庭经营的基础性地位，深化农业农村改革，以提高劳动生产率、资源利用率、土地产出率为核心，深入挖掘经营净收入潜力，大力发展特色产业，在家庭经营、合作经营、企业经营之间构建起新型的利益分享机制，不断拓宽农民增收致富渠道。

一是持续提升农民综合素质能力。着眼乡村产业发展所需，有效组织返乡大学生、退伍军人、外出务工人员等农村外流人口群体，围绕粮食生产、特色产业、文旅康养产业等乡村产业业态，开展技能培训、创业培训、管理培训，增强农村外流人员返乡创业就业意愿，提升农户自主创业、生产经营能力水平；引导支持农户成长壮大为家庭农场、家庭农场领办合作社、合作社创办小微企业、小微企业壮大为龙头企业，探索形成"农户+N"自我壮大模式，实现小农户自主对接大市场。

二是拓展市场主体联农有效路径。实施农业经营主体壮大提质行动，推动市场主体数量稳定、质量提升；围绕农业产业体系、市场体系两个体系，创新推广订单生产、入股合作、联合联营、社会化服务等主体联农模式，带动农户参与到产供销各环节、融入全链条，推动形成"合作社+农户、小微企业+农户、龙头企业+农户、小微企业+合作社+农户、龙头企业+合作社+

农户"等多主体联系农民、组织农民有效路径，促进联合融入大市场；支持鼓励村集体经济组织，组织带领农民以资源资产出租入股、劳动务工等方式参与重大工程项目、特优农业全产业链、乡村建设项目等，推动重大工程建设与村集体协调互促、互利共赢，探索形成"N+集体经济组织+农户"模式，让农民农户借助大平台联结大市场。

三是完善联农带农惠农各项机制。深化农村"三变"改革，整合盘活农村各项资源要素，积极推广产业提升型、资产盘活型、资源开发型、项目带动型、为民服务型、多元合作型等村集体经济发展模式，不断拓宽农民增收渠道；深入推进农村产权制度改革，加强农村集体资产管理和运营，健全完善项目管理、风险防控、利益联结、资金监管等机制，推动村集体经济不断发展壮大；完善乡村发展政策机制，探索建立社会资本投资农业的指引、奖补、兜底机制；创新实施国有资本参与乡村建设发展模式，持续优化发展环境，用好的营商环境吸引人；规范联农带农富农机制，出台主体联农平台带农指导意见，把联农带农作为主体享受支持政策、承接重大项目的重要条件，规范村集体、农民参与重大工程项目的合作方式、收益分配等标准，促进利益分配公开透明，保障农民合法收益。

参考文献

［1］山西省农业农村厅：《全省上半年农业经济运行情况汇报》，2023年8月3日。

［2］杨亚东、罗其友等：《乡村优势特色产业发展动力机制研究——基于系统分析的视角》，《农业经济问题》2020年第12期。

［3］《山西省农业农村厅关于印发〈全省高标准农田建设项目工程设施建后管护办法〉的通知》，《山西省人民政府公报》2023年6月30日。

［4］《农业农村部：开展"千员带万社"行动 精准服务新型农业经营主体》，《农村经营管理》2023年5月10日。

［5］隋青、郭风军等：《关于山东省农产品冷链物流产业发展的思考》，《冷藏技术》2019年第3期。

B.4
山西工业经济运行特点
及形势分析

蔡飞　谢秀峰*

摘　要：　2023 年以来，山西以制造业振兴升级为主攻方向，大力实施制造业振兴"229"工程，工业新动能进一步壮大，结构持续优化，绿色转型速度加快，工业经济运行逐步筑底企稳。但也要看到，当前投资、消费和出口三大需求仍然不足，煤炭、焦炭、钢铁等全省主要产品价格大幅下跌，传统优势工业行业增速回落，非煤行业低位运行，工业经济增长的后劲不足，增长的基础还不牢靠。从今后发展趋势看，国际环境复杂严峻，世界经济复苏乏力，全球经济仍显示出高通胀、货币政策紧缩和信贷条件收紧的态势。在外需和国内经济需求不足双重压力下，全国经济低位调整趋势仍较突出，随着宏观政策措施逐步显效，全国经济景气将逐步回升。山西受能源原材料和大宗商品价格回落影响，工业稳增长的压力加大。考虑到一系列促进工业稳增长和培育新动能政策效应逐步显现，全省工业将激发新的增长点和新动力，随着同期基数回落，预计工业增速将呈现波动小幅回升趋势。下一步，要深刻分析把握国内外形势变化和我国新型工业化的阶段性特征，坚持推动传统产业改造升级和培育壮大战略性新兴产业两手抓，稳住工业基本盘，激发工业增长新动能，持续优化产业生态，提升产业链现代化水平，着力补齐短板、拉长长板、锻造新板，全力以赴促进工业经济质的有效提升和量的合理增长。

---

* 蔡飞，山西省社会科学院（山西省人民政府发展研究中心）研究一部副部长，主要研究方向为产业经济学；谢秀峰，太原科技大学应用科学学院副教授，主要研究方向为经济统计。

关键词： 经济运行　工业经济　产业升级　山西

2023 年以来，全省认真落实省委省政府各项决策部署，以制造业振兴升级为主攻方向，大力实施制造业振兴"229"工程，工业经济整体平稳运行。同时也要看到，当前受需求不足、预期不强、基数较高等因素影响，工业经济稳定恢复的基础还不牢固。下一步，全省上下要坚定发展信心，加快补齐短板弱项，为工业经济运行整体回升向好打下坚实基础。

一　2023年前三季度工业经济运行总体情况

2023 年以来，全省工业经济呈现筑底企稳发展态势。前三季度规上工业增长 3.5%，逐月增速波动较小，保持在 4% 左右，平稳筑底态势明显（见图 1）。

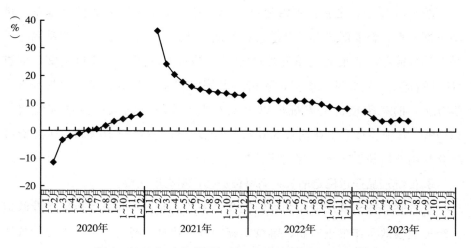

图1　2020 年以来山西规上工业增加值累计增长速度

资料来源：根据历年《山西统计年鉴》《山西经济运行监测》数据整理所得。

（一）工业经济运行呈现四大特征

前三季度，全省工业经济运行逐步企稳，工业新动能进一步壮大，结构持续优化，工业绿色转型速度加快，整体呈现以下四个特点。

1. 工业经济逐步筑底企稳，生产供给增长加快

受市场需求不足、未来预期不强和上年工业增速基数较高等因素影响，2023年以来，全省规上工业增长幅度与上年同期相比有所下降，但逐月增长速度企稳态势明显，总体呈现出筑底企稳态势。前三季度，全省规上工业增加值同比增长3.5%，低于全国平均水平0.5个百分点。从主要行业看，煤炭工业作为全省最大的主导产业，增速趋缓，前三季度增长3%，成为2023年工业增速回落的主要原因。前三季度，全省制造业增长5.7%，增速快于规上工业2.2个百分点，对工业经济增长的拉动作用明显。

2. 工业内部结构持续优化，新动能进一步壮大

2023年以来，全省在项目建设、产业链、专业镇等方面精准施策，推动特钢材料、新能源汽车、高端装备制造等新兴产业壮大。大力推动高效单晶电池智能工厂、集成电路硅片产能提升等重大新兴产业项目实施，推进5G基站建设、互联网二级标识解析节点等新基建，新动能培育的基础进一步夯实。前三季度，全省规模以上工业中，战略性新兴产业增加值增长12.5%，其中，食品工业增长8.0%，节能环保产业增长36.3%，废弃资源综合利用业增长57.9%，保持了快速增长势头。

3. 传统产品产量稳定增长，高科技产品产量有所下降

全省坚持把传统产业作为稳定工业经济的压舱石，建立了传统产业改造升级提质增效工作推进机制，继续实施钢铁、建材、有色、酒、醋等传统优势企业改造提升年度行动计划，推动传统优势产业优化、产品稳定增长。前三季度，全省主要产品产量总体保持较快增长。原煤、生铁、原铝、钢材等稳定增长，同比分别增长4.5%、1.3%、1.9%和6.5%。氧化铝、焦炭、水泥等产量有所下降。值得关注的是，受市场需求下降和2022年基数较高等影响，高科技产品增长有所下降。前三季度，新能源汽车、移动通信手持机（手机）产量分别同比下降 48% 和 26.6%（见表 1）。

表 1　2023 年前三季度全省主要工业产品产量及增速

主要产品产量	9 月		1~9 月	
	绝对量	同比增长（%）	绝对量	同比增长（%）
原煤（万吨）	11800.2	5.1	101439.7	4.5
焦炭（万吨）	834	−1.8	7320	−3
发电量（亿千瓦小时）	330.7	−3.8	3229.8	4.7
水泥（万吨）	504.1	−11.2	3574.4	−6
生铁（万吨）	497.7	−9.9	4792	1.3
粗钢（万吨）	469.3	−15.8	5062	−1.2
钢材（万吨）	570.1	−4.4	5388.6	6.5
原铝（万吨）	9.9	0.5	90	1.9
氧化铝（万吨）	167.1	−0.7	1444.5	−8.4
石墨及碳素制品（万吨）	12.2	−28.1	114.8	−14.4
化学药品原药（吨）	3784.9	−23.9	38501.3	−7.2
移动通信手持机（手机）（万台）	211.2	−22.9	1473.7	−26.6
新能源汽车（辆）	7847	−43	46599	−48
光伏电池（万千瓦）	105.3	55.8	760.2	21.8
精甲醇（万吨）	25.8	−7.1	234.9	1.6

资料来源：山西月度统计报告。

4. 绿色转型积极推进，资源循环利用成效显著

全省坚持绿色发展理念，积极稳妥推进工业领域碳达峰碳中和，加快推动工业领域结构、技术和管理节能，持续实施钢铁、焦化、有色、化工、建材等重点行业能耗"双控"专项行动，坚决遏制"两高"项目盲目发展。加快大宗工业固废资源循环利用，实施废钢铁、废塑料等再生资源行业的规范管理，朔州、晋城、长治三大工业资源综合利用基地持续提质升级。同时，积极构建高效、清洁、低碳、循环的绿色制造体系，全省共培育国家级 62 户绿色工厂、43 个绿色设计产品、5 个绿色园区、4 户绿色供应链管理企业。

（二）当前工业经济运行中存在的突出问题

当前全省工业经济处于筑底阶段，部分行业和地区增长速度缓慢甚至出现负增长，工业经济稳定恢复的基础还不牢固，主要存在以下三个主要问题。

第一，传统优势工业行业增速回落，增长基础不牢。全省工业以产业链上游的能源、原材料行业为主，对宏观经济整体态势依赖较高，抵御经济波动的能力较差。前三季度，全省固定资产投资、社会消费品零售总额和出口增速三大需求中仅消费同比增长，但增速较全国平均水平低了 3.1 个百分点。同时，供需两端恢复不平衡，其表现一是工业品价格持续回落，1～9月全省 PPI 下降 8.1%；二是产销衔接不畅，工业产销率持续较低。当前宏观经济恢复不及预期，特别是三大需求仍然不足和供需恢复的不平衡，导致煤炭、焦炭、钢铁等全省主要产品价格大幅下跌，需求减少，这些传统优势行业增速回落。

第二，非煤行业低位运行，增长后劲不足。2023 年以来，非煤工业主要依靠废弃资源综合利用业带动。前三季度，非煤工业同比增长 4.3%，增幅较上年降低 6.6 个百分点。新能源汽车、装备制造业、高技术制造业等行业运行低迷。同时，受新开工项目不足、大项目缺乏等影响，全省工业投资增速有所下降，其中制造业投资增速下降幅度较大，工业经济增长的后劲不足。

第三，企业效益有所下降，企业亏损面扩大。受市场需求不足、产品价格倒挂影响，全省规上工业利润总额同比下降幅度较大。从企业类型看，各类型企业均出现利润下降情况。其中，私人控股企业实现利润下降幅度最大，下降近 50% 左右。国有控股企业、集体控股企业和外商控股企业实现利润均下降超过 20%。从三大门类行业看，制造业实现利润下降幅度最大，超过 50%，采矿业实现利润下降超过 20%。燃气及水生产和供应业实现利润成倍增长，但其所占比重较小，对整体行业效益影响不大。主要工业行业中，炼焦、建材、热力燃气等工业由盈转亏，化学工业亏损增加。煤炭、钢铁、有色和装备制造业利润大幅下降，企业盈利空间收窄，部分企业甚至处于亏损状态，生产积极性不足。

二 主要工业行业运行情况分析

2023 年全省主要工业行业增长相对缓慢，除废弃资源综合利用业和食品工业等个别行业外，其他行业增速均出现不同程度的下降。但随着数字赋能对工业行业的提升改造，全省主要工业行业迸发出一些新的优势和增长点，工业转型效果不断显现（见表 2）。

表 2 2023 年前三季度主要工业行业增长情况

单位：%

主要行业	1~9 月份	
	当月增长	累计增长
煤炭工业	4.1	3
炼焦工业	0.2	−3.6
电力工业	−6	2.9
煤层气采掘业	30	19.5
热力与燃气工业	−16	−1.8
钢铁工业	−10.4	−3.3
有色金属工业	−0.7	−6.3
建材工业	−11	−10.9
化学工业	0.9	4.6
食品工业	−1.5	8
医药工业	−7.4	4.4
装备制造业	−6.3	−3.3
废弃资源综合利用业	43.7	57.9

资料来源：山西月度统计报告。

（一）能源工业

2023 年以来，全省统筹做好煤炭智能绿色安全开采和清洁高效深度利用，有序推进风能、太阳能、氢能等新能源装备发展应用，智慧矿山、煤炭分质分级梯级利用试点、大宗固废工业资源综合利用基地等试点工作运行良好。前三季度，煤炭工业增长 3%，炼焦工业增长 -3.6%，电力行业增长2.9%。能源保供扎实推进。全省持续加大生产力度，实现了煤、气、电持续安全稳定供应。前三季度，全省规上原煤产量增长 4.5%；规上非常规天然气产量增长 7.8%；发电量增长 4.7%，其中外送电量增长 10.9%。深化战略性新兴产业电价改革机制，加快打造高端要素集聚地，具备战新电价交易资格的企业累计降低企业用电成本近 56 亿元，山西逐步成为有比较优势的电价"洼地"。焦化行业坚持以"主产品提升、副产品延伸、节能减排改造、余气利用"为发展路径，实施节能、环保、安全"三改造"和干熄焦、余热发电"两运行"工程，全省焦化企业全面实现干法熄焦。

（二）材料与化学工业

2023 年以来，全省突出智能化、绿色化、服务化三条路径，推动材料与化学工业发展新动能。前三季度，钢铁工业增长 -3.3%，有色金属工业增长 -6.3%，建材工业增长 -10.9%，化学工业增长 4.6%。钢铁行业加快限制类工艺装备升级改造，推进中、小型钢铁企业兼并重组，鼓励钢铁企业参与铁矿、球团、铁合金等企业整合，构建大型企业集团。有色行业积极发展铝镁材精深加工，推进重点项目建设，鼓励铝镁冶炼加工企业开展再生铝镁业务，形成"原生+再生"协同发展的新格局。建材行业加强新型建材产品研发和推广应用，大力发展装配式混凝土建筑及构配件，鼓励生产和使用轻型铝合金模板和彩铝板以及铝塑板，绿色建材产业提质扩能。化工行业加快建设现代煤化工示范基地，推动企业采用固定层间歇式煤气化技术的气化炉，全面提升传统化工产业节能降碳水平。

（三）消费品工业

2023 年以来，消费品工业围绕强龙头、拓市场、塑品牌，不断提升白酒、陈醋、纺织、玻璃、陶瓷等行业影响力和竞争力。前三季度，医药工业增长 4.4%，现代医药产业聚焦"制药原料—医药研发—医药制造"关键环节，着力"补链""强链"，提升产业链韧性和安全水平。食品工业瞄准大健康需求，充分发挥省内道地药材资源优势，不断发展中药保健食品、药酒、药茶等大健康产品，拓展"食药同源"功能食品市场。同时，推进纺织工业、玻璃、陶瓷等消费品生产企业改造提升，促进生产经营的数字化、智能化、低碳化和绿色化发展。

（四）装备制造业

2023年以来，全省聚焦拓展装备制造业产业链条、打造高端产业集群和专业镇，推进传统装备制造业提升和高端装备制造业壮大。积极推动山西高端装备制造产业链三个子行业轨道交通、煤机装备、工程机械"链长制"建设，打造千亿级高端装备制造产业集群；依托智能制造诊断、省级技改资金项目智能制造专项、智能制造试点示范企业评审、智能制造标杆项目遴选等打出政策组合拳，推动企业智能化转型。抓紧出台省级首台（套）重大技术装备保险补偿机制政策，完善山西铸造产能置换相关管理办法，持续开展铸造产能置换，推动产业高端、绿色、可持续发展。新能源汽车产业以整车规模化量产为总牵引，全面释放产能扩张红利，有效促进产业链企业协同，鼓励更多企业拓展外销渠道。同时，充分发挥山西焦炉煤气资源优势，加快氢燃料电池汽车、甲醇汽车推广应用。

三 工业经济发展趋势分析

前三季度，整体工业经济筑底企稳，但从当前经济发展形势和先行指标等因素看，工业经济增长挑战与机遇并存，积极因素不断积累，政策效应加速释放，但也存在诸多不确定和不利因素，全省工业经济仍将承压运行。

（一）国际国内发展环境分析

从市场环境看，全球经济继续从疫情和俄乌冲突中逐步复苏，但在高通胀、货币政策紧缩和信贷条件收紧的背景下，全球增长仍有所放缓。全球能源和食品价格已从战争引发的峰值大幅回落，使全球通胀压力缓解的速度快于预期。国际货币基金组织（IMF）在 2023 年 10 月发布的《世界经济展望》中指出，俄乌冲突导致主要大宗商品市场出现割裂，大宗商品价格大幅摇摆、波动加剧。从国内来看，国内经济恢复面临着市场需求不足、企业生产经营困难等问题。但我国经济韧性强、潜力大、活力足的特点明显，经济内生增长动能逐步增强。9 月中国制造业采购经理指数（PMI）升至 50.2%，从 2023 年 4 月低于临界点以来，重新回到扩张区间。国内外需求疲软，导致山西工业经济增长的外部环境存在较大不确定性。省内煤炭等传统工业增速持续放缓，制造业等非煤行业运行低迷，但经济景气有望逐步回升。

从政策环境看，国际环境复杂严峻，世界经济复苏乏力，单边主义、保护主义抬头，国际经贸发展面临不少挑战。在国内，各地全面贯彻党的二十大精神，以中国式现代化全面推进中华民族伟大复兴，积极推进全国统一大市场建设，扩大制度型开放，加快建设现代化产业体系，有力发挥政策综合效应。国家适时调整优化房地产政策，降低利率、活跃资本市场，支持刚性和改善性住房需求，出台措施激发民营经济活力，增强经济发展动力，提振市场信心，政策转向趋好。2023 年以来，山西出台实施了一批针对性、组合性、协同性强的政策措施，落实国家一系列稳增长政策措施，优化市场准入激活民间投资，激发汽车、家电、文旅等大宗商品消费需求，着力促进内需扩大。随着宏观政策措施逐步显效，消费促进政策效应不断释放，积极因素不断积累，经济有望持续恢复向好。

（二）先行指标分析

从国家层面看，2023 年以来全社会用电量保持稳定增长，逐月用电量增速波动不大，始终保持在 5% 左右。前三季度，全社会用电量累计 68637 亿千瓦时，同比增长 5.6%。2023 年全国货运量增速保持平稳运行态势，1~9 月，全国货运量同比增长 0.3%，从逐月增速看，增长波动较小，增速徘徊在零增长区间。中国制造业采购经理指数 9 月重新回到扩张区间，制造业景气度有所回升，2023 年呈现出先弱后强的态势，表明经济发展信心逐步提振。

从山西先行指标看，2023年以来，工业用电平稳增长。前三季度，全省发电量完成3229.8亿千瓦时，同比增长4.7%；全社会用电量2120.8亿千瓦时，同比增长4.7%，其中工业用电量1566.2亿千瓦时，增长3.6%。前三季度，铁路货运增速有所下降，特别是8月后，铁路货运量增速下降幅度增大。全省公路货运量则保持稳定较快发展，基本保持两位数的增长速度。从全国和山西先行指标发展趋势看，用电量和货运量增速基本保持平稳运行态势，随着经济景气的回升，指标有望逐步企稳回升。

（三）工业发展周期分析

从全省工业经济增长周期看，本轮周期增长的谷底在2015年，之后增速触底反弹，从2016年开始波动上升。2019年以来，受疫情影响，工业经济在波动中调整恢复。当前工业增长处在剧烈波动后调整上升期。考虑到全国和山西经济增速的调挡变速，以后全省工业经济增速可能处于一个较长时间的波动调整。按照工业增长周期正常发展，考虑到2022年上半年增长基数较高因素影响的消除，2023年第四季度和2024年工业经济增长可能保持调整上升趋势（见图2）。

（四）工业经济运行趋势研判

综上分析，全球经济仍显示出高通胀、货币政策紧缩和信贷条件收紧的态势，多地区爆发的冲突导致大宗商品价格大幅摇摆、波动加剧，世界能源价格虽然从高位大幅回落，但整体保持较高水平。国际货币基金组织（IMF）2023年10月发布的《世界经济展望》报告，预测全球经济增速将从2022年的3.5%降至2023年的3.0%和2024年的2.9%，远低于2000～2019年世界平均3.8%的增长水平。其中，预测中国经济增速2023年为5%，2024年为4.2%。在外需和国内经济需求不足双重压力下，全国经济低位调整趋势仍较突出，但中国经济长期向好的基本面没有改变，发展韧性强、潜力大和回旋空间大的特点将进一步显现。随着宏观政策措施逐步

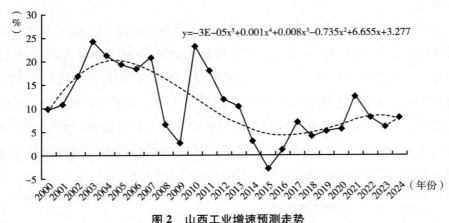

图2　山西工业增速预测走势

资料来源：根据历年《山西统计年鉴》《山西经济运行监测》数据整理计算所得。

显效，全国经济景气逐步回升，推动经济稳定增长。山西与全国增长趋势基本一致，受能源原材料和大宗商品价格回落影响，全省主要工业行业增长呈现下降趋势，工业企业效益明显下降，工业稳增长的压力加大。但全省工业经济的基本面仍处于企稳调整时期，随着一系列促进工业稳增长和培育新动能政策措施的实施和政策效应显现，全省工业将激发新的增长点和新动力。综合分析，随着同期基数回落，预计工业增速将呈现波动小幅回升趋势。

四　对策建议

下一步，要深刻分析把握国内外形势变化和我国新型工业化的阶段性特征，扎实做好各项重点工作，全面提高工业发展质量、效益和竞争力。要坚持推动传统产业改造升级和培育壮大战略性新兴产业两手抓，把稳增长摆在更加突出的位置，加快发展先进制造业，着力补齐短板、拉长长板、锻造新板，全力以赴促进工业经济质的有效提升和量的合理增长。

（一）稳住工业基本盘，推动主要工业行业领域稳定增长

全面落实国家和山西已经出台的稳经济一揽子政策和接续措施，加大企业服务力度，全面宣传国家、山西省涉企惠企政策，特别是技改资金、数字经济等企业急盼的相关优惠政策，持续推进"技改资金+战新电价+政银企业合作"政策包落实，最大限度释放政策红利，激发企业发展活力。紧盯煤炭、钢铁、炼焦、有色、建材、化学和装备制造业等山西传统优势产业，深入企业了解生产经营情况和存在的困难问题，积极协调相关部门切实帮助企业解决堵点难点，制定稳增长工作方案，围绕存量企业稳产增产、增量项目投产达效、重点产品产需对接等方面进一步加大工作力度，促进企业稳产增产。抢抓当前消费恢复加快趋势，制定消费品工业稳定增长发展方案，促进食品、医药、轻工等消费品重点行业加快发展。

（二）激发工业增长新动能，提升产业链现代化水平

围绕山西特色优势产业链和专业镇建设两大引擎，促进提质增效、扩规提量，进一步激活工业增长动能。一是继续培育壮大产业链。健全完善产业链企业清单、项目清单和招商清单，加大工作力度，强化精准服务。在做好10大省级重点产业链的基础上，加快培育新型储能、碳基新材料、废弃物资综合利用等6条省级新增产业链。用好产业链"链长制"推进机制，进一步激发产业链链主企业的龙头带动作用，强化本地协作配套，加强产业链企业运行调度工作。不断完善政策体系，用好已制定的产业链激励政策，加强协作配套和对外招引，推进"政府+链主+园区"招商，促进产业链企业提级进档，激励企业不断提升营收规模。二是加强专业镇建设。在做好省级专业镇的基础上，推动市级专业镇培育工作。开展调研、招商、推介等形式多样的学习招商活动，打造样板标杆。强化考评激励，建立科学绩效考评体系，定期对省级重点专业镇建设培育情况进行排名，引导各省级重点专业镇争先进位。

（三）加快项目投资建设，加速推进工业转型

夯实项目储备库和拟建库，围绕国家和山西重大战略，积极谋划筹建一批制造业转型升级重大项目，加快部署一批重大项目，列入省级重点工程项目名单，以重点工程项目为牵引，多措并举推进全省千项项目建设。围绕省级重点工程、拟建项目、重大项目等开展专题推进活动，加快提升工业行业投资规模。紧盯带动性大、产值贡献度高的主要行业，分行业分类抓好当年投产项目，统筹推进，加快重点项目投产达效。引导企业谋划实施产业链建补延强、专业镇主导产业壮大、开发区产业转型承载项目。提升工业技改投资使用效率。推动技改资金项目全周期管理制度化，促进项目早日投产达效，确保省级技改资金安全高效使用。强化项目监测调度，加强对增长点项目的监测调度，加快推进增长点项目建成投产，特别是推动新增产值亿元以上的增长点项目稳产增效。

（四）持续优化产业生态，创新引领新兴产业做大做强

以提高工业企业核心创新能力为方向，深入实施创新驱动战略，壮大山西工业科技创新力量，打造一流产业创新生态体系。围绕重点发展的新兴产业链条部署创新链，围绕创新链完善资金链，加快形成以企业为主体、以市场为导向，产学研用深度融合的制造业创新体系，持续推动新兴产业集群规模发展。打造新兴产业高水平创新平台，围绕高端装备制造、新材料、数字产业、节能环保产业，推进国家级、省级企业技术中心建设，扩大企业技术中心规模，以创新引领产业做强做大。鼓励传统优势行业的优势企业牵头整合创新资源，推动制造业创新中心、新型研发机构创建。推动高校、科研院所科技成果快速进入企业，大力培育省级制造业创新中心和新型研发机构。实施技术标准引领行动，持续开展技术创新示范企业培育工作，大力培育国家级和省级技术创新示范企业，建立科技创新与标准研制互动机制。

（五）加速推进工业绿色转型，积极稳妥推进工业领域碳达峰碳中和

加快推进生产方式绿色转型，推动能耗双控，加强废弃资源综合利用，加快绿色制造体系建设。一是做好碳达峰碳中和工作。推进重点企业节能改造，开展饱和蒸汽发电、煤调湿、焦炉自动加热等节能改造项目建设。开展工业节能诊断，帮助企业全面分析节能潜力，促进企业节能降耗、降本增效。开展工业节水行动，在钢铁、化工、纺织、造纸、食品、医药等重点用水领域，推广先进适用节水工艺、技术和装备，创建节水型企业。积极推进制造业特别是钢铁、化工、焦化、水泥、有色等行业降低碳排放，为山西实现碳达峰提供有力支撑。二是推进废弃资源综合利用。推进综合利用基地建设，发展粉煤灰、煤矸石等固废规模化利用和高值化利用，提高工业固废的综合利用水平。推进再生资源规范化管理，加快资源综合利用先进适用技术的推广应用。三是加快绿色制造体系建设。积极开展绿色工厂、绿色园区、绿色产品、绿色供应链创建活动。围绕持续提升工业能效和资源综合利用水平，引导社会资金加大相关领域投资，加大对绿色技改项目的支持力度。

（六）加强工业运行监测调度，促进工业经济平稳增长

持续加强工业经济运行监测调度，密切关注宏观经济形势变化，及时分析研判工业经济运行走势。加强发改、能源、统计等部门协同监测功能，及时分析研判工业经济运行走势，强化政策供给，对冲市场需求不足带来的影响，积极化解各种不确定不稳定因素，加强督导、分析原因、出台措施，促进工业经济平稳运行。压实地市主体责任，督促各市采取切实有效措施，特别是督促前三季度发展落后各市，认真查找差距，分析原因，全力赶上。

B.5

山西财政运行分析与预测

张 婷 吴梅英*

摘 要： 2023年前三季度，山西一般公共预算收入小幅下降，税收收入负增长，非税收入成为财政收入重要支撑。在财政收入压力较大的情况下，全省坚持优化支出结构，保民生和促转型同向发力，为经济社会发展注入确定性。从整体运行状况上看，财政收入增长的稳定性不足、收入结构不优、基层财政收支压力较大等问题突出，针对这些问题，应强化资金资产资源全要素统筹，加强开源节流挖潜，提升财政收支质效；合理安排财政资金，加力提效强经济，培植塑造经济高质量发展的新优势新动能；持续深化财税体制改革，从整体上推动各项制度机制更加成熟更加定型，用治理效能提升财政对冲风险能力；着力防范"三保"风险、债务风险、金融风险等，坚决守住不发生系统性风险底线，全力营造安全发展环境。

关键词： 财政运行 财政形势 财政收入 财税体制改革

    2023年是全面贯彻落实党的二十大精神的开局之年，前三季度，山西对标对表中央要求，结合自身实际，紧紧围绕全省经济社会发展重大战略任务，加力提效构建发展型财政、共享型财政和安全型财政，为促进经济社会持续健康发展提供了有力支撑。

---

   * 张婷，山西省社会科学院（山西省人民政府发展研究中心）对外开放研究所副所长，副研究员，研究方向为财政经济、区域经济；吴梅英，山西省财政厅国库处处长，研究方向为财政金融、政府会计等。

一 山西财政运行总体情况

山西是我国煤炭资源主要省份，2023 年以来，受煤炭价格波动下行和上年财政收入高增长垫高基数等多重因素影响，财政收入增速回落明显，前三季度全省一般公共预算收入小幅下降，税收收入负增长，非税收入成为财政收入重要支撑。为对冲经济社会风险，财政支出保持了必要的支出强度，支出刚性进一步强化。

（一）财政收入情况及特点

2023 年 1~9 月，全省一般公共预算收入增速随着煤炭价格下行和 PPI 回落，呈现先增后降态势，总体呈现以下特点。

1. 财政收入小幅下降，累计增幅持续回落

1~9 月，全省一般公共预算收入 2666.59 亿元，较上年同期下降 1.4%，减收 37.8 亿元。前 9 个月，全省一般公共预算收入增速峰值出现在 4 月，主要由于自 2022 年 4 月 1 日起实施大规模增值税留抵退税政策，拉低了上年财政收入基数（4 月当月退税 112.7 亿元），带动 2023 年 4 月财政收入增速较第一季度回升较多。累计增速从 5 月开始逐渐回落，5~9 月分别环比回落 1 个、1.2 个、5.4 个、1.8 个和 1.6 个百分点。其中，7 月、8 月和 9 月的当月财政收入已连续三个月负增长，前 9 个月各月累计增幅分别为 3.7%、-0.7%、4.4%、9.6%、8.6%、7.4%、2.0%、0.2% 和 -1.4%，增速持续回落态势明显（见图 1）。

2. 税收收入小幅下降，非税收入是财政增收主要来源

1~9 月，全省一般公共预算收入中，税收收入 1990.73 亿元，同比下降 5.4%，减收 113.1 亿元，而一般公共预算收入的另一重要组成非税收入却逆势走高，非税收入 675.86 亿元，较上年同期增长 12.5%，增收 75.3 亿元，非税收入成为一般公共预算收入的重要支撑（见表 1）。税收收入和非税收入结构为 74.7∶25.3。相比上年同期税收收入的高增速，

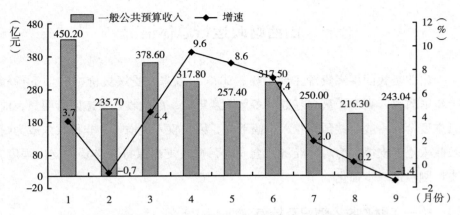

图 1　2023 年 1~9 月山西一般公共预算收入月度规模及累计增速

资料来源：山西财政收支月报。

2023 年前三季度财政收入呈现税收降、非税增的特征。税收收入的下降主要是受经济指标的下降以及上年基数的共同影响。非税收入的较快增长，与市县多渠道盘活存量资产、加大矿业权出让收益征缴力度、部分市县开源挖潜上缴国有资本经营收入有直接关系。其中，全省加快矿业权出让进度，相关收益增收 36.7 亿元；市县上缴国有资本经营收入增收 31.3 亿元；市县从土地收入中计提的教育资金和农田水利建设资金收入增收 23.8 亿元。

表 1　2023 年 1~9 月山西一般公共预算收入结构

单位：亿元，%

一般公共预算收入			税收收入			非税收入		
收入额	增收额	增速	收入额	增收额	增速	收入额	增收额	增速
2666.59	−37.8	−1.4	1990.73	−113.1	−5.4	675.86	75.3	12.5

资料来源：山西财政收支月报。

1~9 月，增值税、企业所得税、资源税三大主体税种收入 1594.65 亿元，同比下降 7.1%，占全省税收收入的 80.1%；减收 122 亿元，超过全部税收减收额。增值税作为影响税收增长的第一大税种，收入规模为 698.95 亿元，较上年同期增长 12.6%，增收 78.4 亿元，若剔除跨期税款和留抵退税因素影响，增值税同比下降 22.4%，减收 92.1 亿元。资源税、企业所得税等主体税种增速均呈下降态势，对税收收入的下拉作用明显。资源税作为收入规模第二大税种，收入规模为 475.55 亿元，同比下降 22.4%，减收额 137.1 亿元，资源税减收主要是受 1~8 月全省煤炭销售收入同比下降 14.5%，规模以上工业增加值现价下降影响。企业所得税收入 420.15 亿元，同比下降 13.1%，减收 63.3 亿元，减收额占税收减收总额的 56%，企业所得税减收的主要原因在于主导产品价格大幅下降，企业盈利困难加大，1~7 月全省规模以上工业企业实现利润 1781.3 亿元，同比下降 30.2%，影响企业所得税减收（见表 2）。

表 2　2023 年 1~9 月山西主体税种收入情况

单位：亿元，%

税种	1~9 月累计收入	增速
增值税	698.95	12.6
其中：留抵退税	−41.12	
资源税	475.55	−22.4
其中：煤炭资源税	416.31	−24.3
企业所得税	420.15	−13.1

资料来源：山西财政收支月报。

从当月税收趋势看，受煤炭价格逐渐回升的拉动，7 月、8 月、9 月当月税收降幅分别为 30.2%、19% 和 14.7%，呈现出降幅收窄的趋势，税收收入边际改善，总体走势出现可喜变化。增值税、煤炭资源税降幅收窄较为明显，两个税种 9 月降幅较 7 月相比，分别收窄 17.6 个和 18 个百分点。

3. 煤炭行业税收降幅扩大，非煤行业税收增速回落

煤炭行业税收的持续下降是导致全省税收收入增速回落的主因。由于煤炭价格、销售收入等指标下行，1~9 月，全省煤炭行业税收收入 1133.1 亿

元，同比下降20.6%，收入规模较上年同期减少293.8亿元，超过全部税收减收额。其中，煤炭资源税416.32亿元，同比下降24.3%。从收入趋势看，2023年以来，全省吨煤综合售价由年初的742元下跌至8月末的641.7元，销售收入增速由增长9.6%回落至8月末的−14.5%，影响煤炭行业税收累计降幅连续8个月回落，增速由增长3.2%回落至下降20.6%，共回落23.8个百分点。

非煤行业税收收入857.6亿元，较上年同期增长26.7%，增收180.7亿元，若剔除留抵退税因素影响，同口径小幅下降5.6%。其中，受全省部分非煤工业增加值下降影响，制造业、电力热力燃气及水的生产供应业税收同口径（剔除留抵退税）分别下降7.4%、14.9%。受1~8月全省社会消费品零售总额增长4.3%的拉动，部分服务业税收同口径增长，批发和零售业（剔除煤炭及制品批发）同口径小幅增长16.2%，交通运输仓储和邮政业增长20.5%，科学研究和技术服务业增长5.5%，教育行业增长6.9%，卫生和社会工作增长26%，文化体育和娱乐业增长60.3%。非煤行业税收的增长，一方面，是由于上年大规模增值税留抵退税集中在非煤行业，导致上年基数较低；另一方面，经济发展向好拉动非煤行业税收增长。山西省统计局数据显示，1~8月全省煤炭工业增长2.8%，非煤工业增长4.8%，非煤工业增长速度明显快于煤炭工业。

4. 地市收入"4增7降"，地区收入增幅差别较大

2023年1~9月，市县级一般公共预算收入1903.6亿元，同比下降2.1%，减收41.7亿元。11个市中，太原一般公共预算收入359.64亿元，收入规模依然位居全省第一；吕梁一般公共预算收入249.26亿元，收入规模居全省次席，其财政收入受到煤炭价格下行影响下降较多，同比下降9.9%；长治财政收入规模居于全省第三位，一般公共预算收入为243.98亿元，同比小幅增长0.5%。从各市增长情况看，11个市中，大同、长治、晋中、运城4个市财政收入实现增长，太原、阳泉、晋城、朔州、忻州、吕梁和临汾7个市财政收入负增长。其中，运城一般公共预算收入增速最高，同比增长14.5%，吕梁一般公共预算收入下降幅度最大，同比下

降 9.9%（见表 3）。11 个市税收收入均为负增长，除太原、朔州非税收入下降外，其他 9 市非税收入均实现增长，非税收入增长最快的运城达到 71.7%。从县级情况来看，收入下降县数增多，全省 117 个县（市、区）中 69 增 48 降，48 个收入下降县中有 39 个是煤炭县。25 个县降幅在 0～-10% 区间，15 个县降幅在 -11%～-20% 区间，8 个县降幅大于 20%，娄烦降幅最大，同比下降 36.6%。

表 3　2023 年 1~9 月地市一般公共预算收入情况

单位：亿元，%

地市	一般公共预算收入	增速	税收收入比重
太原	359.64	-2.9	70.1
大同	145.58	4.4	66.5
阳泉	63.9	-2.3	76.4
长治	243.98	0.5	75.8
晋城	211.93	-2.4	52.4
朔州	115.47	-8.7	86.8
忻州	117.58	-2.4	75.3
晋中	144.27	0.1	74.7
吕梁	249.26	-9.9	81.4
临汾	155.39	-1.6	73.0
运城	96.59	14.5	63.6

资料来源：山西财政收支月报。

5. 政府性基金预算收入负增长，国有资本经营预算收入明显下降

政府性基金预算收入受土地出让收入大幅减收拖累，前 9 个月收入共计 291.36 亿元，同比下降 18.1%，较上年同期减少 64.6 亿元。国有土地使用权出让收入是政府性基金预算收入的主要来源，1~9 月收入规模 217.54 亿元，同比下降 22.8%，减收 64.4 亿元。土地出让情况不佳是导致国有土地使用权出让收入大幅下降的主因。由于开发企业普遍存在资金链紧张、资金流动性压力较大的问题，其拿地意愿和能力减弱，而库存又较为充裕，补充土地必要性不足，致使土地出让受到较为明显的影响。

国有资本经营预算收入规模84.79亿元，较上年下降32.9%，减收41.5亿元。其中，国有资本利润收入21.15亿元，大幅下降82.7%，股利、股息收入2.27亿元，同比增长32.9%；产权转让收入快速增长，是上年的6.83倍。

（二）财政支出情况及特点

作为宏观调控的重要工具，财政在促进经济发展、调节社会收入分配等方面作用突出。2023年以来，在财政收入压力较大的情况下，全省坚持优化支出结构，保民生和促转型同向发力，为经济社会发展注入确定性。

1. 财政支出保持较高强度，民生项目得到重点保障

1~9月，全省一般公共预算支出4407.05亿元，较上年同期增长8%，增支325.8亿元，增速始终排在全国前列（见图2）。分级次看，省级一般公共预算支出736.89亿元，同比下降2.4%，减支18.5亿元；市县一般公共预算支出3670.16亿元，同比增长10.4%，增支344.3亿元。一般公共预算支出维持了一定的支出强度，有力保障了基本民生、乡村振兴、省委省政府重大战略部署、教育、科技攻关等重点支出，为经济延续向好提供了有力支撑。

财政支出结构不断优化，基本公共服务和民生项目得到重点保障。1~9月，全省民生支出3455.9亿元，占一般公共预算支出的比例为78.4%，较上年同期增长7.1%，增支228.5亿元。其中，全省拨付养老保险补助经费，确保养老资金发放到位，带动社会保障和就业支出839.08亿元，同比增长5.3%；太原、吕梁等市拨付城乡社区基础设施建设等项目资金，带动城乡社区支出458.38亿元，同比增长12.8%；大部分市结算疫情期间相关应急处理费用和拨付医疗保险资金，带动卫生健康支出401.29亿元，同比增长8.5%；省级拨付支持高校改革发展资金，带动教育支出604.12亿元，同比增长6.7%；太原等市拨付科技成果转化和扩散资金，带动科学技术支出66.86亿元，同比增长76.5%；太原等市支持住房租赁市场发展，带动住房保障支出126.93亿元，增长11.4%。

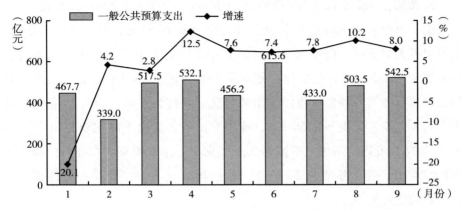

图2 2023年1~9月山西一般公共预算支出月度规模及累计增速

资料来源：山西财政收支月报。

2.聚焦高质量发展目标任务，重点领域支出保障有力

在做好民生保障的基础上，山西注重发挥财政职能作用，聚焦高质量发展目标任务，着力保障转型发展、能源革命、生态环保等重点领域支出，并在中央支持下，加大重点领域、重大项目的财政投入，推进实施了黄河流域生态保护和高质量发展、"双碳"、乡村振兴等重大战略和铁公机重大交通基础设施建设、新能源新基建等重大项目，为全省高质量发展持续蓄势赋能、增添活力。

在自然资源领域，财政将支持重点放在国土绿化、山水林田湖草沙一体化保护和修复、历史遗留废弃矿山生态修复等方面。在商贸服务领域，省级财政重点支持乡村 e 镇和出口信用保险补助等项目。包括安排财政资金9.09亿元，推动100个乡村 e 镇的建成运营，安排省级外经贸（出口信用保险）补助资金6925万元，缓解企业融资难题等。在城镇建设领域，财政重点支持既有建筑节能改造、海绵城市建设、县城绿色低碳试点、建制镇污水处理设施改造以及传统村落集中连片保护利用等，包括安排1.5亿元财政资金支持既有建筑节能改造，1亿元支持县城绿色低碳试点项目，3.46亿元支持建制镇生活污水处理设施项目等。

3. 政府性基金预算支出下降明显，国有资本经营预算支出快速增长

前三季度，全省政府性基金预算支出 920.14 亿元，减支 422.1 亿元，支出规模大幅下降，降幅为 31.4%。其中，国有土地使用权出让收入等安排的支出 445.5 亿元，较上年同期下降 15%，减支 78.7 亿元；其他地方自行试点项目收益专项债安排的支出和付息、发行费支出为 308.58 亿元，减支 311.8 亿元，同比下降 50.3%，该项支出的大规模下降主要是由于 2023 年 9 月 27 日发行的新增专项债尚未形成支出。全省国有资本经营预算支出 107.93 亿元，比上年增长 2.45 倍，增支 76.6 亿元，主要是各级拨付对国有企业的注册资本金。

前三季度，全省发行地方政府新增债券 791.4 亿元，其中，发行新增一般债券 213.6 亿元，同比上年多发行 21.5 亿元；发行新增专项债券 577.8 亿元，同比上年少发行 13.2 亿元。从新增债券用途看，新增专项债重点投向铁路、收费公路、机场、城市停车场、城市污水收集处理、社会事业、市政和产业园区基础设施、保障性安居工程和农林水利等领域。

二 财政运行影响因素和运行中存在的突出问题

前三季度，全省财政运行综合受到经济指标回落、多渠道盘活存量资产、跨期税款和留抵退税等多重因素的综合影响。从整体运行状况上看，财政收入增长的稳定性不足、收入结构不优、基层财政收支压力较大等问题突出，亟须引起足够的重视。

（一）影响因素

综合来看，全省财政收入增长情况综合受到经济运行、存量资产盘活、跨期税款和留抵退税等因素影响。

1. 经济指标回落是影响税收增速回落的主因

2023 年以来，受规模以上工业增加值、PPI 等经济指标回落的影响，税收增速持续回落。山西省统计局数据显示，前三季度，全省地区生产总值同比增长4.5%，较第一季度和上半年分别回落0.5个和0.2个百分点。1~8月，全省规模以上工业增加值增速为3.6%，较第一季度和上半年分别回落1.1个和0.3个百分点。从煤与非煤看，煤炭工业增长2.8%，非煤工业增长4.8%。价格指数下降明显，1~8月，全省工业生产者出厂价格同比下降7.9%。其中，煤炭开采和洗选业下降11.0%，石油、煤炭及其他燃料加工业下降18.9%，黑色金属冶炼和压延加工业下降14.8%。由于1~8月全省煤炭综合售价和煤炭销售收入均呈现明显回落态势，影响全省煤炭行业税收持续下降，这是导致全省税收收入增速回落的主要因素。

2. 多渠道盘活存量资产上拉财政收入

在税收收入降幅5.4%的情况下，全省前三季度财政收入小幅下降1.4%，主要是源于非税收入较快增长的支撑。1~9月，全省通过大力盘活存量国有资产，促进各类盘活资产收入入库、加大矿业权出让收益征缴力度等手段，多渠道促进非税收入增收，对财政收入起到了很大的支撑作用。

3. 其他因素对税收增速产生影响

跨期税款和留抵退税等因素也对税收收入增长情况产生影响。2022年第一季度集中入库上年批缓税174.4亿元，2023年无此因素。1~8月，增值税留抵退税37.87亿元，较上年少退230.1亿元，若剔除以上因素，1~8月税收收入下降7.1%，减收144.5亿元。

（二）突出问题

从前三季度情况看，全省财政运行中仍然存在一些矛盾和问题，主要体现在财政收入增长稳定性不足、财政收入质量降低、基层财政预算平衡压力大等方面。

1. 财源结构抵御风险能力弱，财政收入增长稳定性不足

山西财政收入特别是税收收入，仍然主要依赖于煤炭及相关行业，新兴产业的财源支撑作用较弱。2023年以来煤炭价格回落导致煤炭行业税收收入下行，煤炭行业对税收的支撑作用减弱，导致全省税收增长乏力。这样的财源结构抵御风险的能力弱，当遭遇煤炭行业市场的波动，全省财政经济稳

定、可持续发展就要受到负面的影响。只有借助丰富的自然资源加快产业链的延伸，培育壮大新兴产业，提高产业的竞争力，才能有效避免资源价格波动对经济和财政的过度影响。

此外，一般公共预算的收支平衡有赖于调入资金，而政府性基金是调入资金的主要来源，即政府性基金结余超过当年收入 30% 部分调入一般公共预算。因此，政府性基金预算的平衡不仅关系基金预算本身，同时也会在一定程度上影响一般公共预算的平衡。在房地产市场下行影响下，占政府性基金预算收入主体的国有土地使用权出让收入出现明显下滑，影响财政收入的稳定性。

2023 年，经济性减收导致的收入减少以及政策性增支和保障性增支带来的支出增加，使得前三季度财政收入增速低于支出增速，财政收支缺口加大。随着财政收支差额的拉大，地方财政预算平衡难度也在不断加大。从真实财力角度看，财政收不抵支矛盾比较突出，财政收支矛盾加剧。

2. 非常规收入缺乏可持续性，财政收入质量降低

财政收入的质量直接影响地方经济发展的持续性和稳定性。在宏观调控"地方化"的模式下，地方容易陷入"经济增速回落—财政收入减少—非常规手段抓收入—收入质量不高—调控质量不高—经济增速回落"的循环。从山西前三季度财政运行情况来看，财政部门通过挖潜、盘活等措施实现财政收入自然口径正增长，但财政增收的重要支撑点主要集中在专项收入、国有资源（资产）有偿使用收入等非税收入，这些收入虽对一般公共预算收入增长起到了有力的支撑作用，但多为非常规、一次性财政收入，缺乏可持续性。

从盘活资金和资产看，盘活存量虽可贡献一次性财力，但却不存在增长潜力，一些地方通过处置政府性资产来增加非税收入，随着资产应盘尽盘，"家底"逐渐减少，这部分挖潜空间会日趋收窄。

3. 基层财政预算平衡压力大，影响财政可持续性

基层财政收入随着经济增速放缓，面临的不确定性进一步扩大，财政收入增长可持续性较差。1~9 月，全省县级一般公共预算收入减收问题较突出，从 9 月末情况看，全省 117 个县（市、区）中，有 48 个一般公共预算

收入下降，负增长县（市、区）占到 41%。从收入增幅看，下降最多的达到 36.6%。负增长县（市、区）中，有 81% 的县是煤炭县，县域经济结构较为脆弱，抵御风险的能力弱。还有一些县级地区存在资源贫乏、基础设施不完善、营商环境较差等问题，缺乏足够的产业支撑，财政收入困难重重。

就乡镇财政而言，其收入端始终存在着财源结构性问题。作为基层预算单位，乡镇政府收入的主要来源是非税收入和上级政府补贴，造成财源的不稳定性，一些乡镇会通过土地出让收入来填补财政空缺，一旦遇到政策上的调控，乡镇财政便会受到较大影响。从支出端看，随着民生保障支出标准的不断提升，乡镇所需的财政支出规模也在逐年加大，加上乡镇工作人员所需要的经费支出也在提高，使得乡镇政府运行需要承担不小的成本压力。此外，对于一些专项工程，如水利工程、农业开发和土地复垦等，均需要乡镇政府承担部分的配套资金，这也在一定程度上加剧了乡镇政府的刚性支出压力，基层财政紧平衡结构问题值得关注。

三　财政形势分析

随着山西经济社会全面恢复常态化运行，全省经济总体保持稳定恢复态势，但仍面临较高的国内外不确定性风险，基础尚不稳固。展望后续财政运行，虽然全省财政收入预计恢复向好，但挑战和风险尚存，财政对冲公共风险的压力依然较大。

（一）政策性和经济性利好为财政运行创造了有利空间

短期而言，财政运行既有利好的方面，也有不利的方面，财政风险整体处于相对稳定的状态。有利因素主要体现在以下几个方面。

一是进入第三季度，煤炭价格逐渐回升，山西省能源局数据显示，6月、7月、8月当月吨煤综合售价分别为 548 元、553 元和 596 元，7月、8月全省煤炭综合售价累计降幅为 -16.3% 和 -16.1%，降幅逐渐趋缓；7月、8月煤炭销售收入累计降幅为 -15.2% 和 -14.5%，降幅有所收窄。受此影响，全省煤炭税收降幅也随之逐渐收窄，8月和9月全省煤炭税收降幅分别为21%和20.6%，扭转了自2月起全省煤炭税收降幅连续扩大的趋势（1~9月全省煤炭税收增速分别为3.2%、−6.3%、−7.1%、−8.3%、−13%、−15.7%、−20.1%、−21%、−20.6%）。

二是2023年12月召开的中央经济工作会议系统部署了2024年经济工作，会议要求，2024年"要坚持稳中求进、以进促稳、先立后破""要强化宏观政策逆周期和跨周期调节，继续实施积极的财政政策和稳健的货币政策""积极的财政政策要适度加力、提质增效"，这是国家发出强信心、稳经济、促发展的重要信号，为推动经济运行整体好转注入强劲动能。同时，随着各项稳增长政策的持续发力，7月份工业用电量、货运量等支撑类指标全面回升，投资、消费等需求类指标恢复向好，同时，全省PPI降幅在7月首次环比回升，降幅较6月当月收窄2.4个百分点。其中，黑色金属冶炼和压延加工业收窄8.5个百分点，石油、煤炭及其他燃料加工业收窄6.2个百分点，煤炭开采和洗选业收窄0.7个百分点。受此因素拉动，非煤行业税收小幅回升，第四季度或将支撑非煤税收较快恢复。

三是大规模存量留抵退税的收入减项不再延续，与上年相比，全省税式支出下降，大规模留抵退税因素不再大幅冲击财政收入。同时，增值税留抵退税带来的税收回补效应逐步显现，政策性减收和经济性减收都有改善，这些因素均为财政运行创造了有利空间。

（二）财政收入恢复仍存不确定性

在看到积极因素的同时，也需关注外部经济不确定性较大、有效需求不足、预期不强等问题仍然突出，财政收入稳定增长的基础仍不稳固。从国际国内形势看，国际环境依旧复杂严峻，国内经济恢复仍面临挑战，经济下行、大宗产品价格下跌以及地缘政治冲突，导致需求收缩、供给冲击和预期转弱三重压力仍然较大。同时，煤炭价格回落导致全省税收增收压力较大，新的矿业权出让收益征缴方式影响即期收入陡然下降，这些不利因素致使财政收入恢复仍存在不确定性，财政收入形势稳中有忧。

（三）非税收入增收潜力提前释放

2023 年以来，全省各地加大资产盘活力度，加快矿业权出让进度，非税收入增收潜力被提前释放，加之上年下半年部分市县盘活存量资产、一次性罚没收入入库金额逐步加大垫高基数，非税收入累计增速已连续 4 个月回落。截至 8 月末，非税收入累计增速首次回落至 20% 以下，1~9 月累计增速已回落至 12.5%，对财政收入的支撑作用逐渐减弱。

（四）保民生保战略需要财政支出有效保障

在经济下行压力加大、市场主体活力不强的背景下，财政仍需保持适度的支出力度稳增长。按照 2023 年年初通过的《关于山西省 2022 年全省和省本级预算执行情况与 2023 年全省和省本级预算草案的报告》，2023 年全省一般公共预算支出 6540.99 亿元，同比增长 14.4%。重点领域支出和刚性支出仍需保持适度强度，财政支出规模持续扩大，全省财政运行仍将持续紧平衡趋势。

四 对策建议

面对有效需求不足、社会预期偏弱、风险隐患仍然较多的经济形势和艰巨的发展任务，山西更应加强财政资源统筹，加力推动财政收支质效持续提升，在有效支持高质量发展中保障财政可持续，为推动山西高质量发展提供坚强支撑，为推进中国式现代化山西篇章贡献财政力量。

（一）开源节流提效益，提升财政收支质效

推动山西经济高质量发展，需要强大且稳固的财政实力予以保障。为应对财政紧平衡，山西应开源节流挖潜，多措并举集聚财政资源，筑牢夯实推动高质量发展的良好基础。

一是加强财源建设，推动财政收入持续增长。山西应持续涵养财源，通

过对传统产业改造提升和新兴产业培育壮大的支持，促进新兴产业税收收入占比的提高，进一步壮大地方财力。创造性运用政策工具，采用财政与金融联动、政府集中采购等方式，更充分地激发市场主体活力，努力形成"放水养鱼"和财政增收的良性循环。加快推进省属企业改革，充分挖掘国有资源（资产）有偿使用收入、国有资本经营收入增收空间，争取实现更多国有产权转让收入和国有资本分红收入，提升其对财政收入增长的贡献度，推动预算收入高质量可持续发展。同时，进一步盘活财政存量资金，及时清理盘活各级各部门不再使用的、期限已满的结转结余资金，把闲置、沉淀的财政资金用好，刺激经济重新恢复活力。

二是对于非重点、非刚性的一般性支出，应进一步加大压减力度。严控"三公"经费支出，持续强化"三公"经费管理，严格执行各项经费的开支标准，对购买服务项目范围进行严格控制，进一步压缩政府购买服务费用，将节约出来的资金用于改革发展更加急需的方面，全力支持科技攻关、区域重大战略、乡村振兴、绿色发展等重点领域，集中财力把"好钢"用在刀刃上。

三是强化资金资产资源全要素统筹，保障财政平稳运行。加强财政收入统筹、支出统筹、"四本预算"统筹、存量增量资金统筹和国有资产统筹，合理确定国有资本收益上交比例，进一步完善国有资源有偿使用制度，统筹发挥财政资金资产资源合力。强化财政资源调用经济社会各方面资源的能力，推动财金协同与社会资本撬动，探索建立合作银行积分管理办法，撬动更多金融资源服务经济重点领域和薄弱环节。

（二）加力提效强经济，厚植经济高质量发展新动能

为更好地实现积极的财政政策加力提效，需要合理安排财政资金，针对短期市场主体现金流不足的情况，财政着力点应放在满足各类经济主体恢复活动必要的资金需求；中长期而言，财政应致力于促进经济高质量发展，优化经济结构，提升整体经济的质量和效益。

一是解决市场主体短期遇到的"启动"问题，促进市场需求加快恢

复。针对当前市场需求收缩，市场主体投资和消费意愿不足的情况，财政政策以其对市场主体施加直接作用的特征，使其具有通过扩大有效投资，带动全社会投资和促进消费的可能性。因此，财政短期现金流应用于满足各类经济主体恢复活动必要的资金需求，一方面，应强化政府投资对全社会投资的引导带动，缓解社会投资和企业发展面临的压力。着力做好助企纾困，突出对中小微企业、个体工商户以及特困行业的支持，对科技创新、重点产业链等重点领域，应确保政府投资力度不减，发挥政府投资对全社会投资的引导带动作用，推动经济运行整体好转。另一方面，应进一步促进恢复和扩大消费，加大对流通保供体系、消费基础设施、外贸新业态等方面的支出，增加消费场景，改善消费条件，为消费回暖、升级创造条件。

二是中长期致力于促进经济高质量发展，向产业升级、科技赋能等方面倾斜。持续推动传统产业改造提升、新兴产业培育壮大，加大支持现代化产业体系建设，大力培育链主企业，支持重点产业建链延链补链强链，提升整体经济的质量和效益。聚焦重点领域和关键环节，持续加大科技攻关投入力度，加强科研经费管理，提高科研攻关资金使用效益，为推动经济稳中求进提供新引擎。

三是统筹协调经济运行与民生保障，着力支持重大战略促发展。保障和改善民生对于增强居民消费信心至关重要，只有进一步做好民生保障工作，努力增进百姓福祉，才能将人们被抑制的消费需求激发出来。为此，应在稳就业的同时，通过财政转移支付和社会保障等方式，多渠道增加居民收入，提升居民消费能力，达到促进恢复和扩大消费的目的。同时，增强重大战略任务财力保障，全力支持"两个转型"、能源领域"五个一体化"、以县城为重要载体的城镇化建设等重点领域，培植塑造经济高质量发展的新优势新动能。

（三）坚定不移促改革，加快建立现代财税体制

深化财政改革对构建现代化经济体系十分关键。山西应牢固树立改革创

新理念，坚持问题导向，瞄准体制机制运行中的堵点、痛点，持续深化改革，加快建立现代财税体制，从整体上推动各项制度机制更加成熟更加定型，用治理效能提升财政对冲风险能力。

一是加快推动预算管理改革，强化预算绩效管理。健全"四本预算"全口径预算体系，充分发挥标准对预算编制的基础性作用，推进预算支出标准体系建设，提升财政预算科学性和精细化程度。强化零基预算理念，深入推进零基预算改革，打破财政支出固化、预算安排只增不减的格局，为过"紧日子"提供制度保障。实施全方位、全覆盖、全过程预算绩效管理，加强事前绩效评估，强化绩效评价结果应用，不断提升财政资金配置效率和资金使用效益。

二是推进税收制度改革，建立健全地方税体系。按照中央统一部署，推进税收制度改革，着力优化地方财力结构，加快建立税种科学、结构优化、规范公平、有利于全省高质量发展的地方税体系，增强地方收入内生动力。夯实税收政策管理基础，增强税费优惠政策精准性和针对性，进一步提升政策效能。

三是深化省以下财政体制改革，推动省以下政府间财政关系合理化。着力推进省对市县财政体制改革，加快分领域财政事权和支出责任划分改革进程，清晰界定并合理划分省以下财政事权，按照政府间财政事权划分，明晰各级财政承担的支出责任，推进政府间事权、支出责任和财力相匹配。针对基层财政困难的问题，应按照事权上移的新思路，增加省级政府的财政事权与支出责任，降低基层财政开支压力。完善省以下转移支付制度，建立一般性转移支付合理增长机制，扩大资金管理型省直管县范围，进一步加大财力下沉力度，解决越往基层财政越困难的局面。

（四）兜牢底线防风险，营造安全发展环境

牢固树立安全发展理念，把财政可持续摆在更加突出的位置，持续构建安全型财政。着力防范"三保"风险、债务风险、金融风险等，坚决守住

不发生系统性风险的底线，全力营造安全发展环境。

一是创新政府性基金增长模式，用经济发展缓释财政风险。在国有土地使用权出让收入骤减的背景下，创新政府性基金增长模式，改变以往过度依赖住宅型土地出让的模式，探索更加多元的土地开发增长模式，将产城融合、职住平衡的园区建设纳入专项债券发行支持方向，进而改变政府性基金预算过度依赖以住宅用地为主的国有土地使用权出让收入的格局。

二是进一步强化风险意识、底线思维，严防"三保"风险、债务风险、金融风险。应坚持将"三保"支出作为预算安排的重点，确保"三保"支出在财政支出中的优先顺序，同时，把全省所有县（市、区）纳入"三保"预算审核范围，兜牢"三保"支出底线。统筹山西自有资金和中央转移支付资金，加大对市县"三保"的转移支付力度，推动"三保"相关转移支付纳入直达资金范围。强化债务风险意识，加强政府债务管理。完善政府举债融资机制，引导全省高风险市县尽快压减债务规模，稳妥化解政府债务风险隐患。建立金融风险全方位防控体系，全面履行国有金融资本出资人职责，完善省属金融机构穿透式管理体系，分类推进城投等地方政府融资平台公司向市场化转型，依法合规开展市场化融资，筑牢金融风险"防火墙"。

参考文献

[1] 常国华：《加力提效做好六方面工作　为山西加快推动高质量发展提供坚强支撑》，《中国财政》2023年第7期。
[2] 常国华：《进一步深化财税体制改革　为山西高质量发展提供坚强支撑》，《预算管理与会计》2023年第7期。
[3] 汤颖：《乡镇财政运行管理的实践途径研究》，《财经界》2023年第20期。
[4] 林铭：《紧平衡状态下财政运行困境纾解对策研究》，《预算管理与会计》2023年第9期。

［5］刘尚希、邢丽：《多重不确定性下的风险权衡与对冲——2022 年"地方财政经济运行"调研总报告》，《财政研究》2023 年第 3 期。

［6］姚东旻：《拓展财政空间　塑造市场信心　助力经济运行整体好转》，《中国财政》2023 年第 4 期。

［7］冯俏彬：《财政政策加力提效　推动经济运行整体好转》，《中国财政》2023 年第 8 期。

专题篇 ▷

B.6
山西推动转型发展路径研究

孙秀玲　栗　挺*

摘　要：　　当前山西全省经济正在向高质量发展阶段加速转换。整体来看，全省转型发展成效显著，在现代化产业体系构建、能源革命综合改革试点、创新生态培育、民生福祉改善等方面不断发力加力，迈向产业优、质量高、效益好、可持续的转型道路，不断推动全省经济转型高质量发展。但全省转型发展也面临新的时空背景，在全国高质量发展大局和区域协调发展大势中，山西转型发展机遇与挑战并存，面临一系列新环境、新特征和新要求。因此，山西必须坚持深化供给侧结构性改革、创新驱动、营造良好营商环境、全面深化改革"四条路径"，充分发挥自身比较优势，在加快构建现代化产业体系、强化科技创新生态打造、营造良好营商环境、全面深化改革等方面多措并举，通过加快转型发展推

---

* 孙秀玲，山西省社会科学院（山西省人民政府发展研究中心）转型发展研究所副所长，研究员，研究方向为区域经济、农业经济；栗挺，山西省社会科学院（山西省人民政府发展研究中心）转型发展研究所副研究员，研究方向为区域经济、农业经济。

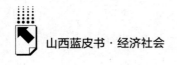

进中国式现代化的山西实践。

关键词： 产业体系　转型发展　营商环境　山西

当前，在新一轮科技革命和产业革命的推动下，以数字化、智能化、服务化、平台化发展为特征的全球产业价值链重构持续加快，并不断催生新产品、新模式和新业态。正是在此背景下，全国经济发展已进入新趋势、新挑战、新机遇并存，统筹经济"质的有效提升"和"量的合理增长"的新阶段。由于历史和现实、自身和外部等原因，资源型地区承担着保障我国资源能源安全供应的重大任务，但也普遍存在发展方式粗放、内生动力不足的问题，资源型经济转型发展的任务更加紧迫。作为资源型欠发达省份，当前山西全省经济正在向高质量发展阶段加速转换。整体来看，新旧产业的长期并存和经济发展的持续转型将是山西进入高质量发展阶段的一个基本特征。通过发展传统产业、增加要素投入和牺牲资源环境实现经济规模扩张的空间大幅缩小，同时新技术、新产品、新业态、新模式快速涌现，资源型经济转型态势正处于从缓慢形成到快速成长的发展阶段，但仍需加快推动经济发展的质量变革、效率变革、动力变革，走稳走好产业优、质量高、效益好、可持续的发展新路。

一　山西转型发展现状

山西省国家资源型经济转型综合配套改革试验区获批以来，全省在蹚出转型发展新路上进行了艰辛探索，取得了积极成效。特别是 2017 年以来，习近平总书记四次考察调研山西，就山西推动资源型经济转型发展等工作发表重要讲话，作出重要指示。全省上下全面贯彻落实党的二十大精神，深入贯彻落实习近平总书记对山西工作的重要讲话重要指示精神，完整、准确、全面贯彻新发展理念，加快融入和服务新发展格局，全省转型发展迈出坚实步伐、取得明显进展。

（一）转型发展的显著成效

山西在依托自身原有较为完整的产业体系和充分发挥自身比较优势的基础上，聚焦推动经济发展质量变革、效率变革和动力变革，在现代化产业体系构建、能源革命综合改革试点、创新生态培育、民生福祉改善等方面不断发力加力，迈向产业优、质量高、效益好、可持续的转型道路。

1. 现代化产业体系加速构建

山西把制造业作为产业转型主攻方向，发挥比较优势、锻造发展长板，统筹推进传统产业改造升级和新兴产业培育壮大，以实体经济为支撑的现代化产业体系构建不断加快。

一是制造业持续振兴升级。全省推动实施制造业振兴"229"工程，制定并出台《关于推动山西省制造业高质量发展的指导意见》《山西省"十四五"制造业高质量发展规划》，大力实施产业链"链长制"，发展壮大特钢材料、氢能、新能源汽车等首批10大重点产业链和铜基新材料等第二批6条重点产业链，特钢、半导体、高端装备、新能源汽车、铝镁精深加工等新兴产业集群逐步成势；做大做强10个省级特色专业镇，培育82个市级特色专业镇，形成梯次培育的特色专业镇发展格局；数智赋能数实融合稳步推进，累计建成5G基站8.4万个，推动16个工业互联网标识解析二级节点稳步建设，成功举办全省第一届智能制造推进大会、2023年数字化转型推进大会、"5G+工业互联网+智能制造"现场会。2023年上半年，全省制造业增加值同比增长8.3%，快于规上工业（3.9%）4.4个百分点，快于全国平均水平（4.2%）4.1个百分点。①

二是农业特优发展不断加快。全省扛牢稳粮保供责任，严守耕地保护红线，新建改造高标准农田1200万亩，新增恢复水浇地300万亩。大力发展农业生产托管，由单环节向多环节、全程托管拓展，托管服务面积稳定在

---

① 《首场"山西加快转型发展"系列主题新闻发布会举行，省工信厅、省发展改革委有关负责同志介绍推动制造业振兴升级有关情况并回答记者提问》，山西省人民政府网，https：//www. shanxi. gov. cn/ywdt/xwfbh/szfxwbxwfbh/202308/t20230807_9081429. shtml。

105

3500 万亩以上。① 实施单产提升行动，在中北部一作区创建玉米吨粮田，在南部两作区创建吨半粮田，整建制开展高产创建，示范带动大面积均衡增产。

三是促进服务业提质增效。出台《山西省推进服务业提质增效 2023 年行动计划》，生产性服务业不断向专业化高端化发展、生活性服务业不断向高品质和多样化升级、非营利性服务业稳定发展。通过深化文旅康养产业供给侧结构性改革，文旅康养产业持续融合发展。山西建成并公布首批 9 家文旅康养示范区，梯次培育龙头景区，三个一号旅游公路建设不断加快。文旅、文创、文博等产业高标准推进，成功举办第九届旅发大会，"华夏古文明、山西好风光""康养山西、夏养山西"等品牌知名度持续提升。数字经济不断培育壮大，出台《山西省数字经济促进条例》，加快打造移动物联网和算力网络，拓展数字应用新场景，推动全国首家数据流量生态园入驻企业超过 540 家。2023 年上半年，全省服务业增加值 5398.73 亿元，同比增长 5.7%，圆满完成"双过半"目标任务，对 GDP 增长的贡献率达 61.5%。②

2. 能源革命综合改革成效显著

山西围绕"五大基地"建设和能源产业"五个一体化"融合发展，全面推进能源产业绿色转型，能源保供和能源革命综合改革试点成效显著。

一是制度体系持续完善。山西制定出台了《关于完整准确全面贯彻新发展理念切实做好碳达峰碳中和工作的实施意见》，明确全省"双碳"目标及 10 个方面 45 项重点任务。同时还出台《山西省推进碳达峰碳中和行动"1+X"政策体系编制工作方案》，③ 为全省能源革命综合改革走向深入，加

---

① 《"山西加快转型发展"系列｜推动农业"特""优"发展专场新闻发布会举行（第四场）》，山西省人民政府网，https://www.shanxi.gov.cn/ywdt/xwfbh/szfxwbxwfbh/202308/t20230823_9185604.shtml。

② 《"山西加快转型发展"系列｜推动服务业提质增效专场新闻发布会举行（第五场）》，山西省人民政府网，https://www.shanxi.gov.cn/ywdt/xwfbh/szfxwbxwfbh/202308/t20230824_9192467.shtml。

③ "1"是《关于完整准确全面贯彻新发展理念切实做好碳达峰碳中和工作的实施意见》，"X"包括《山西省碳达峰实施方案》和能源、工业、交通、城乡建设、农业农村、科技、生态等 7 个重点分领域实施方案，以及加强全社会节约用能、能源保障、财政、金融等 15 个保障方案。

快建设全国新型综合能源基地提供了完善的制度保障。

二是统筹抓好煤炭保供与能源革命综合改革试点建设。山西统筹抓好产能核增和煤炭生产，2023 年上半年煤炭产量 6.78 亿吨，继续居于全国首位。全省煤炭先进产能占比由 2017 年的 42% 提升至 2022 年的 80%，煤炭智能绿色开采和安全稳定供应能力明显提升。同时，山西围绕"五大基地"定位和"五个一体化"，坚持煤炭清洁高效绿色低碳发展方向，持续推进能源结构优化调整，扎实抓好智能化矿井建设、煤电一体化、煤基科技成果转化、源网荷储一体化、非常规天然气增储上产等重点任务，加快发展光伏、风电、氢能、地热能和储能，能源结构持续优化，新型能源体系建设步伐不断加快。煤电装机结构不断优化，单机 60 万千瓦及以上煤电机组占比 46.8%，煤电机组"三改联动"累计完成 4792.5 万千瓦。新能源和清洁能源发展全面提速，截至 2023 年 6 月底，新能源和清洁能源装机占比 42.9%，发电量占比 26.8%。电网结构持续优化，积极推进已纳规特高压通道和 500 千伏电网"西电东送"通道调整工程，外送电能力达到 3062 万千瓦，2023 年上半年外送电量 731.52 亿千瓦时，居全国第 2 位。2023 年上半年，全省累计建成智能化煤矿 46 座，河津和蒲县 2 个 120 万千瓦抽水蓄能项目、首批 15 个"新能源+储能"试点示范项目等一批抽水蓄能以及新型储能项目落地建设。在此基础上，全省能源互联网试点工程建设步伐加快。[1] 2022 年成立山西能源互联网研究院，同时搭建完善能源互联网试点的"1+3+N"整体架构，[2] 电力现货市场试点建设成效明显，除平价、扶贫和分布式项目以外的所有新能源项目均在自主选择参与保障性电量分配的基础上，全电量参与中长期、现货市场。

---

[1] 《"山西加快转型发展"系列｜推动能源产业绿色转型专场新闻发布会举行（第二场）》，山西省人民政府网，https：//www.shanxi.gov.cn/ywdt/xwfbh/szfxwbxwfbh/202308/t20230816_9139426.shtml。

[2] "1"是省域能源互联网中心，已在国网山西省电力公司、山西云时代技术有限公司和能源互联网研究院分别挂牌；"3"是 3 个城市级能源互联网中心，已完成平台公司组建、中心选址和可研报告编制等工作；"N"是 N 个园区企业级试点，优先在大同、朔州、运城分别选取。

三是遏制"两高"和"能耗双控"工作全面加强。全省对新建"两高"项目进行严格审核，经省政府审核通过的 9 个项目全面落实产能、能耗、煤炭消费替代，全部达到标杆水平，能耗量减少约 30 万吨标准煤。重点行业节能降碳改造力度不断加大。2022 年，全省单位 GDP 能耗同比下降 3.0%，超额完成下降 2.5% 的序时进度目标。

3. 创新生态持续优化

山西深入实施创新驱动发展战略，全面对接京津冀地区创新资源与要素转移，建立完善"科技+产业+人才"深度融合机制，全省创新生态持续优化。

一是创新资源优化配置改革走向深入，科技成果转化高地初步建成。山西瞄准国家战略和产业转型发展需求，推动落实国家重点实验室"保 5 争 5"任务，积极申建全国重点实验室。煤基能源清洁高效利用国家重点实验室和电磁屏蔽技术"一带一路"联合实验室等国家级实验室获批建设，国家第三代半导体技术创新中心（山西）正式挂牌，国家超算（太原）中心投入运行，怀柔实验室山西基地投入运行，"智能采矿装备技术""煤与煤层气共采""煤炭高效低碳利用" 3 个全国重点实验室重组成功，磁悬浮高速飞车项目完成国内首次全尺寸超导航行试验，山西北大碳基薄膜电子研究院成功入驻太原第一实验室。全省布局建设了 5 个省实验室、142 个省重点实验室、76 个省技术创新中心，建成中试基地 20 家、科技成果转化示范基地 20 家、科技成果转化示范企业 66 家、产业技术创新战略联盟 80 家，形成了定位清晰、布局合理、梯次衔接、富有活力的创新平台体系。[①]

二是科技计划项目管理改革进展顺利。"3+1"科技计划项目体系（基础研究计划、重点研发计划、科技重大专项计划+创新生态服务支持专项）初步建立，基本实现基础研究、关键核心技术攻关、科技成果转化的一体化设计。开辟科研经费拨付"绿色通道"，开展科研经费"包干制"试点，推

---

① 《"山西加快转型发展"系列丨打造科技成果转化高地专场新闻发布会举行（第十四场）》，山西省人民政府网，https://www.shanxi.gov.cn/ywdt/xwfbh/szfxwbxwfbh/202309/t20230927_9358872.shtml。

出科研人员减负 3.0 升级版，推动科技成果使用、处置和收益权"三权下放"，推动下放一般性项目评审权、管理权，为广大科研人员赋权减负松绑。

三是实施产学研用深度融合创新体系改革。积极引进国内外高校院所协同共建创新载体，推进省校合作"12 大基地"建设。省政府与北京大学在北京亦庄共建科技创新基地，在太原共建北大碳基薄膜电子研究院，与清华大学共建清华大学山西清洁能源研究院，与浙江大学共建山西浙大新材料化工研究院，与中电科 45 所共建"光刻机用激光器研发中心"。2021 年山西知识产权保护中心建成并正式运行，成为省内首个知识产权保护示范基地和中部地区第一家面向全省服务的知识产权保护中心。

四是研发投入刚性增长机制不断健全。从研发投入绝对量和研发投入强度相对量两方面对省属企业建立考核约束机制，并在考核中将研发投入 100% 视同加回，推进省属企业研发投入持续增长。2022 年，全省累计发放科技创新券 3748 万元，受益企业超过 500 家，高新技术企业达到 3916 家，科技型中小企业 5294 家，全省科技类企业研发费用加计扣除总额较上年增长 53.4%，相当于为企业新增科技投入 325.31 亿元。[①]

4. 民生福祉不断增进

山西不断强化政策引导支持，因地制宜补齐生态环保与城乡公共服务短板弱项，全面提升省域产业转型与居民生活的综合承载能力，城乡居民民生福祉均衡性和可及性水平不断提升。

一是生态环境明显改善。近年来，山西全方位、全地域、全过程开展生态环境保护，先后印发《"一泓清水入黄河"工程方案》《深入学习贯彻习近平总书记考察山西重要指示精神奋力实现"一泓清水入黄河"行动方案》，启动实施"一泓清水入黄河"工程，统筹推进流经县、流域区、全省域生态大保护大治理。2022 年，全省国考断面优良水体比率上升至 87.2%，

[①]《"山西加快转型发展"系列丨打造科技成果转化高地专场新闻发布会举行（第十四场）》，山西省人民政府网，https://www.shanxi.gov.cn/ywdt/xwfbh/szfxwbxwfbh/202309/t20230927_9358872_slb.shtml。

劣V类水体全面消除，汾河流域国考断面全部跃升至IV类及以上水质。推进废弃露天矿山生态修复及黄河流域重点地区历史遗留矿山生态修复治理，修复治理图斑 2417 个，治理面积 6739 公顷。2022 年多项生态环境指标取得标志性突破，环境空气质量综合指数同比下降 2.4%；6 项污染物 4 降 2 平，为 2017 年以来最好成绩，优良天数比率同比提高 2.4 个百分点。[①]

二是城乡居民生活品质不断提升。全省普惠性教育、医疗、养老、托育等公共服务供给持续扩大，城乡差距持续缩小。县城建成区平均路网密度达到 7.42 公里/平方公里，公共供水普及率达到 91.26%，污水处理率达到 96.28%，县城生活垃圾无害化处理率达到 100%，农村生活垃圾收运处置体系覆盖自然村比例达到 93.9%。[②] 城乡社会保障体系逐步完善，基本医保、大病保险、医疗救助三重制度综合保障水平不断提升，低保标准动态调整机制基本建立，工伤和失业保险实现省级统筹。以"136"兴医工程为重要抓手，全省医疗机构在临床、科研、装备、成果转化等方面的能力有了显著提升。以医联体改革为重要方向，双向转诊与区域联动机制不断完善，有效助推优质医疗资源共享和下沉。

（二）转型发展的主要特征

整体来看，山西的转型发展，是在把握资源型经济演进规律、确保经济平稳发展的前提下，坚持发展这一第一要务，坚持扛牢能源革命综合改革使命，坚持发挥自身比较优势，坚持因地制宜与改革创新相结合，实现了以经济转型牵引高质量发展、在全面统筹协调中推动转型。

1. 以产业转型升级为特征的现代化产业体系构建成为转型发展的核心动能

山西作为资源型欠发达省份，当前区域经济发展中的结构性体制性素质

---

① 《2022 年山西省生态环境状况公报》，山西省生态环境厅官网，https：//sthjt. shanxi. gov. cn/zwgk/hjgb/hjzkgb/202306/P020230625629967616780. pdf。

② 《"山西加快转型发展"系列 | 推进以县城为重要载体的新型城镇化建设专场新闻发布会举行（第十五场）》，山西省人民政府网，https：//www. shanxi. gov. cn/ywdt/xwfbh/szfxwbxwfbh/202310/t20231009_9383900. shtml。

性矛盾依然存在，发展不充分不平衡不协调问题依然突出。特别是维持全省经济持续稳定增长的传统动能正在弱化，数量扩张和外延式发展已经难以得到足够的资源和要素支撑，工业化中期以来高速扩张并拉动全省经济快速发展的采掘冶炼、机械化工等传统产业已不能较好地持续推动经济平稳增长，在传统产业部门中通过增加要素投入和牺牲生态环境实现经济规模扩张的空间大幅缩小。同时，在新一轮科技革命和产业革命加速发展的大背景下，新技术、新产品、新业态、新模式快速涌现，经济增长新动能正处于从分散到聚合、从缓慢形成到快速成长的孕育期，这对我国区域产业结构、分工格局与价值链分布产生深刻影响。东部发达区域同包括山西在内的中部欠发达区域在新兴产业发展方面处在大致相同的起跑线上。由于大数据、新能源等新技术具有强大的赋能能力，这些技术的广泛应用及其与其他产业的深度融合正在不断创新生产要素组织方式，推动山西产业转型过程中持续衍生新环节、新链条、新商业模式，推动产业发展的智能化、服务化、定制化、绿色化持续提升，在准确预测和匹配市场供需并极大满足多元化、个性化的产品或服务需求的同时，减少物料和能源消耗及污染物排放，从而极大地提高了产业的整体竞争力。因此，现代化产业体系的构建正在成为山西这样的后发区域"换道超车"、不断加快转型发展的核心动能。

2. 以要素和产业承载空间再配置为特征的区域协调发展正成为山西转型发展的重要推动

在"双循环"新发展格局构建的过程中，特定区域的经济发展不可能在所有产业部门中都处于优势地位，某个区域在新发展格局中的地位与作用往往体现在地方特色产业集群上，即具有区域特色的、具有"智能化、绿色化、融合化"特征和符合"完整性、先进性、安全性"特征的现代化产业体系。山西在加快转型和推动高质量发展过程中，内部原有的低层次和低效率的传统产业形态正逐渐走向衰落，而高端装备制造业等传统产业中的先进部门和新材料等战略性新兴产业等产业形态不断发展，已逐渐成为新生的区域主导产业。上述产业空间格局的结构性变化引致省域范围内要素配置的重组和经济活动的空间变化，进而推动了符合产业跨行政区域实现"集聚—扩散"发展需要的各类产业园区、开发区、高新区、专业镇乃至城市群等新的产业空间组织形式应运而生并快速发展，同时也推动了作为产业体系具体承载形式的城市工业空间、服务业空间以及其他类型产业空间的调整和更新，并强化了产业发展过程中在整个区域内外广泛出现的前向和后向联结。这种重组和联结，不仅是区域分工体系的调整与优化，也是区域之间的合作与交流过程，是山西融入新发展格局，以区域协调促进转型发展的重要推动。

二　山西深入推进转型发展的条件分析

当前，世界百年未有之大变局加速演进，我国经济已由高速增长阶段转向高质量发展阶段。在全国高质量发展大局和区域协调发展大势中，山西具有三个突出特征：仍属中部资源型欠发达省份，资源型经济盛年期转型发展任务艰巨；煤焦冶电工业大而不强，新兴产业发展亟待提质增效；转型发展得到国家政策强力保障，增强转型发展动能拥有"金字招牌"。可见，在"高质量发展""新发展格局""碳达峰碳中和""数字经济"等山西转型发展的新时空背景下，山西转型发展机遇与挑战并存，转型发展面临一系列新环境、新特征和新要求。

（一）制度条件

党的十八大以来，面对严峻复杂的国际形势和艰巨繁重的国内改革发展稳定任务，以习近平同志为核心的党中央提出一系列新理念新思想新战略，指导我国经济发展取得历史性成就、发生历史性变革，在实践中形成和发展了习近平新时代中国特色社会主义思想。习近平总书记四次莅临山西，对山西转型发展提出的一系列新思想、新观点、新论断，是习近平新时代中国特色社会主义思想的重要内容，是习近平总书记运用马克思主义基本原理对新时代背景下山西这样的"资源型+欠发达"双重特征地区转型发展作出的系统理论概括，凝结着习近平总书记对我国欠发达地区发展问题的深入思考。

习近平总书记四次莅晋对山西转型发展的殷切嘱托，为山西进一步加快转型、推动高质量发展指明了前进方向。山西作为我国煤焦冶电重工业最为发达的地区之一，是我国唯一的全省域资源型经济转型综合配套改革试验区和全国能源革命综合改革试点。为资源型地区经济发展全面转型和能源革命综合改革蹚出一条新路，是山西肩负的重大责任。当前，山西向煤而兴、向煤图强、高质量发展其时已至、其势已成，必须立足省情、发挥优势，坚定不移把习近平总书记关于资源型经济转型的重要论述贯彻落实到全省转型发展的各领域各方面。

（二）技术条件

新一轮科技革命下的全球产业结构和布局深度调整，为山西加快推进转型发展提供了新的空间。当前，大数据、人工智能等新一代信息技术和半导体等新一代材料技术与制造业不断深度融合创新，传统产业特别是制造业的生产方式、发展模式和企业形态都在发生根本性变革。与此同时，全球产业链重组、供应链重塑、价值链重构持续推进，产业转型发展的国际竞争日趋激烈。从国内看，我国正处于从制造大国向制造强国迈进的重要关口期，新一代信息技术、新能源、新材料、生物医药、绿色低碳等新兴产业持续交叉融合。山西作为工业特别是制造业大省，国际国内科技和产业发展的最新趋势为全省转型发展特别是传统优势产业提档升级、新兴产业做大做强提供了充分的技术基础。同时，也为山西在转型发展过程中充分发挥资源型地区转型综改和能源革命综合改革试点的体制优势和政策优势，加快形成适应新产业新业态发展规律与现实需要的制度环境，推进新技术、新业态与产业发展不断深度融合创新开辟了巨大的可能性空间。技术基础与可能性空间的结合，能够有效推动山西在关键核心技术创新上持续加力发力，催生更多新技术新产业，开辟更多新领域新赛道，进而构筑更多经济转型发展新空间。

（三）外部环境

新发展格局的加快构建为山西深入推进转型发展提供了良好的外部条

件。党的二十大报告明确要求加快构建以国内大循环为主体、国内国际双循环相互促进的新发展格局。习近平总书记在主持党的二十届中央政治局第二次集体学习时强调，加快构建新发展格局，是立足实现第二个百年奋斗目标、统筹发展和安全作出的战略决策，是把握未来发展主动权的战略部署。构建新发展格局，题中之义在于根据我国经济发展阶段变化，推动实现经济循环和产业关联畅通，根本要求是提升供给端的创新力和关联性，解决各类"卡脖子"和"瓶颈"问题，畅通国民经济循环，实现供求动态均衡。

从经济循环系统的角度来看，新发展格局的构建极大地促进了经济社会发展中各环节、各层面、各领域的互联互通。通过国际国内双循环联动，进一步推动国民经济成为"大循环"的有机整体，这对山西这样的中部欠发达省份乘势而起，加快推进转型、促进高质量发展同样具有巨大的推动作用。具体而言，在产业发展层面，新发展格局的加快构建有助于山西进一步优化能源重化工产业资源配置，推动传统产业在供给端的结构性转型，提高供给体系对需求端的满足能力，以创新驱动和高质量供给引领和创造新需求；在地区协同层面，新发展格局的加快构建有助于山西通过山西中部城市群建设、承接京津冀地区协同发展溢出效应等途径，破除地区间要素自由流动和高效配置的障碍，促进先进生产要素与产业部门的跨区域合理配置；在制度创新层面，新发展格局的加快构建有助于山西破除妨碍生产要素市场化配置和商品服务流通的体制机制障碍以及观念和利益羁绊，加快形成高标准的市场化、法治化对外开放格局，降低转型发展的各类有形与无形成本。

（四）现实困境

当前山西转型发展仍处于负重前行、爬坡过坎的阶段，发展不充分不平衡不协调的问题仍很突出，转型发展还有不少短板弱项。全省经济高质量发展的模式调整还不够快，以"五个一体化"为路径的煤焦冶电产业存量做优和战略性新兴产业增量做大仍亟待加强，特别是部分传统产业改造升级步伐缓慢，一些关键领域核心技术或基础产品对外依存度高，产业链供应链仍然存在"堵点""断点"等明显短板；通过延链补链强链促进产业链、创新链、资金链、制度链四链融合，加快推动产业数字化和数字产业化，实现变量赋能新旧动力转换的内生活力不足，增长潜力仍未完全释放；通过进一步深化改革开放、疏通政策传导机制、充分发挥各类园区和开发区"主战场"作用，进一步激发市场主体和民营经济活力，提升经济发展韧性的持续动力不足。

三 政策建议

在全省转型发展面临新的时空背景下，山西应当深刻把握高质量发展的特征变化，把握服务和融入新发展格局对山西转型发展的具体要求，充分发挥自身比较优势，通过加快转型发展推进中国式现代化的山西实践。

（一）加快构建现代化产业体系

一是完善产业链建设。在现代化产业体系构建过程中，全面推行产业链供应链"链长+链主"工作推进体系，有效集成产业链关键要素，加强各城市/集群之间优势互补和上下游协同，构建一体化产业链供应链生态体系。建立完善省级重点产业链储备库，在壮大现有重点产业链基础上，加强新型储能、废弃资源综合利用等产业链培育，为全省产业转型打造新的增长点。全面推行"政府+园区+链主"招商模式，推动"强链延链补链"项目建设。鼓励新材料、半导体、高端装备制造领域重点企业通过股权投资、跨境合作、兼并重组等方式加快纵向延伸、横向联合，加快形成具有较强创新能力和国际影响力的行业龙头企业。支持高科技中小企业梯次快速成长，重点发现、培育、引进一批掌握自主核心技术、具有较高成长潜力的"专精特新"型中小企业。引导各类开发区、产业园区内中小企业走"专精特新"发展道路，以专精特新"小巨人"企业为龙头，以"专精特新"企业为骨干，整合同类企业或上下游关联企业，快速提高行业集中度。

二是提升产业体系数字化、数字产业化水平。强化产业数字化和数字产业化并行推进，促进软件、互联网、大数据等信息技术与产业新体系构建的"数实融合""数智赋能"。特别是要推动智能制造新模式应用，在钢铁、焦化、医药、机械、电子、航空、钢铁、化工、汽车、服装、信息通信、装备整机等领域加快推进流程型智能制造、离散型智能制造、网络协同智能制造、个性化定制智能制造和远程运维服务智能制造，从而不断拓展应用场景，促进大数据、工业互联网等产业创新发展并同现有产业体系优化升级深度融合。

（二）强化科技创新生态打造

要聚焦科技创新资源优化配置、产学研用融合的科创成果转化、科技创新项目和人才管理等领域，通过科技创新激发转型发展的内生动力。

1.实施创新资源优化配置改革

争建用好国家级创新平台，优化提升省级创新平台，完善实验室体系，支持发展新型研发机构。创建完善量子光学与光量子器件、煤炭绿色低碳清洁利用、特色杂粮种质创新与分子育种国家实验室、崖州湾实验室山西基地，与华为公司共建智能矿山创新实验室。设立基于量子光源的引力波探测大型地基观测国家大科学装置。进一步推进全省实验室体系重组调整优化，建设层级多样、品类完整、布局合理、具有山西特色的实验室体系。充分发挥毗邻京津冀地区的区位优势，实施以承接京津冀科技成果转化为龙头的创新资源配置改革，围绕优势关键新材料、信创和半导体、高端装备制造等领域，全面对接京津冀科技创新资源，充分利用北京创新资源和进一步开放太原科技创新优势资源，促进实验室、科学装置、文献数据、科技成果等资源共享，加快推进区域科技创新协同，将科技成果转化关口前移，积极推动科研成果在晋落地转化。启动建设区域类综合性中试基地和领域类中试基地。充分利用大同高速飞车、硅基光伏新能源、石墨烯聚合物复合材料等中试基地，承接相关领域中试服务。支持各市依托现有开发区、特色专业镇，积极建设与中试基地相配套的产业园或在产业园区建设中试基地。支持各类企业和社会资本通过联合共建、股权投资等形式，参与中试基地和科创园区建设。依托山西省北京大学科技创新基地，采取创新驱动、科研合作的"飞地"发展新模式，打造国家科研创新中心重要辐射区。

2. 实施产学研用深度融合创新体系改革

培育壮大创新主体，建立以企业为主体、高校和科研院所协同发力、产学研用融合的创新体系。强化企业科技创新主体地位，滚动实施高新技术企业倍增计划，加快引育"专精特新"企业，支持龙头企业牵头组建创新联合体，支持中小企业技术创新能力提升和科技型中小企业做强做大，积极培育四不像新型研发机构等新型创新主体。打造科技成果转化"1+5+N"科技创新政策体系，重塑科技成果转化管理服务流程。鼓励有条件的企业、高校和科研机构共同组建面向行业共性基础技术、前沿引领技术开发的国家级和省级研究院、联合实验室、企业技术中心、创新孵化与中试基地等新型技术创新与研发支持平台，联合参与国际国内大科学计划和大科学工程，联合开展技术攻关，共用科技创新平台和大型科研仪器设备，共同承担科技项目，共享科技成果。

3. 实施科技项目管理改革

总结推广科技体制机制重塑性改革试点经验，推动改革试点与企业、高校、科研院所等创新主体有机衔接，与市县科技管理部门改革配套，进一步释放重塑性改革红利。全面推行科研项目申报"常态制"、关键核心技术攻关"揭榜挂帅"制、职务科技成果单列管理改革，推动形成鼓励创新、宽容失败的良好氛围。实行以增长知识价值为导向的分配政策，推行科研经费使用"包干制""承诺制"，试行经费使用"负面清单"，减少分钱分物定项目等直接干预。完善科研人员职务发明成果权益分享机制，扩大科研人员和科研机构自主权。创新科技金融产品，推动形成覆盖科技成果转化和产业化全生命周期的投融资体系。完善自由探索型和任务导向型科技项目分类评价制度。

4. 持续推进人才支撑体系改革

一是积极创新推广柔性引才模式。完善引进人才和本土人才并重的激励政策机制，在科研事业单位试行更灵活的编制、岗位、薪酬等管理制度，探索建立"候鸟型人才""云端工程师"等机制。深化省校合作长效机制。创新评审式、目录式、举荐式、合作式等引进方式，赋予用人单位更大评价自主权。制定实施招才引智目标对象清单及任务分解、责任落实的方案。健全"一对一"服务机制和服务联盟制度。推动开展 35 周岁以下的科技青年培育计划，建立完善有利于青年科技人才脱颖而出的机制。

二是持续优化人才集聚环境。注重依托重大科技任务和重大创新基地，搭建一流平台，引进一流团队，构筑集聚优秀人才的科研创新高地。扎实做好高层次人才服务工作，优化薪酬福利、子女教育、社会保障、税收优惠等制度政策。加快实施技术转移人才评价和职称评定改革，建立健全符合技术转移转化工作特点的专门人才评价制度，以能力、业绩和贡献评价人才，重点解决片面将论文、专利、项目和经费数量等与科技人才评价直接挂钩的做法，实行代表性成果评价，突出评价研究成果质量、原创价值和对经济社会发展的实际贡献。

（三）加快营造良好营商环境

要在优化提升市场环境、开发区提档升级、加快建设区域合作机制等方面多措并举强化政策支撑，推动转型发展高质量、可持续。

1.营造促进公平竞争的市场环境

实施公平的市场准入制度，加快清理与企业性质挂钩的行业准入、资质标准、产业补贴等规定，完善市场准入第三方评估机制，定期评估、排查、清理各类显性和隐性壁垒，为各类市场主体创造公平开放的市场环境。完善向民间资本推介项目长效机制，支持民营企业进入产业转型、科技创新等领域。加快垄断领域竞争性环节开放后的配套改革。完善促进中小微企业和个体工商户发展的政策体系，建立健全市场准入负面清单动态调整机制。

2.促进开发区提档升级

继续向开发区放权赋能，动态调整省、市、县三级赋权目录，突出开发区经济职能。特别是要围绕项目建设所需的规划、立项、土地、环评、安评等行政审批职权，开展精细化赋权、按需赋权。支持经济基础好、发展潜力大、发展规划完备的开发区创建国家级开发区，并积极以此为基础创建国家高新技术产业化基地、国家新型工业化产业示范基地。依托山西转型综改示范区创建国家制造业高质量发展试验区。对新获批国家级和省级新型工业化产业示范基地的开发区和获批国家制造业高质量发展试验区的市给予奖励。滚动开展"三个一批"活动，完善"三个一批"项目跟踪服务管理机制。推动建立开发区转型发展项目前期手续"全承诺"、项目建设"全代建"、项目服务"全包联"的"三全"服务模式。推行"一窗受理、集成服务""一枚印章管审批""一网通办""不见面审批"等经验，实现"区内事区内办结"。全面推行开发区项目招商、开工、建设、投产的清单化管理机制，特别是要围绕转型发展和创新创业需求，全流程提供孵化器、创业苗圃、星创天地等创新创业载体和投融资、市场拓展、人力资源等方面的全方位服务，促进转型发展项目尽早落地开工和投产达效。

3. 推动建立多层次区域合作机制

要在省际、市际合作框架基础上，鼓励各地方政府、企业、高校、科研单位同开发区（园区）积极开展正式和非正式的交往与互动，共享信息和经验，在长期互动中培育稳定的信任和合作关系。大力推动建立"市—市—开发区""市—企—开发区""市—校（院）—开发区"等包括企业和开发区在内的多层次、多目标、多种类的区域合作机制。可在具有一定地缘基础、产业基础、交通基础的县域间探索设立省际合作"飞地园区"等形式的"跨（行政区）边界合作示范区"，实施以适度授权、跨界合作、融合发展为主题的试验任务，围绕"财税体制改革""产业链分工合作""统一要素市场"等具体课题开展试验，将其纳入开发区发展的战略统筹安排，做到超前探索、重点突破。

（四）全面深化改革

要在要素流动市场化改革和加快承接京津冀协同发展溢出效应两个方面进一步创新体制机制，深入破解障碍，增强转型发展的系统性和协同性。

1. 深化要素市场化配置

一是继续推动土地要素市场化配置改革。完善"标准地"制度改革，扩大新增工业用地"标准地"出让范围，推动"标准地"向开发区外扩围，向生产性服务业项目拓展、向"标准化厂房"延伸。加快农村土地征收制度改革，探索建立公平合理的集体经营性建设用地入市增值收益分配制度，在推进高标准农田建设的基础上落实低效园地和残次林地综合整治，保障制造业重大项目建设用地需求。建立健全城乡统一的建设用地市场，健全长期租赁、先租后让、弹性年期供应、作价出资（入股）等工业用地市场供应体系，探索在符合国土空间规划要求的前提下，推进第二、第三产业混合用地。对中心城市规划和国土资源管理坚持统一规划、统一征收、统一供地、统一审批、统一管理。

二是推动数据要素市场化配置改革。加大对全省数据资源的系统整合、分类处理、共享融通、安全保护，统筹推动管云、管数、管用。构建"数字政府"建设运行管理体制，推动政府部门、公共企事业单位的公共数据资源向社会开放，完善政府部门数据开放的互动反馈机制，建立公共数据资源负面清单，鼓励和引导社会化开发利用。

三是强化财政金融保障。优化财政资金投入，省市各级财政资金要通过多种渠道，加大对制造业技术创新、绿色发展、数字化转型等的支持力度。要统筹文旅康养产业发展专项资金使用，支持全省文旅康养产业高质量发展。加快落实国家减税降费政策，降低企业生产经营成本，为企业加大科技创新投入提供支撑。鼓励金融机构加快发展面向转型发展重点产业的知识产权质押融资、绿色金融、供应链金融、融资租赁等业务。完善政府性融资担保体系建设和中小微企业融资担保服务，支持政府性融资担保机构扩大产业融资担保业务规模。进一步完善多层次资本市场，加快推动企业上市、挂牌融资，提高企业转型发展的直接融资比例。加大对企业债券融资的支持力度，鼓励符合条件的企业发行公司债、企业债和短期融资券。大力发展私募股权投资、创业投资等，发挥政府产业基金导向作用，带动社会资本参与重大转型项目和工程。

2.加快承接京津冀区域协同发展溢出效应

推进跨区域、跨行业协同新机制探索，加强与京津冀地区的产业合作和贸易发展互动，提高承接京津冀地区协同发展溢出效应的能力。广泛嵌入区域分工链，加大煤机装备、轨道交通装备、新能源汽车制造、新材料制造等重点优势领域的合作力度，实现区域优势互补、共生共赢。依托各类制造业集群，举办专业化博览会、科研论坛等活动，集聚各类创新要素，促进与其他区域的合作交流。对标先进地区，复制推广管理体制等制度创新经验，精准解决产业转型在创新能力、激励机制、合作平台等方面存在的问题，在整体上促进山西与周边地区形成产业互补、要素互融、成果共享的协同联动发展新局面。支持省内同类、上下游相关产业龙头企业采取组成联合体或建立战略联盟等方式，组团在京津冀地区内开展投资合作。大力培育协商会、洽谈会、合作论坛、咨询委员会等多形式、多功能的非实体性合作组织，就企业产业链延伸、龙头企业投资等区域合作项目和领域同京津冀有关部门和企业进行广泛的研究、咨询、沟通，营造良好的区域合作氛围，促进形成合作共识。

参考文献

［1］董志勇、李成明：《国内国际双循环新发展格局：历史溯源、逻辑阐释与政策导向》，《中共中央党校（国家行政学院）学报》2020 年第 5 期。

［2］傅春、赵晓霞：《双循环发展战略促进新旧动能转换路径研究——对十九届五中全会构建新发展格局的解读》，《理论探讨》2021 年第 1 期。

［3］郭海霞：《国际产业转移视角下资源型地区产业结构优化研究——以山西省为例》，博士学位论文，山西财经大学，2017。

［4］国务院：《国务院关于支持山西省进一步深化改革促进资源型经济转型发展的意见》（国发〔2017〕42 号），2017 年。

［5］国务院发展研究中心课题组、马建堂、张军扩：《充分发挥"超大规模性"优势推动我国经济实现从"超大"到"超强"的转变》，《管理世界》2020 年第 1 期。

［6］刘帅：《山西资源型产业体系转型升级中的政府作用研究》，硕士学位论文，山西大学，2021。

［7］马秀贞：《把握经济增长新旧动能转换的三个视角》，《中国党政干部论坛》2019 年第 11 期。

［8］山西省人民政府办公厅：《山西省重点产业链及产业链链长工作机制实施方案》

（晋政办发〔2022〕59号），2022年7月22日。

［9］盛朝迅：《"十四五"时期推进新旧动能转换的思路与策略》，《改革》2020年第2期。

［10］孙晓华、郭旭、王昀：《产业转移、要素集聚与地区经济发展》，《管理世界》2018年第5期。

［11］习近平：《高举中国特色社会主义伟大旗帜 为全面建设社会主义现代化国家而团结奋斗——在中国共产党第二十次全国代表大会上的报告》，2022年10月16日。

［12］张明斗、吴庆帮：《资源枯竭型城市产业转型的复合架构与创新思路研究》，《厦门特区党校学报》2020年第3期。

［13］中共山西省委、山西省人民政府：《关于完整准确全面贯彻新发展理念切实做好碳达峰碳中和工作的实施意见》，2023年1月。

［14］中共山西省委、山西省人民政府：《山西能源革命综合改革试点行动方案》，2019年。

［15］中共中央办公厅、国务院办公厅：《关于在山西开展能源革命综合改革试点的意见》，2019年。

［16］周荣荣、李佳：《全要素生产率提升与中国经济增长新动能成长》，《现代经济探讨》2019年第9期。

［17］周小建、尹亚华、朱福敏等：《城市更新视域下推进大城市核心区高质量发展路径研究——基于深圳市罗湖区经济社会转型升级与发展的探索》，《价格理论与实践》2022年第12期。

B.7
山西优化能源资源收益分配机制研究

曹海霞　李　菲　张艳梅　王　鑫*

摘　要： 为全面贯彻党的二十大精神，深入贯彻落实习近平总书记对山西工作的重要讲话重要指示精神，全面落实能源革命综合改革试点任务，聚焦优化能源资源收益管理与分配制度，加大财政投入，加强财税金融政策联动，强化对牵引性、标志性、突破性重大项目的支持保障，全力支持"培育转型新动能、科技创新和人才强省行动、提升民生事业和公共服务水平、防范化解重大风险"等大事要事，全面推进全省经济高质量转型发展。

关键词： 能源资源　收益管理　收益分配　财政支出

山西是能源大省，煤炭产业是传统支柱产业，2022年煤炭产业增加值约占全省GDP的1/3，煤炭行业税收约占全省税收的70%，占全省一般预算收入的50%以上，可以说山西是典型的资源型财政，能源资源收益分配状况很大程度上影响了山西财政的收入与支出情况。近年来，受益于煤炭资源量价齐增，山西积聚了一定规模的能源资源收益，不仅有力支撑了经济社会发展，也为高质量转型提供了新动能。山西要紧抓机遇，把这些宝贵财富，更多、更快、更好地用到培育转型新动能、提升民生事业和公共服务水平、防范化解重大风险等方面。

---

* 曹海霞，山西省社会科学院（山西省人民政府发展研究中心）能源经济研究所所长，研究员，研究方向为能源经济与政策；李菲，国家税务总局山西省税务局税收科学研究所所长，研究员，研究方向为财税政策；张艳梅，山西省社会科学院（山西省人民政府发展研究中心）决策咨询委助理研究员，研究方向为财税与金融；王鑫，山西省社会科学院（山西省人民政府发展研究中心）生态文明研究所助理研究员，研究方向为低碳经济。

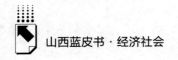

一 山西能源资源收益的变化特征及影响因素

山西省能源资源收益主要包括能源资源行业提供的税收收入、省属能源资源型国有企业的收益及上缴的国有资本收益、矿业权出让收益等，占山西财税收入的一半以上。对全省能源资源收益的变化特征及影响因素进行分析，将有利于进一步发挥能源资源潜能优势，全面推进资源型经济高质量转型。

（一）山西能源资源收益的变化特征

随着国内外能源经济发展形势的变化，制约能源收益的主要因素也发生了深刻的变化。根据近年来山西省能源经济运行情况，全省能源资源收益主要呈现以下变化特征。

一是财税收入对煤炭产业依赖度较强。煤炭行业税收收入是影响山西省能源资源收益的主要因素，受煤炭量价齐升的影响，全省财税收入对煤炭产业依赖度逐年提高。煤炭行业财政贡献度与行业税收、吨煤价格走势呈现趋同关系。2013~2016年，财税贡献度与税收、吨煤价格均呈现下降趋势；而在2017~2019年，三者呈现稳中有升的态势；到2021~2022年，三者同时呈上升趋势。进入2017年后，随着煤炭价格的上涨，全省煤炭产业税收贡献度保持在45%以上，特别是2021年与2022年，煤炭税收同比增长50%以上，占全省税收增收额的7成以上，煤炭产业对全省的税收贡献度进一步提高，保持在50%以上。

二是资源税仍是煤炭行业地方税收增长的主力军。煤炭行业的税收收入主要包括资源税、所得税、增值税，其三者所占比重超过煤炭行业总税收的90%。2018~2022年，煤炭开采和洗选业的资源税、增值税、企业所得税占行业总税收比例较为稳定，增值税年均税收占比基本保持在33.0%；所得税占行业税收比例保持在13%左右；资源税占行业税收比例最高，占比依旧保持在46%的水平。增值税、所得税作为共享税，对地方财政影响不及资源税；资源税作为地方税种，仍旧是煤炭行业地方税收增长的主力军。

三是矿业权出让收益收入波动递减。从2018年到2022年，山西省矿业权价款收入呈波动递减趋势，五年下降幅度超过100%，并且矿业权价款征收主要以存量矿为主，新增矿业权出让收益较少。矿业权价款收入的大幅减少，主要源于矿业权出让收益的大幅降低，这与全省近年来新设矿业权出让数量降低、企业管理经营能力较弱、欠征欠缴现象突出等因素有关。

四是能源资源型国有企业收益逐年上升，但债务率较高。随着全省省属企业的重组整合，省属资源型国有资本布局不断优化，能源产业集中度、企业经营效益均实现了提升。国企改革红利提升了省属煤企的税收贡献与国有资本收益。2020年全省省属能源资源企业战略性重组后，以焦煤、晋控为代表的能源资源型国有资本收益上交数额实现了大幅度的增长，税收贡献度也呈现逐年上升趋势，特别是2022年，全省省属资源型国有企业上交的税收总额占全省省属国有企业的70%以上。值得一提的是，虽然全省省属能源企业的盈利能力、营运能力在逐年增强，但与全国煤企平均水平相比较，全省省属煤企债务负担较重，偿债能力较差。通过上市公司财务数据可知，即使在煤价高企的2022年，全省省属煤企的资产负债率仍超过70%，远高于全国国有煤炭工业企业平均水平（58.6%）。

五是能源资源型民营企业收益呈现"盈亏不一"的局面。在能源资源领域，山西省以国有资本为主，民营资本占比较小。因此，能源资源型民营企业对全省税收的贡献度远小于能源资源型国有企业。近年来，随着煤炭价格的上涨，煤炭领域民营企业由于经营成本较低、执行市场价格机制且不承担保供任务，其税收与利润均呈现明显的上升趋势。得益于山西省不断加大煤层气勘探开发和增储上产力度，加快推进煤与煤层气共采，全省煤层气行业税收收入与利润也呈现出缓慢增长的趋势。与此同时，煤价上涨导致生产成本的增加，炼焦与电力行业的税收与利润却呈现下降趋势。

（二）能源资源收益影响因素分析

影响全省能源资源收益的因素较多，深入分析影响全省能源资源收益的影响因素，将有利于全省进一步完善能源资源收益管理机制，提高能源资源配置效率，变资源优势为经济优势。经调研，目前影响全省能源资源收益的因素主要表现在以下几个方面。

1.矿业权出让收益中增量占比较小

矿业权出让收益征收管理一直是矿产资源管理的重点问题。实践中煤炭矿业权出让收益欠征欠缴问题比较突出，矿业权出让收益年度预算完成率较低。由于矿业权出让收益以出让金额形式征收，企业取得矿业权后一般有3~5年基建期，"趸交"方式在前期占用企业资金量较多，造成企业"拿矿"热情不高，目前煤炭矿业权出让收益呈现逐年递减趋势，矿业权出让收益征收主要以存量为主，增量较少。此外，由于煤层气开采技术难度高加上煤层气企业盈利能力弱，制约了全省煤层气行业的发展，煤层气矿业权出让收益依然较低。

2.能源企业盈利能力偏低

一是国有资本收益与资产规模不匹配。省属煤企资产体量庞大，但盈利水平和国有资本收益上交水平与之不相匹配。山西省能源资源型国有企业普遍存在"大而不强"的问题，企业经营能力较弱，生产成本高居不下，债务负担较重，偿债能力较差，企业规模与盈利能力严重背离。省属煤炭企业矿井建设标准化程度高、安全环保投入高、人工成本高导致吨煤成本偏高，且省属煤炭企业严格执行国家增产保供稳价政策，执行煤炭售价远低于市场售价，向下游企业大幅让利，影响煤炭企业利润增长。

二是省属企业盈亏结构不平衡造成归母净利润过低。按照中央和山西省国有资本收益收取管理办法规定，省属企业国有资本收益按照集团经审计合并报表反映归母净利润的一定比例收取，省属企业集团在长期的发展过程中形成的股权格局导致优质企业大多为股权多元化企业，盈利需与其他股东分享，亏损企业大多为全资企业，亏损只能由大股东独自承担。2022年，省属企业实现归母净利润占净利润的比重不到 1/3。

3. 政策性让利以及其他征收管理环节的损失

山西省省属煤企多执行长协定价机制。2022 年，山西长协保供煤占煤炭总产量的 47.8%，剔除焦煤之后，全省长协保供煤任务量占到煤炭总产量的 55%。此外，山西省长协价调价周期长于其他省份煤企，价格滞后性较强，在煤价上涨阶段实际售价远低于市场价格，对山西省属煤企利润造成一定影响。在征收管理环节上，由于全省煤炭吨煤税负偏高，部分煤炭企业会选择在邻近的税收洼地中注册新公司、分公司、子公司或者整体迁移等方式，以此来享受周边税收洼地的税收优惠政策，造成区域间煤炭税源转移，进而导致全省相关税费的流失。

二　完善能源收益征收机制，有效集聚能源红利

山西省应积极争取中央财税政策支持，不断扩充国有资本收益收取来源，优化民营企业财会监督体系，通过健全能源资源收益长效管理机制来深挖能源资源潜能，确保全省能源收益稳定增长。

完善能源资源收益制度。一是完善矿业权出让收益机制。落实好国家《矿业权出让收益征收办法》，细化全省的矿业权出让收益征收管理制度。二是健全能源资源类产品价格形成机制。完善煤炭市场价格形成机制，健全煤炭中长期合同制，强化预期管理和价格监管，引导煤炭价格在合理区间运行。

完善国有资本收益收取机制。一是持续推进省属国企降本增效。不断提升国有资本运营效率和经营水平，为依法合规实现上交收益创造前提和基础。加强对煤炭企业全流程精益化成本管理，从生产、销售、材料投入、人工效率等多个环节入手，借助数智化平台，加强动态监测、考核引导和激励约束，推进省属国企提质增效。持续推进扭亏减亏，高标准落实扭亏减亏三年行动方案。二是完善国有资本收益收取机制。合理调整利润收入核定方式，建立国资预算对国企经营的正向激励和逆向倒逼机制。适当扩充国有资本收益收取来源，将国有独资企业特别分红纳入国有资本收益。建立省属企

业逐层逐级利润分配机制，以省属企业母公司利润分配作为上交国有资本收益的主要来源。建立会计信息质量提升长效机制。强化对本企业会计政策和会计估计事项的统一管理，严控各级子企业通过违规会计处理、滥用会计政策或会计估计变更等方式调节利润。从严落实审计整改，追缴企业因违规调节利润少上交的国有资本收益。

优化民营企业财会监督体系。出台进一步加强财会监督工作的意见，形成财政部门主责监督、有关部门依责监督、各单位内部监督、中介机构执业监督、行业协会自律监督的财会监督体系。加强财会监督队伍建设，加强会计信息质量和中介机构执业质量监督。提高监督效能。探索运用"互联网+"、大数据等现代信息技术手段，实现信息共享、成果共用，推动实施联合惩戒，做好财会监督与各类监督贯通协同。

积极争取中央财税政策支持。一是争取中央增加对政府专项债务支持。争取中央增加山西省政府专项债务限额，积极扩大资金投向领域，以重点项目建设为抓手，持续推动能源产业"五个一体化"融合发展。二是争取中央加大对减排降碳财政支持力度。建议中央进一步拓宽转移支付补助范围，将企业节能减排、新能源开发与消纳、资源型产业升级等纳入转移支付因素，并将"减排降碳"成果纳入转移支付标准，确保财政支持更加精准。三是争取中央加大对煤矿智能化改造的支持力度。争取中央将山西省纳入《关于延续西部大开发企业所得税政策的公告》政策执行地区，对煤矿智能化改造企业减按15%的税率征收企业所得税，并给予相应的资金扶持计划，积极开展"机械化换人、自动化减人、机器人换岗"，加强安全生产风险监测预警系统建设，提升山西煤矿安全生产水平。四是争取中央加大对生态环境保护修复的支持力度。积极争取中央对黄河流域生态保护和高质量发展的政策支持，充分利用好中央关于黄河流域水生态保护和污染治理补助资金、黄河全流域生态补偿机制建设引导资金，在流域生态补偿机制、减污降碳提质等领域谋划一批质量好、成熟度高的项目。加大对采煤沉陷区和历史遗留矿山生态修复项目的政策倾斜力度。建议矿业权出让收益给予开采地更多倾斜，支持开采地进行生态环境综合治理。

三 优化能源资源收益分配机制，提升财政支出效能

深入贯彻落实国家宏观调控政策，发挥跨周期和逆周期调节作用，坚持大钱大方、财力统筹、精细化管理、底线思维，创造性运用财金联动、政府采购等政策工具，形成有利于转型发展和人民共建共享、促进共同富裕的财政分配机制。优化政策组合工具，加强与货币、产业、科技、社会政策协调配合，形成政策合力，优化调整收支结构，通过支出端大力支持传统产业改造升级和新兴产业培育壮大，实现收入端新兴产业税收占比逐年提高。

（一）优化能源资源收益支出结构

抢抓"十四五"后两年重要窗口期，把能源资源领域积累的宝贵财富用于全力支持"培育转型新动能、科技创新和人才强省行动、提升民生事业和公共服务水平、防范化解重大风险"等大事要事，全面推进全省高质量转型。

实施支持培育转型新动能行动。坚持大钱大方，新增财力主要用于支持转型，建立现代产业体系。将支持产业转型作为支持转型发展的核心任务，支持"制造业振兴崛起工程、能源产业转型发展工程、文旅产业转型发展工程、现代农业转型发展工程、现代服务业转型发展工程"五大实体经济高质量发展。将支持制造业振兴作为支持产业转型主攻方向，支持传统优势产业改造、战略性新兴产业壮大、消费品工业"三品"提升、重点产业链培育、特色专业镇打造、开发区升级版建设、产业基础再造、绿色低碳转型、数智深度赋能、市场主体培育等十大行动。

实施支持科技创新和人才强省行动。安排省级建设补助经费支持重大科创平台建设，优先支持怀柔实验室山西基地等科研平台建设。通过财政资金引导更多金融机构、中介机构服务科技型企业融资需求。建设一批企业工程研究中心、技术创新中心，培育一批高新技术企业、科技"小巨人"、"专精特新"企业。集中力量打好关键核心技术攻坚战。提高省内优秀本硕博

毕业生留校比重。持续推动落实创业扶持政策。加大资金统筹力度，支持重大技术装备研发制造。

实施支持民生事业和公共服务行动。持续支持落实民生事业和公共服务领域的大事要事保障任务，通过落实就业优先政策、提高医疗卫生服务能力、健全社会保障体系、建设人人持证高技能社会等，全力支持民生事业高质量发展；通过支持重大基础设施工程、实施文化设施提升工程、建设高质量教育体系，健全基本公共服务体系；通过推进"两山七河一流域"生态保护修复、科学开展国土绿化行动、实施碳达峰山西行动，深入推进黄河流域生态环境保护；通过支持三大省级战略、五大平台建设和做优农产品精深加工十大产业集群，支持"三农"建设和乡村振兴战略。

实施支持防范化解重大风险行动。从能源资源收益中安排部分资金支持化解政府性债务。高度警惕房地产、金融等领域风险向财政转移集聚。支持化解金融系统风险。支持省农信社改革化险、城投融资平台化险，安排山西农村商业联合银行资本金。用好稳定发展基金，集中力量攻坚不良资产处置。完善金融资本管理制度，积极稳妥化解金融机构及衍生风险。切实防范财政风险。用好化债奖惩机制，引导和监督高风险市县尽快压减债务规模。

（二）持续提升财政政策效能

积极推进财政管理体系和管理能力现代化，在落实好国家积极的财政政策的基础上，适度加大财政政策力度，持续提升财政政策效能。

1. 在专项债投资拉动上加力

加快专项债券发行使用并扩大支持范围。聚焦落实黄河流域生态保护和高质量发展战略、争取地方政府专项债倾斜等重点领域。合理安排地方政府专项债券规模，适当扩大投向领域，持续形成投资拉动力。加大库款垫付力度，支持具备条件的专项债券项目提前开工或履行招投标程序，债券发行后及时回补。扩大调整项目许可范围，国家发改、财政两部门审核通过、急需建设资金项目可调整使用专项债券资金。专项债支持推动重点区域发展。省级安排区域发展战略专项资金，加快推动山西中部城市群一体化发展，支持转型综改示范区发展。适度超前谋划建设一批重大基础设施项目，加大政府债券保障力度，对重大项目给予专项债券优先支持。

专项债支持推动重点区域重大项目发展。持续做好项目谋划储备，围绕产业绿色转型、基础设施建设、生态环境保护、重大水利工程、乡村振兴等领域，加快储备一批比较成熟的专项债项目，做好"储备入库一批、发行使用一批、开工建设一批"。专项债券支持推进以县城为重要载体的城镇化建设，助推县域发展特色产业、完备市政设施、优化公共服务、改善人居环境，持续提升县城综合承载能力和居民生活品质，推动形成经济发展、人口集聚和财政增收的良性循环。加快推进太原区域消费中心、重要文化旅游目的地和全省'首善之地'建设，推动大同更好发挥对接京津冀协同发展桥头堡作用，建设科技成果转移平台、全国性交通枢纽和陆港型国家物流枢纽"等方面，需要加大专项债的支持力度。

创新专项债的发改、财政、金融多方联动机制。针对专项债难点堵点，建立财政发改会商审核、前期费补助、项目谋划专家团队指导、财政金融联动等服务保障机制，构建起项目前期管理、全周期绩效管理、超期收回、违规使用处理处罚和查处问责等全流程制度体系。一是强化在"专项债+项目贷款"、基金类、担保类和保险类资金等多方面合作，充分发挥财金联动叠加倍增效应。主动向金融机构推介项目，强化PPP模式与专项债配合。二是完善地方政府债券运行机制。加快上线专项债券项目穿透式监测系统，为管好用好专项债券、提高资金使用绩效打下良好的基础。精准管理专项债券项目信息。继续开展专项债券项目入库财政、发改两方联审，严格审核项目前期准备、债券资金需求、收支平衡能力、投向领域等内容。建立专项债券重点支持项目清单，对清单内项目，财政部门优先安排专项债券额度，先行调度库款垫付。债券发行前向银行点对点推送专项债券项目一案两书、披露模板等关键信息，鼓励银行跟进项目后续配套融资。三是积极推广"债贷"结合融资模式。甄别梳理"债贷"结合需求项目清单，实行债券项目"专项债"与"专项债+项目贷款"差异化运行，制定一揽子融资方案，发挥专项债券对信贷资金的撬动作用。四是探索发行绿色政府债券。探索研究绿色政府债券有关政策、标准，加强与发改、人行、环保等部门合作，储备绿色政府债券项目库，谋划全省 2023 年贴标绿色政府债券发行工作。优先安排绿色政府债券项目发行，激励金融机构参与认购绿色政府债券。

2. 在推动财力下沉方面加力

兜牢兜实基层"三保"底线。督促地方强化预算管理，腾出资金优先保障"三保"支出，促进基层财政平稳运行。持续增加省对下转移支付，并向脱贫地区和困难地区倾斜，推进基本公共服务保障标准体系建设，均衡区域间基本财力水平，促进基本公共服务均等化。加快养老、教育、医疗卫生等公共服务设施和农村道路等基础设施建设，补齐农村基本公共服务短板。

支持保障粮食安全，稳步提升粮食产能。足额保障粮食风险基金，筑牢粮食储备基础。加大粮食风险基金地方配套资金规模，确保粮食储备规模落实到位。确保省级储备粮油安全和承储企业正常运转。大力支持仓储设施建设，增强粮食收储能力。培育壮大粮食产业主体，重点培植一批成长性好、带动力强、有核心竞争力的产业化龙头企业。支持建设粮食质检体系。加大对产粮大县奖励，更好发挥政策性农业保险风险保障作用，夯实粮食安全根基。

支持扩内需、促消费、稳就业。加大社会保障和转移支付力度，多渠道增加居民收入，提升中低收入居民消费能力；支持实施县域商业建设行动，加强重点城市流通保供体系建设。鼓励有条件的地区对绿色智能家电、绿色建材、节能产品等予以适当补贴或贷款贴息。加快促进消费回暖升级。加大对中小微企业、个体工商户和生活困难群体的帮扶力度。对全省 A 级景区给予补助并预拨补贴资金。继续支持发放电子消费券和"爱心消费券"。延长汽车促销核补时间，持续促进汽车、家电等大宗商品消费。

有效投资带动全社会投资。支持"十四五"重大工程、交通、能源、水利、农业、信息等基础设施建设。着力发挥财政资金政策稳投资作用，着眼于打基础、利长远，大力争取中央基建投资、政府专项债券和政策性开发性金融工具，全力支持加快实施"十四五"重大工程和谋划实施重大项目。

加快推动雄忻高铁、中部引黄县域配套等重大项目建设，加快推动一批新开工项目，在项目策划包装、整合打捆上靠前服务，确保财政资金尽快落实到开工项目上。用好财政金融联动机制，加强政银企常态化对接，支持政策性开发性金融机构提前介入项目前期工作，同步量身定做投融资方案，确保财政资金、产业基金和银行融资等及时到位。

加力市场主体倍增行动。推进构建高标准市场体系，深入开展市场主体提升年活动，坚持"保主体、增主体、活主体、强主体"并重，全力支持打造十大平台。重点推动乡村 e 镇、文旅康养集聚区、高水平双创平台和农业产业化龙头企业四大平台建设。

支持国有企业和民营企业发展。持续深化国资国企改革，支持进一步优化国有经济布局，研究设立省属企业稳定发展基金，加大上市公司股权融资力度。推进中小企业和个体工商户发展。在财政补助、税费优惠、政府采购等方面对各类市场主体一视同仁、平等对待。全力支持民营企业梯度成长，加快推进个转企、小升规、规改股、股上市。整治违规收费问题，推动政府部门、事业单位等及时支付采购账款，坚决防止拖欠，不断优化营商环境。

（三）加大财政金融政策协同力度

完善重大项目财金联动机制。一是建立财政支持重点项目合作机制。充分发挥财政政策资金的桥梁媒介作用，与银行、担保、基金等金融机构建立财金联动机制，协调对口服务部门，通过信息推送、项目推介等方式，推动金融资本向实体经济特别是制造业企业流动。建立信息共享平台，向银行金融机构开放财政项目库、基金项目库的项目信息，打通信息"堵点"，实现优质项目信息实时共享、资源共享。探索对财政支持重点优质产业项目实施项目主管单位、基金、银行三方联审机制，实现财政资金、产业基金、银行贷款一体推进。鼓励金融机构通过贷款支持、金融创新产品等综合性金融服务，支持引领产业发展方向重点项目建设。引导金融机构进一步增加贷款投放，合理确定贷款期限，加大对水利、公路、生态修复、民生项目和战略性新兴产业等重大项目的支持力度。二是探索"大数据+信用融资"服务机制。支持建设"云会计"平台。引导会计服务机构建设"云会计"大数据服务平台,鼓励平台与金融机构对接,提升中小微企业会计信息质量,为金融机构开展征信评价和风险监控提供数据支撑。优化拓展"政采智贷"平台。依托政府采购合同,为中小微企业提供全线上"无抵押、无担保、更低利率、更短时间"的信用类融资服务。建立农业适度规模经营主体信用评价体系。积极运用涉农大数据信息技术,探索建立农业适度规模经营主体信用评价体系,从自然属性、经营状况、社会信用属性、外部环境等多个维度全面客观评价农业适度规模经营主体信用,为银行发放涉农贷款提供征信支持。三是完善普惠金融类定向补贴机制。给予农村金融机构定向费用补贴。给予银行业金融机构小微企业贷款风险补偿。完善小微企业贷款风险补偿资金使用管理,鼓励和引导银行业金融机构加大小微企业首贷、续贷、信用贷、中长期贷款投放力度。发挥中央财政支持普惠金融发展示范区奖补资金作用,切实引导普惠金融服务增量、扩面、降本、增效。鼓励示范区先行先试,引导示范区金融机构增加支农支小信贷供给,切实发挥示范效应和带动作用。

完善各类基金集聚带动机制。切实发挥政府产业投资基金效能,不断扩大政府产业投资基金规模,提高政府产业投资基金的领头带动作用,发挥好政府在优化产业结构中的作用。更好地发挥省级技术改造(新动能)基金、太行产业投资基金作用,支持传统产业提质升级、战略性新兴产业培育发展。依托产业优势项目,引导金融机构跟进投入,为产业发展提供资金支持。支持设立"制造业振兴崛起工程、能源产业转型发展工程、文旅产业转型发展工程、现代农业转型发展工程、现代服务业转型发展工程、科技创新人才强省"六项专项引导基金,尤其是支持重点产业链和特色专业镇企业股权融资,支持高端装备制造、新材料等重点培育具有发展潜力和后发优势的新兴产业发展。设立专业镇专项引导基金,支持扩大专业镇建设。培育壮大风投创投市场主体。在市级层面设立中小微企业信用保证基金,首期在山西省选择4个市作为试点,省级财政给予支持,引导金融机构为企业提供更多信贷支持,缓解中小微企业、"三农"及战略性新兴产业等市场主体融资难题。发挥乡村振兴产业周转金作用。引导金融资本进入乡村振兴领域，对符合条件的涉农企业和农业产业园区贷款，采取"委托贷款+银行自营贷款"运作模式。

完善担保资金协同发力机制。推进全省政府性融资担保机构市县一体化运营改革，支持4个试点市设立企业信用保证基金，着力解决市场主体融资难题。持续提高普惠型融资担保业务风险补偿标准，进一步降低融资担保费率，支持省再担保集团争取国家融担基金更多股权投资。加强全省政府性融资担保体系与银行业金融机构"总对总"合作，推动银担二八比例风险分担机制全面落地。健全农业担保体系，优化调整农业信贷担保贴息奖补政策，对农业信贷担保业务实行分级奖补并每年动态调整。完善创业担保财政政策，坚持实施更加积极的就业政策，以创业创新带动就业，对重点就业群体等创业担保贷款给予贴息。

完善财政金融风险防控机制。一是防范金融风险。全面履行国有金融资本出资人职责，压实相关方对金融企业穿透式监管责任。强化激励约束和责任追究，强化金融风险督导约谈管理，强化对金融企业风险管理工作绩效考核。制定金融企业投融资项目负面清单，规范资本运作，维护国有金融资产安全。实行董监事和出资人沟通报告制度，加强源头防范和过程管控。二是防范政府债务风险。开展政府专项债券项目穿透式监测，动态监控项目收支、运营、还本付息等情况。全面掌握市县融资平台公司存量债务情况，向金融机构定点推送符合政策要求的拟置换债务项目清单，开展债务风险联防联控。在符合政策要求的前提下，协调金融机构按照市场化、法治化原则合规适度向融资平台公司提供化债融资，缓释短期债务偿还压力。

探索财政新型融资支持模式。加大财政支持不动产投资信托基金（REITs）发展力度。对在山西省注册并成功发行基础设施REITs的原始权益人，分阶段给予补助。对新设立或新引进的优质公募REITs基金法人机构，按照实缴资本给予一次性补助，引导市场主体盘活资产融资。加大财政支持绿色金融力度。吸引社会资本流向绿色低碳领域，调动金融机构参与绿色低碳领域投融资的积极性。积极引入财政资金竞争性使用和分配机制。充分利用专项债券、财政注资贴息、产业投资基金、专项建设基金、国有企业"腾笼换鸟"等投融资工具，示范、引领、带动一大批社会资本投资转型项目。

（四）引导民间资本形成投资合力

引导支持民间资本投向产业转型。发挥重大项目牵引、政府投资撬动、财政资金引导作用，有效引导民营企业积聚的能源红利进入产业转型、公共服务、基础设施、生态环保、科技创新等领域。财政撬动和激励民间投资，通过地方债、财政贴息、财政担保、产业转型发展基金等政策工具，鼓励和吸引民间资本参与重大工程和补短板项目、重点产业链供应链项目、数字经济项目建设，发挥政府投资"四两拨千斤"的撬动作用。常态化向民间资本推介项目，支持民间资本通过参与建设、股权投资、合作经营、参与盘活存量资产、债权投资等多种方式参与国家重大工程、交通、能源、水利、农业、信息等基础设施建设和重点产业链供应链项目建设。持续开展产融合作，常态化组织"政银企"对接，综合运用基金、地方政府专项债、政策性开发性金融工具，全力支持项目建设。

引导民间资本参与制造业振兴。依托产业链"链长制"和特色专业镇两大抓手，引导优质民间资本积极参与一批投资带动大、科技含量高、示范意义强的制造业振兴项目建设。用好重点产业链培育资金，引导民营企业资本投向新一代电子信息制造、高端装备制造、新材料等战略性新兴产业重点领域、重点产业链项目。强化技改激励，推动民营企业实施数字化智能化改造、绿色低碳转型等技改提质项目。用足首批特色专业镇发展资金，吸引民间资本围绕公共服务平台建设、主导产业发展、市场主体培育等专业镇领域投资布局。

引导民间资本进入投资基金。引导民间资本进入政府产业投资基金，不断扩大政府产业投资基金规模，支持传统产业提质升级、战略性新兴产业培育、科技创新发展，撬动社会资本参与创业投资，实现资金二次放大，扶持民营企业做大做强。推动一批产业转型、公共服务、基础设施、生态环保、科技创新等重点领域的民间投资项目加快开展 REITs 试点，增强民营企业参与信心。

参考文献

［1］刘昆：《更加有力有效实施积极的财政政策》，《中国财政》2023 年第 5 期。

［2］本刊编辑部：《稳中求进扎实做好 2023 年财政工作——2023 年财政重点工作部署》，《财政监督》2023 年第 4 期。

［3］金湘军：《政府工作报告——2023 年 1 月 12 日在山西省第十四届人民代表大会第一次会议上》，《山西省人民政府公报》2023 年第 2 期。

［4］温来成、张庆澳：《有效运用专项债券　推动实现 2023 年经济发展目标》，《中国财政》2023 年第 4 期。

［5］韩彬、赵斌：《探索"专项债券项目+基础设施 REITs"扩大有效投资》，《清华金融评论》2022 年第 11 期。

B.8

山西煤炭增产保供和可持续发展研究

高剑峰　逯晓翠　郑玥*

摘　要： 在"双碳"目标和能源保供的新形势之下，煤炭在能源安全保障中"稳定器"和"压舱石"的作用更加凸显。在煤炭增产保供过程中，山西通过优存量、扩增量、抓接续、保安全等举措，坚决落实国家下达的煤炭增产保供各项任务，为保持煤炭供应稳定、稳定区域经济大盘发挥了重要作用。但在煤炭资源续接、矿区生态环境保护等方面也存在着巨大挑战。新形势下，应从优先保障国家能源安全供应、调整优化煤炭开发布局、协同发展煤炭及相关下游产业链、积极推进矿区绿色低碳转型等方面努力，有序推动全省煤炭行业增产保供和可持续发展。

关键词： 能源安全　绿色低碳转型　"双碳"目标　煤炭产业

能源安全是关系国家经济社会发展全局性、战略性的大问题。在我国"富煤、贫油、少气"的能源条件下，要夯实我国能源基础、端牢能源饭碗，必须在推动能源革命、构建新型能源体系的过程中，高度重视煤炭的兜底保障作用和可持续发展的基础，确保能源供给的稳定和安全。作为全国煤炭大省，从 2020 年以来，面对世纪疫情、能源安全新变化以及"双碳"转型战略要求，山西深入贯彻落实党中央"四个革命、一个合作"能源安全

---

* 高剑峰，山西省社会科学院（山西省人民政府发展研究中心）研究三部部长，研究员，研究方向为能源经济、产业经济；逯晓翠，山西省社会科学院（山西省人民政府发展研究中心）研究三部助理研究员，研究方向为能源经济、应用经济；郑玥，山西省社会科学院（山西省人民政府发展研究中心）经济研究所助理研究员，研究方向为区域经济、金融学。

新战略，坚决扛起保障国家能源安全的重大责任，履行职责、服务大局，积极做好煤炭增产保供工作，交出了圆满答卷。与此同时，山西煤炭产业因应形势环境和发展阶段的变化，在服务转型发展和高质量发展的大局中，不断丰富煤炭产业可持续发展的实践，拓展高质量发展的空间。

一 山西煤炭产业实现增产保供的基本情况及成效

2020年，山西省严格落实党中央、国务院一系列煤炭保供措施，在煤炭供给侧结构性改革取得重要进展、整体完成国家下达去产能任务的基础上，拉开了国内煤炭行业增产保供的序幕。以2020年抗击疫情为开始，相继经历了2021年国内能源需求快速增长、供给偏紧，2022年俄乌冲突促使全球煤炭贸易再平衡、我国煤炭进口量同比下降幅度较大等一系列重要变化，山西煤炭行业企业讲政治、顾大局、讲奉献，充分发挥国家能源支柱的责任担当，加快释放优质产能，全力增产保供，为保持煤炭供应稳定、引导市场价格回归合理区间、筑牢筑实能源保障坚固防线发挥了重要作用，作出了巨大贡献。

保障供给，供应了全国近半的原煤增加量。2020年到2022年，山西省规上煤炭企业完成原煤产量分别为10.79亿、11.93亿、13.07亿吨，连续3年保持全国各省区煤炭产量第一。与疫情前的2019年相比，3年来共增加产量3.36亿吨，每年的煤炭产量增加量平均为1.12亿吨，平均增速为10.4%，是同期全国原煤生产增加量7.1亿吨的47%，差不多扛起了全国煤炭增量保供的半壁江山。2023年，山西提出了在确保安全生产的前提下，力争全年煤炭产量达到13.65亿吨以上，增产不低于5%的目标。2023年前三季度，全省规上原煤产量10.14亿吨，同比增长6.1%，预计全年将继续创历史新高。

稳定市场，缓冲了能源市场的价格波动。2020~2021年疫情反复与经济恢复交织，叠加煤炭供需阶段性错配、低温寒潮天气等，煤价震荡上行且波动加大。2022年俄乌冲突引发国际能源价格大涨，对国内煤价形成上涨压力，动力煤阶段价格创多年来新高。与此同时，山西煤炭行业企业积极落实国家保供稳价政策，2021年以长协价完成16省区4356万吨电煤保供任务，合同完成率106.2%。2022年，全省签订电煤中长期合同6.2958亿吨，以低于市场价格的长协价保供全国24个省份，签约完成率101.5%，超额完成国家下达任务。2023年，全省签订电煤中长期合同6.3122亿吨，继续超额完成国家下达任务，2023年1~4月全省煤炭中长协履约率达95.13%。随着国家保供稳价政策效果体现，煤炭产量逐步释放，国内动力煤价格向合理水平回归。

经济护盘，带动了区域经济的合理增长。2020~2022年是山西服务全国大局、履行能源保供责任的三年，也是山西经济总量增长较快的三年。尽管执行长协价和增产保供的煤炭价低于市场价，相应减少了全省的煤企收入和财政税收收入，但山西省抓住了煤炭市场国外供给不足、国内需求转强的机遇，赢得了宝贵的窗口期红利，在国内普遍面临供给冲击、需求收缩、预期转弱的经济挑战下，取得了3年经济平均增速快于全国平均增速1.47个百分点的发展速度。在利用煤炭产业增产保供为稳定区域经济大盘、带动转型发展方面取得较好效果。

二 山西煤炭产业增产保供的主要做法

作为国家重要的综合能源基地和能源革命综合改革试点省，山西一直以来承担着保障国家能源安全的重大使命。面对国际能源供需形势复杂严峻的局面，煤炭在能源安全保障中"稳定器"和"压舱石"的作用更加凸显。山西省委省政府深入贯彻落实习近平总书记对山西工作的重要讲话重要指示精神，义不容辞地扛起能源大省政治责任，充分发挥煤炭在能源安全保障中的"国之大者"重要作用，坚决落实国家下达的煤炭增产保供任务。

（一）谋全局，统筹推进增产保供工作

高位推动工作，成立由省主要领导担任组长的全省煤炭增产保供和产能

新增工作专班，办公室设在省能源局，负责日常协调、督办工作。各市政府和省属煤炭集团公司相应成立由市长、董事长任组长的工作专班，细化任务清单，亲自负责、主动对接，统筹推进各项工作。制定工作方案，分解落实任务清单，明确了14个部门54项任务，把保供任务合理分解到各市、各煤炭集团，分解到月度计划，以日保旬、以旬保月、以月保季、以季保年，夯实产量基础。严禁煤矿企业擅自停产停工，严禁煤矿发生事故后搞"一刀切"式区域性停产整顿。

（二）优存量，科学合理组织现有生产能力

根据《山西省煤炭工业发展"十四五"规划》中公开的数据，到2020年底，山西省现有各类型煤矿890座。在890座煤矿中，可正常生产的占到八成以上。优化存量就是充分发挥这部分煤矿的生产能力，优化生产组织，有序安排设备检修，合理安排抽掘采作业，同步做好产运销衔接，做到有计划、按比例、可持续。同时加强对煤炭生产的调度监测，做到日调度、日分析、日汇报，及时解决煤炭生产和涉煤运输中的难点、堵点问题，对于出现的生产安全事故、煤矿检修停产等重大情况，采取针对性处置措施，积极挖潜现有产能。

（三）扩增量，推动煤矿加快释放产能

按照国家政策，有序开展产能核增，推进各项手续办理，推动煤矿依法依规释放先进产能。针对正在进行的增产扩产的矿井，强化资金、设备和人员保障，加快建设煤矿施工转产，多扩产、新投产等方式多措并举增加煤炭产能产量，加快释放先进产能，2021年山西省的核增煤矿的核增产能为7800万吨，核增煤矿的产能增幅为77%。2022年山西省的核增煤矿的产能为5530万吨，核增煤矿的产能增幅为49%。针对长期占用产能指标，但未作出产量贡献的停缓建、未开工矿井，实现采用重点推进、关闭退出等方式，分类处置。有序退出生产效率低、技术装备水平低、安全保障程度低、

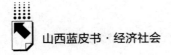

资源枯竭以及与生态敏感区、黄河流域禁采区重叠等不具备开工复工条件的资源整合煤矿，优化煤炭开发格局，推动行业高质量发展。

（四）抓接续，强化煤炭储备能力建设

推进"十四五"期间37个接续煤矿项目资源配置，有效补充全省煤炭生产能力。针对已经配置了相应矿业权的接续项目，落实煤炭产能置换方案，按规定报国家核准。针对未配置矿业权的，按照《山西省人民政府关于有序推进煤炭资源接续配置保障煤矿稳产保供的意见》（晋政发〔2022〕2号）要求，有序配置出让夹缝资源、边角资源和规划扩能资源，与核增产能煤矿相邻的夹缝和边角资源。进一步完善煤炭储备体系建设，由各市和各省属国有重点煤炭集团公司承担政府可调度煤炭储备能力，通过政府可调度煤炭储备能力建设，带动增加商业煤炭储备能力，带动煤炭企业储备能力建设，带动流通环节煤炭储备能力建设。

（五）保安全，提升增产保供安全保障水平

统筹处理好安全生产和增产保供关系，保证安全投入，加快推进煤矿智能化建设改造，不断提高煤矿安全生产保障能力和水平，杜绝以"超能力生产"代替"增产保供"。严格履约，落实好电煤中长期合同监管台账，强化运力沟通协调，确保电煤稳定安全供应。防范"重生产轻安全"倾向和产生松懈情绪，落实监管责任，完善安全生产责任制，一级抓一级，压实煤矿企业安全生产主体责任。强化隐患排查，在安全生产工作中不留空白、不留死角，保障煤炭安全生产形势持续稳定，守住安全底线。2021年10月，山西出现有气象记录以来最强秋汛，60座煤矿被迫停产。山西能源企业经安全风险评估后迅速复产，全力增产增供。

（六）重协调，保煤保电一体化推进

铁路是煤炭运输的主要方式，铁路部门坚持对电煤实现优先运输政策，

根据市场的需求，加强主要煤运的通道组织，让电煤运输畅通无阻，全力保障发电供热用煤运输需求。山西还发挥数字化服务优势，最大限度增加坑口自提与汽运煤发运，保障了周边区域的电煤高效供应。山西既是煤炭生产大省，也是电力外送大省。山西坚决贯彻落实党中央、国务院决策部署，保煤保电一体推进，省内省外整体谋划，电力供应一体推进，保元旦、春节、全国两会、冬奥会、党的二十大等重大节日、重大活动用电需求，保京津冀、长三角重点地区用电需求，保迎峰度夏、迎峰度冬重点时段用电需求。2022年迎峰度夏期间，山西外送电通道达成满功率支援兄弟省份，首次送电到四川、甘肃、上海，晋电外送省份增加到22个。全省全年净外送电量达1463亿千瓦时，占全省发电量的35%，同比增长18.55%。2023年前三季度，外送电量1168.1亿千瓦时，同比增长10.9%。增产保供以来，山西煤炭产能、产量、电煤供应和电力外送实现大幅增长，创历史最高水平，圆满完成国家下达的煤炭增产保供各项任务，全力保障了国家能源稳定供应，有力支撑了经济社会发展。

三　山西煤炭产业增产保供的经验和启示

山西作为全国的煤炭大省，全省上下，全力以赴，顺利完成了近年来的保产增产任务。2022年9月，"山西省强化煤炭增产保供保障能源安全"被国务院办公厅作为第九次大督查发现的典型经验做法给予通报表扬；2023年3月，国家发展改革委向山西发来表扬信，对山西在冬季能源保供期间高质量完成各项保供任务提出表扬。在保产增供中主要的经验启示有以下四个方面。

（一）提高思想认识是关键

山西煤炭产业的增产保供，是在保障国家能源安全的大背景下，党中央、国务院赋予山西的重大政治任务，事关国家经济发展全局和人民群众切身利益，面对百年未有之变局，山西作为煤炭大省，立足全国、勇于担当，充分发挥煤炭兜底保障作用，强化能源保供，作出了重要贡献。在"全国一盘棋"的大国规模优势下，山西在煤炭增产保供过程中，可以更好地发挥能源资源原材料产业等比较优势，发挥工业体系较为完备的基础优势，不断提升产业基础和产业链现代化水平，推动企业深度参与全国乃至全球产业分工和合作。在服务国家大局中持续提升产业链分工地位，在服务和融入新发展格局中发挥更大作用，凸显地区优势。这是既利于国家，也利于山西的大事。

（二）以国有企业为主体的供给体系是核心

能源领域是事关国民经济运行和国计民生的重要领域，是国有企业发挥担当作用的重要行业。在这次增产保供中，山西形成了以省属煤炭集团为保供主体，国有企业和民营企业协力保供的格局。各能源企业主动担当，积极履行社会责任，签订责任书，科学安排，强化组织，按照"应保尽保、凡保必签"的要求，坚决落实长协定价机制，落实中央煤炭保供稳价要求，带头稳定煤炭价格。2022 年，每天平均约 23 万产业工人日夜奋战在井下一线，奋战在增产保供第一线。

（三）供给侧结构性改革和产业升级是基础

2020 年下半年开始的增产保供是建立在 2016 年开始的供给侧结构性改革的基础之上，建立在山西省持续不断地推动煤炭产业转型升级的基础之上。正是由于在供给侧结构性改革中"去产能"效果开始显现，煤炭市场供需得到改善，企业经营困难状况得到缓解，山西煤炭企业才有了在增产保供中发挥作用的经济余地。正是由于持之以恒地推进煤炭产业升级，不断提高科学产能、先进产能占比，才积累了通过提供核增产能快速提高煤炭供给的基础。作为煤炭大省，山西是去产能和产业升级的主战场，也是最大受益者。今后，要提升山西煤炭产业发展环境、发展质量、发展效益，仍然要持续推进供给侧结构性改革和产业升级。

（四）政府和市场发挥好各自作用是保障

煤炭产业的增产保供，是一场非常态情况下的经济动员组织实施，在此过程中政府作用、国有企业的作用得到了充分的发挥。增产保供体现在市场供需双方的中长期协议中，价格有政府指导，也有一定的浮动空间，一定程度上保护了供需双方的利益。通过行政手段在一定程度上可以起到应急作用，但只有有效市场和有为政府更好地结合，才能保持煤炭供需高效协作，保持煤炭产业的可持续发展，保证煤炭能源回到稳产稳供的常态。

四　煤炭增产保供以及可持续发展中存在的挑战

保障经济高质量发展和我国能源消费增长的刚性需求，必须强化以化石能源为基础的自主可控综合能源保障体系。在一定时期内，煤炭仍将是我国主体能源，但占比逐渐下降趋势与兜底保障作用将同时并存，未来一段时期煤炭将由增产保供转变为稳产稳供常态化。山西省煤炭增产保供发展取得了较大成就，但必须立足长远，从煤炭产业可持续发展的角度考量增产保供、稳产稳供的问题，必须增强忧患意识、责任意识，认清问题，在化解矛盾、应对挑战上取得突破性进展。目前，山西省增产保供、稳产稳供的主要挑战有以下四个方面。

（一）资源优势逐步弱化与资源接续方面存在的挑战

山西省煤种全、质量优，但随着煤种间替代技术不断发展，山西省煤种优势逐渐淡化；并且随着上组煤资源逐步接近枯竭，下组煤硫分、灰分的增加让煤质优势逐步弱化；全省埋深 1000 米以浅煤炭资源查明率已达 95%，尚未利用的资源多在中深部，随着开采水平持续向下延伸，开采条件趋于复杂，开采成本逐渐增大，与内蒙古、陕西、新疆等地区相比，煤炭产品竞争力下降；随着内蒙古、新疆煤炭外运新通道和特高压输电通道逐步建成投运，山西靠近全国消费重心的区位优势也在逐步弱化。资源优势的弱化将会逐步推高煤炭保供稳供的成本。

在煤矿企业的煤炭资源续接方面，也存在着一些制度上的障碍和资源上的支撑不足。资源上的支撑不足主要表现在于，随着近三年来的增产保供，山西现有煤矿的增长潜力已经被充分发掘，今后，煤矿的持续高强度生产，将大大缩短矿井的服务年限，导致现有生产矿井的生产潜力不足，可持续保障的生产能力不足。制度上的支撑不足主要表现在，原有的开发秩序的确立、矿井产能审批、资源配置审批核准等环节，相对于生产开发的现状和现实需求相对凝滞，资源整合的后续遗留问题亟须分类处置，盘活各种经济要素。

（二）产业结构与企业效率存在着很大的改进空间

长期以来，煤炭产业的可持续观念主要聚焦资源的永续利用，随着能源革命的深入推动和"双碳"目标的明确，我国经济增长需求对煤炭资源的保障服务有了相对清晰的时间线，对延缓资源枯竭的战略考量将逐渐被能源供给的成本和效率所取代。影响煤炭供给成本降低和效率提升的主要因素有以下两个方面。

产业结构方面，资源可持续的产业结构仍待继续优化。与其他重点产煤省份相比，山西省煤矿主体企业和煤矿数量仍然偏多，单井规模偏小，产业集中度还需进一步提高；千万吨煤矿和大型煤矿占比较小，优质先进产能占比仍需进一步提高；煤矿劳动用工多、生产效率低，加快智能化建设和减人提效势在必行；产业结构性矛盾依然突出，煤炭产业升级任务艰巨。

企业方面，山西煤炭开采历史悠久，大部分国有煤矿企业都是从20世纪五六十年代的矿务局或地方企业发展至今形成，为我国经济社会发展作出了重要贡献。这些老企业都面临着由资源逐步枯竭、煤炭开采条件逐步趋于复杂等因素造成的开采成本上升问题。另外，由于煤炭多年来一直是山西省的主体产业，煤炭企业承担了巨大的社会责任，历史欠账较多，职工养老、人员安置等方面负担较重，造成省内煤炭企业财务、管理费用较高，直接提升了商品煤综合成本，降低了企业盈利能力。

（三）资源开发强度和规模的提升给生态环境和安全造成了极大挑战

大规模地下资源持续性开发，意味着给资源开发地带来的环境生态问题和安全生产挑战与日俱增，这是无法改变的客观事实。2018~2022年，山西省原煤产量由8.93亿吨增加至13.07亿吨，累计增幅达到46.3%。煤炭开发的规模和强度的提升给煤炭产业和可持续发展带来了很大的挑战。

安全生产方面，随着全省煤矿开采深度增加，开采地质条件日趋复杂，瓦斯、水害、地压等自然灾害威胁更加严重，到2020年底，全省高瓦斯和煤与瓦斯突出矿井有281处，水文地质条件复杂矿井49处。特别是重组整合矿井存在地质资料不实、已关闭小煤矿老空区积水积气不明等情况，治理难度较大，多种灾害和安全风险交织叠加，安全生产难度大，防范化解重特大事故任务艰巨。

矿区生态环境保护方面，煤炭项目建设与水资源紧缺、水土流失、节能减排矛盾加剧，煤炭开发引发的地下和地表水系破坏、地表沉陷、瓦斯排放等对生态环境构成较大影响。煤炭生产造成的生态环境扰动，对省内环境保护工作产生了巨大挑战；塌陷、破坏和煤矸石等损毁和违法占用土地情况仍旧存在，村庄搬迁、棚户区改造等负担较重，历史遗留的区域性生态环境问题依然突出。

（四）在"双碳"背景转型下，大规模开发形成的刚性供给体系面临着可持续发展的较大隐忧

我国经济发展已经步入高质量发展阶段，从能源消费侧来看，拉动能源消费增长的主要动力将从高耗能产业向新兴产业、服务业和生活用能转变，第二产业能源消费需求增速持续下降，居民用能将随着新型工业化和城镇化的加速发展有所提高，但总体来说增速放缓是长期趋势。能源消费的减速换挡将对煤炭产业带来直接冲击。煤炭产业是一个资产专用性很强的行业，大规模产能意味着大规模的投资、就业岗位和固定资产，意味着巨大的体系刚

性和巨大的转型代价。在"全国一盘棋"的能源保障格局中，山西煤炭产业承担着"压舱石"和"稳定器"的作用。在低碳转型前景已经明确的前提下，短期看，必然伴生着市场波动幅度加大、波动频率提高，对煤炭产业冲击加大的现象；长期看，必然存在着产业和区域的接续发展的后顾之忧。在长期专注于供给保障职责的同时，如何在系统层面解决好短期的市场波动问题，以及护盘兜底的企业和区域在逐渐退出中所存在的公正转型问题，考验着煤炭产业可持续发展的韧性、弹性和竞争力，也考验着山西省转型发展的推进和成效。

五　在应对煤炭增产保供中的挑战和可持续发展中的改进方向及重点任务

围绕"煤炭增产保供与煤炭产业可持续发展"所提出的关键问题和方向，谋划新形势下煤炭可持续能力的提升，可形成如下三种类型的政策组合框架。

一是在宏观层面，要形成满足国家宏观经济运行需求，保障能源供给安全和能源转型平稳的政策组合。

要根据矿区的资源条件、开发潜力、区位特点、市场范围和能源消费结构，科学确定开发节奏和退出时序，为资源枯竭矿区产能转移和矿井接续提供基础，持续提升煤炭产业基础能力和产业现代化水平，要综合考虑资源赋存禀赋、开采技术条件、安全生产形势等对煤矿实行分类管理，根据市场供需形势，设定煤炭产能弹性释放阈值和等级，实现煤炭产能由刚性管理向弹性管理转变。要深入开展煤炭与新能源、可再生能源协同耦合发展的模式创新，力争打开煤炭在未来新能源结构中的生存发展空间。

二是在区域经济层面，要坚持分工原则，形成支撑和带动产业转型、解决就业问题、有利于制度性开放和健康营商环境形成的政策组合。

要坚持经济学的分工效能思维，防止转型任务层层传递的分解谬误，煤炭企业要坚持聚焦煤炭主业，通过煤炭企业给全省所带来的资源优势、能源优势以及煤炭红利来吸引市场资源在社会层面解决产业转型以及就业问题，要通过招商引资、促进制度性开放在省属煤炭企业的层次之外逐步消化和解决大企业的转型问题。

三是在微观经济层面，要形成保持企业竞争力、避免生态环境问题外部化、成为市场波动的灵巧适应者的政策组合。

要高度关注煤炭产业开采条件在于与内蒙古、陕西甚至新疆的产煤区域的比较中日益扩大的先天性竞争劣势，包括资源开采深度加大、资源优势丧失、运输上的区位优势被取代等，要高度关注山西煤炭企业在企业负担沉重、人员多、资产负债率偏高的后天性竞争劣势。要通过持续深化供给侧结构性改革、深化企业内部改革的途径，赢得与国内同行业的效率竞争、成本竞争。主要改进和完善的重点任务包括以下八个方面。

第一，优先保障国家能源安全供应，立足能源基地建设，补短板、强弱项，完善推进煤炭储备体系建设，提高能源供给保障能力，确保能源安全稳定供应。

一是加快产供储销制度体系建设。提高煤炭供给质量和效率，增强煤炭稳定供应、市场调节和应急保障能力，建立与山西省经济发展相适应，多元主体、多种品类、多种形式、健全完善的煤炭产品储备体系；依托市场主体开展政府储备，保障关键品种、关键区域、关键时段产供需平衡；适时灵活动用储备增加市场供应，充分发挥煤炭产品储备稳预期、防风险的基本功能。到2025年全面建立组织有力、保障有效的煤炭安全储备制度，储备规模更加合理、结构更加优化，煤炭供给质量显著提高，为促进全省经济平稳运行和有效满足国家应急用能需求提供坚强支撑与保障。

二是健全煤炭保供基地机制。以三大基地为框架，成立各基地保供专班。落实最低最高库存制度，建立监测预警应急机制，完善煤炭资源储备及应急调度机制，统筹协调非常规情况下煤炭生产、供应和运输。发挥大型煤炭企业对煤炭供应安全兜底保障骨干作用，统筹考虑煤炭资源配置。强化预测预警，按照供需波动风险、区域性突发风险、系统性冲击风险等设置预警级别，建立应急响应机制。

三是构建煤炭智慧物流体系。全面推进煤炭、焦炭等年货运量150万吨以上的大型矿区企业以及大型物流园区、交易集散基地铁路专用线新建、改扩建，有效衔接铁路干线路网，不断完善综合运输网络。以煤炭长距离运输"公转铁"为主攻方向，扩能改造新建货运铁路沿线战略装车点和铁路干线主要编组站设备设施，大幅提高既有铁路综合利用效率。积极拓展多式联运，中短途采用管廊和新能源车辆，鼓励发展煤炭集中箱运输，加快推进铁海公集装箱多式联运示范等项目建设。加强物流基础设施建设和衔接，以晋北、晋中、晋东三大煤炭基地以及被纳入京津冀及周边地区、汾渭平原的重点城市为主战场，布局建设煤炭智慧物流园区。通过物联网、大数据、云计划、人工智能等现代信息技术整合煤炭供应链上下游资源，促进煤炭物流行业的集成应用。

第二，调整优化煤炭开发布局，统筹资源禀赋、市场区位、环境容量、输送通道等因素，布局建设山西煤炭绿色转型供应保障基地，推动煤炭产业结构升级，深化供给侧结构性改革，加快国家已核准重点煤矿建成投产，有序建设接续矿井，加快建设煤矿分类处置，提升优质产能比例，提高供给体系质量。

一是加快释放先进产能。大力建设现代化大矿井，特别是千万吨级现代化矿井，加快国家已核准重点煤矿建成投产，有序核增生产煤矿优质产能；持续提升煤炭生产集约化、规模化、现代化水平，在保障能源稳定供应的基础上，以解决历史遗留问题为主，适度配置煤炭资源，保障煤矿正常接续，积极推进新建煤矿项目核准。

二是持续倒逼过剩产能出清。坚持供给侧结构性改革主线不动摇，持续化解煤炭过剩产能，由总量性去产能向系统性去产能、结构性优产能转变。综合运用市场化和法治化手段，通过政策支持引导，倒逼过剩产能退出，置换建设先进产能，实现新旧动能转换。核减长期不达产煤矿、关闭资源枯竭长期停缓建煤矿，为先进产能建设腾出市场空间。

三是着力提升煤炭产业集中度。着力做强做优专业化战略重组后的晋能控股、山西焦煤，加大力度支持推进晋能控股建设成为在国内乃至全球具有举足轻重地位的高科技、高效率、智能化、现代化、环境友好型现代能源企业。通过兼并重组等方式，进一步提升产业集中度，促进山西能源优势真正形成拳头，真正实现优势真优、优势更优、优势长优。

第三，构建煤炭产业延伸发展新格局。抓住"国家资源型经济转型综改试验区""能源革命综合改革试点"政策机遇，着力抓好煤炭清洁高效开发利用，推进煤炭及相关下游产业协同发展。

一是协同发展煤电一体化产业链，坚持输煤输电并举，积极推进煤电一体化发展，在现有基础上，推进电力外送基地建设，提高省内电力消纳能力，推动产业结构优化升级。切实发挥煤炭绿色转型供应保障基地作用，改变传统煤电一体化项目简单叠加的建设模式，瞄准世界一流标准创新突破，带动全省电力产业低碳绿色发展。

二是有序发展煤化一体化产业链。围绕煤炭清洁转化利用，有序发展现代煤化工，深挖煤炭产业潜能，着力延伸产业链条，稳步推进高硫煤清洁利用和油化电热一体化应用示范。推动焦化产业绿色发展。推进焦化龙头企业通过购买产能、合资合作、产权流转、股权置换等方式实施产业链价值链并购重组，提升产业规模实力。加快推进大型焦化转型升级项目以及化产精深加工项目建设，推动产业链向高端延伸突破。

第四，实施科技创新驱动战略，加强关键技术攻关、核心装备自主研发和重大科技示范工程建设；加快推动智能化技术与煤炭产业深度融合，分类分级开展智能化煤矿建设，提高劳动生产效率。

一是煤炭科技创新驱动。坚持科技创新驱动发展，加强煤炭产业基础研究和技术攻关，引领煤炭开采向"高效率、高安全、高水平、低损害、低排放、低伤害"的"三高三低"方向发展。加强煤炭重大技术装备研发和制造，推广适用性高可靠性强的自动化、智能化技术装备，实现煤矿高效集约化开采。

二是煤炭数字一体化融合发展。坚持数实融合、数智赋能，加快煤炭企业"数字化、网络化、智能化"推进步伐，对具备条件的生产煤矿加快智能化改造，实现传统煤矿的智能化转型升级；推行新建煤矿智能化设计，创新煤矿智能化采掘（剥）新模式。推动灾害严重煤矿加快智能化建设，率先提升智能化水平。实现地质保障、开拓设计、采掘（剥）、运输、通风、洗选物流等系统的智能化决策和自动化协同运行，井下重点岗位机器人作业，露天煤矿实现智能连续作业和无人化运输。

三是提高劳动生产效率。制造、推广、应用先进技术和装备，积极引导煤矿优化井下布局，大力推行"一矿（井）一面""一矿（井）两面"生产模式，简化生产系统，强化劳动组织管理，切实提高煤炭全员工效，通过加快智能化建设，进一步强化减人提效。

第五，积极推进绿色低碳转型，牢牢守住生态保护红线，因地制宜推广绿色开采，加强矿区生态环境治理与修复，推动煤炭共伴生资源综合利用，分类施策推进矿区绿色转型。

一是有序开展煤炭绿色开采。以绿色转型发展为引领，在现有绿色开采试点的基础上，统筹煤矿有序推进煤炭绿色开采。对煤层水威胁严重等存在突出威胁的煤矿应采用保水开采；对开采有煤（岩）瓦斯突出危险煤层的煤矿必须实行煤与瓦斯共采；对煤炭采空区（废弃矿井）大力推进煤层气抽采；对条件适宜的矿井积极推广无煤柱沿空留巷或沿充留巷开采，提高采区回采率；对建筑物下、水体下、铁路下等压煤和边角煤等区域，宜优先选用充填开采。

二是促进绿色开采技术应用多元化。加快总结绿色开采试点，煤矿取得的经验技术成熟一个、推广一个，促进试点中取得的经验技术逐步推广。同时，统筹做好绿色开采和智能化建设应用创新和技术融合，消除技术壁垒，因地制宜、因矿施策，将智能化技术应用到充填开采等绿色开采技术各环节、全过程，力争在开展绿色开采试点的煤矿同步推进智能化建设改造。

三是加强生态友好矿区建设。因地制宜开展沉陷区土地复垦和生态修复，完善矿区生态补偿机制，生产矿井严格执行边开采、边复垦原则，及时开展沉陷区生态恢复，引导和支持社会投资主体从事矿区生态保护修复。支持和鼓励煤炭企业通过多种技术途径提高煤矸石综合利用水平，推进固体废物减量化、资源化、无害化，大力推进绿色矿山建设力度，新建和在建煤矿必须全部达到绿色矿山建设标准。

第六，助力碳达峰碳中和实现，严格落实碳达峰碳中和决策部署，促进减污降碳协同增效。

一是实施煤炭产业与新能源一体化发展。按照"风光水火储一体化"发展思路，顺应新能源快速发展趋势，摸清退出矿区的空间资源、产权归属、转型现状等基本情况，鼓励充分利用采煤沉陷区、工业场地、排土场、巷道等地上地下空间资源及配套设施，有规模有效益地发展风能、太阳能、生物质能、地热能、氢能等新能源，因地制宜发展抽水蓄能、压缩空气储能，发挥退出矿区在新能源发展中的积极作用。

二是推进煤炭产业清洁与降碳技术一体化发展。加快实施煤电节能降碳改造、灵活性改造、供热改造"三改联动"，推动煤电向基础保障性和系统调节性电源并重转型，支撑新能源安全可靠替代。推动煤炭由燃料向原料转变，探索多种方式提高煤炭转化效率，探索煤炭转化与绿氢、绿氧、绿电耦合利用，降低单位产品煤耗和碳排放，提高综合利用效率，建设碳中和示范矿区，探索具有山西特色的 CCUS 技术发展和产业应用路径。

三是大力发展矿区循环经济。加大矿区煤矸石、煤泥、煤矿瓦斯、矿井水等资源化利用力度，提高资源综合利用率，支持煤矿企业开展综合利用新技术、新工艺和新装备研发，积极拓展综合利用新途径和新领域。

第七，提升煤矿安全生产能力，牢固树立安全发展理念，健全完善安全生产责任体系，夯实安全生产基础，加大煤矿重大灾害超前治理力度，加强应急救援体系建设，防范遏制各类安全事故。

一是持续深化煤矿重大灾害治理。严格落实煤矿安全风险分级管控和隐患排查治理双重预防机制，持续深化瓦斯灾害治理，加大瓦斯抽采力度，坚持先抽后建、先抽后掘、先抽后采，预抽达标，大力推进瓦斯抽采全覆盖工程，不断提高瓦斯综合治理能力；全面推行煤矿防治水分区管理制度，有效防范和遏制水害事故；进一步强化重大灾害事故防治。

二是健全安全责任长效机制，建立横向到边、纵向到底的安全生产责任体系，狠抓煤矿安全生产监管，推动企业主体责任落实，促进煤矿安全生产形势持续稳定向好。完善煤矿安全生产法规制度及标准化体系，推进安全生产工作关口前移，建立健全安全风险分级管控和隐患排查治理双重预防工作机制，完善重大隐患查处报告制度，为安全生产提供制度保障。

三是加强应急救援体系建设，利用物联网、大数据等技术，推进煤矿安全监控系统升级改造，提高煤矿安全监管能力，构建煤矿作业场所的事故预防及应急处置系统，全面推进灾害预防和综合治理。

第八，建立健全煤炭市场新体系，充分发挥市场在资源配置中的决定性作用，更好地发挥政府作用。依托中国太原煤炭交易中心，充分发挥数字化平台在交易、物流、金融等方面的功能，服务实体经济，完善煤炭中长期合同制度，推进煤炭市场交易过程数字化、交收过程智能化、服务体系生态化、监管方式多元化、煤炭金融便捷化。

一是推进交易过程数字化，推进煤炭销售、采购、仓储、物流在线化，支持煤炭交易平台、智慧营销平台、智慧物流平台发展，促进企业数字化转型，通过"互联网+"的主动融合创新，推动形成大数据中心，从而实现资源整合共享、价值链条延伸、业务全局统筹、销售模式升级、客户满意提升等，实现全省煤炭资源统一上线交易，建立高效敏捷阳光的现代供应链服务体系。

二是建立物联网、数字化煤炭物流供应链体系，推动煤炭智慧物流发展。推进基础设施数字化改造，通过5G、物联网、大数据、人工智能、数字孪生等技术规模化集成应用，实现运销数据实时采集、统计分析和自适应优化决策能力，强化业务场景数据建模，提高生产效率和管理水平，实现作业现场全要素、全过程智能化，为财政、税务、能源、交通、治超、市场监管、金融监管等部门发挥数据池作用。

三是推进监管方式多元化。建立全省煤炭运销大数据平台，将全省煤炭运销企业统一纳入平台监管，完善中长期合同制度，出台合同签履约管理办法，建立联合激励惩戒制度，实现从行政监管、总量控制向数字监管、方向引导转变，对标运销数字化转型工作，统一数据格式、统一平台技术、统一监管职能、统一跟踪评价考核，加强事中事后监管，建立公正、规范、有序的煤炭运销监管新体系。

参考文献

［1］中国煤炭工业协会：《2020 煤炭行业发展年度报告》，国家煤炭工业网，http：//www. coalchina. org. cn/uploadfile/2021/0409/20210409091212292. pdf。

［2］中国煤炭工业协会：《2021 煤炭行业发展年度报告》。中国煤炭网，http：//www. coalchina. org. cn/uploadfile/2022/0330/20220330101509904. pdf。

［3］中国煤炭工业协会：《2022 煤炭行业发展年度报告》，新浪财经，https：//finance. sina. com. cn/esg/2023-04-01/doc-imynuwyu4274360. shtml。

［4］林武：《2021 年山西省政府工作报告——2021 年 1 月 20 日在山西省第十三届人民代表大会第四次会议上》，山西省人民政府网，https：//www. shanxi. gov. cn/szf/zfgzbg/szfgzbg/202102/t20210208_ 6090391. shtml。

［5］蓝佛安：《2022 年山西省政府工作报告——2022 年 1 月 20 日在山西省第十三届人民代表大会第六次会议上》，山西省人民政府网，https：//www. shanxi. gov. cn/zfxxgk/zfcbw/zfgb2/2022nzfgb_ 76593/d2q_ 76595/zfgzbg/202202/t20220218_ 6090392. shtml。

［6］金湘军：《2023 年山西省政府工作报告——2023 年 1 月 12 日在山西省第十四届人民代表大会第一次会议上》，山西省人民政府网，https：//www. shanxi. gov. cn/szf/zfgzbg/szfgzbg/202301/t20230131_ 7894563. shtml？ eqid＝8e90fc8b00655dcb0000000264293af2。

［7］《山西省能源局　山西省发展和改革委员会关于印发〈山西省煤炭工业发展"十四五"规划〉的通知》，山西省能源局官网，https：//nyj. shanxi. gov. cn/zfxxgk/fdzdgknr/ghjh/202303/t20230315_ 8156748. html。

［8］《山西省人民政府办公厅关于印发山西省煤炭增产保供和产能新增工作方案的通知》，山西省人民政府网，https：//www. shanxi. gov. cn/zfxxgk/zfxxgkzl/fdzdgknr/lzyj/szfbgtwj/202207/t20220712_ 6683652. shtml。

B.9
山西建设高标准市场体系研究

梁正华 李 峰 王 鑫*

摘 要： 建设高标准市场体系，是促进经济高质量发展的重要支撑。近年来，山西省持续推进现代市场体系建设，在培育壮大市场主体、完善要素市场化配置、提升市场基础设施公平、规范市场运行秩序等方面均取得了一定的进展。本研究全面阐释了山西省高标准市场体系的发展现状与主要问题，提出在立足当前山西实际的基础上，适应建设全国统一大市场的要求和新技术新业态发展趋势，加快建设高标准市场体系，激发各类市场主体和各种生产要素的活力，为山西省实现高质量发展、蹚出转型发展新路提供内生动力。

关键词： 市场体系 市场主体 要素市场化改革 山西

市场体系是社会主义市场经济体制的重要组成部分和社会主义市场经济有效运转的基础，建设高标准市场体系是加快完善社会主义市场经济体制的必然要求。改革开放特别是党的十八大以来，我国市场体系建设取得了巨大的成就，对经济发展和社会主义市场经济体制建设起到了重要的支撑和基础作用。党的二十大报告提出，构建全国统一大市场，深化要素市场化改革，建设高标准市场体系。改革开放已经走过 40 多年，进一步深化社会主义市

---

* 梁正华，山西省社会科学院（山西省人民政府发展研究中心）研究一部部长，研究员，研究方向为宏观经济与产业政策；李峰，山西省社会科学院（山西省人民政府发展研究中心）生态文明研究所所长，研究员，研究方向为生态经济；王鑫，山西省社会科学院（山西省人民政府发展研究中心）生态文明研究所助理研究员，研究方向为产业经济与低碳经济。

场经济体制改革需要新的目标和方向，即建设高标准市场体系。近年来，山西在深化改革开放进程中围绕这一目标做出了积极努力，取得了一定成效，但还存在一些短板和弱项。今后应当进一步加大力度，全面推进建设高标准市场体系，为开创全省高质量发展和现代化建设新局面提供强劲动力。

一 山西省高标准市场体系发展现状

建设高标准市场体系是加快完善社会主义市场经济体制的目标方向。近年来，山西持续推进现代市场体系建设，在培育壮大市场主体、完善要素市场化配置、提升市场基础设施水平、规范市场运行秩序等方面均取得了不同程度的进展。

（一）市场主体增量提质

市场主体日益壮大。山西深入实施市场主体倍增工程，精准推出促进市场主体倍增"1+N"支持政策，常态化开展入企服务活动，滚动实施高新技术企业倍增计划，全省市场主体结构持续改善，数量逆势增长。截至 2022年 12 月底，全省市场主体总量 397.89 万户，同比增长 26.1%，其中新登记各类市场主体 103.8 万户，同比增长一倍。①

大宗商品优势明显。全省商品市场的特点是大进大出，消费品大规模输入，能源原材料等大宗商品大规模输出。作为全国重要的综合能源基地，山西在建设煤炭、电力、煤层气交易市场方面进行了积极探索。中国太原煤炭交易中心是国内交易量、交易额、注册交易商均领先的煤炭现货交易市场，中国太原煤炭交易中心发布的统计数据显示，2021 年交易量达 8.1 亿吨，是陕西煤炭交易中心（2.6 亿吨）的 3.1 倍、内蒙古煤炭交易中心（0.8 亿吨）的 10 倍。山西电力交易中心是省内唯一独立的电力交易机构，电力"中长期+现货"交易走在全国前列。山西是全国焦炭生产第一大省，2021

---

① 《2022 年山西省市场主体发展报告》，山西省市场监督管理局，2023 年 6 月。

年全国焦炭产量为4.64亿吨,山西为9857.2万吨,占全国的21%,是内蒙古（4657.9万吨）、陕西（4320.8万吨）、河北（4057万吨）的2倍多。山西煤层气资源丰富,初步形成了较为完善的煤层气产业链,正在积极筹建煤层气交易中心。

消费品市场相对完善。山西商贸流通体系日趋完善,消费品市场新业态、新商业模式不断涌现,个性化和多样化消费渐成主流,市场规模逐步扩大,消费结构不断升级。山西省统计局数据显示,2021年,全省社会消费品零售总额7747.3亿元,比上年增长14.8%,比全国高2.3个百分点。升级类产品销售旺盛,全年全省限额以上消费品零售额中,可穿戴智能设备、新能源汽车零售额分别增长1.5倍、98.2%。

农产品交易市场加快建设。近年来,山西大力实施农业"特""优"战略,高位推进农产品精深加工产业集群,积极构建"南果、中粮、北肉"出口平台和"东药材、西干果"商贸平台,积极打造成为内陆地区农业对外开放发展的集聚区。2021年,山西农产品加工销售收入完成2620亿元,同比增长20%。

电子商务快速发展。全省形成了一批国家级、省级电子商务示范城市、示范基地,太原市、大同市成为国家级电子商务示范城市,太原市高新区有2家电子商务园区成为国家级电子商务示范基地,山西贡天下电子商务有限公司等3家企业成为国家级电子商务示范企业。各类电子商务市场主体蓬勃发展,全省网络零售监测平台店铺数量达到43.0万家。

（二）要素市场化改革不断深化

土地市场化配置改革稳步推进。山西深入推进土地要素市场化改革,严格落实"增存挂钩"机制,深化"批而未用"土地专项清理和节约集约利用专项考核,支持脱贫县增减挂钩节余指标易地交易,启动集体经营性建设用地入市。

劳动力市场建设积极推进。全省扎实推进各类劳动力市场、人才市场、零工市场建设,为劳动者和用人主体提供政策咨询、岗位供求、技能培训、职业介绍、招工用工登记等"全链条"服务，全面满足劳务供需双方需求。

资本市场健康发展。山西资本市场总体运行稳定，上市公司、证券基金期货经营机构、私募基金管理人等各类市场主体运作规范，资本市场直接融资持续增加，证券交易额逐年持续增长，证券交易活跃程度进一步提升。资本市场直接融资规模从 2018 年的 1490.76 亿元增加到 2021 年的 2118.65 亿元，年均增长超过 10%，呈现逐年攀升态势。[①] 截至 2022 年 3 月底，全省境内外上市公司 48 家（其中，A 股上市公司达到 41 家，全国排名第 21；港交所上市公司达到 7 家）。新三板挂牌公司 84 家（其中，基础层 62 家、创新层 22 家）。

数据市场快速发展。山西积极打造算力枢纽，5G 设施、数据中心、工业互联网等加快建设。数据市场方面，基本建成集约共享的政务云平台以及工业云、能源云、智慧旅游、智慧医疗、国资监管等大数据平台，积累了丰富的数据资源。

（三）市场环境和基础设施优化提升

市场基础设施水平大幅提升。全省 11 个市实现高铁动车全覆盖，与京津冀、西安、郑州等形成三小时高铁圈；高速公路覆盖 11 个市和 113 个县（市、区），并通达全国主要城市群、经济圈；机场形成"一干六支"布局，基本形成以干线机场为基础，以支线机场为支撑的航空物流网；太原成为首批国家物流枢纽，晋中获批首批国家骨干冷链物流基地，全省建成大型物流园区和配送中心 200 多个。供应链创新与应用试点有序推进，全球不锈钢供应链生态港重点工程、中国太原煤炭交易中心供应链平台加快建设。初步建成高速、移动、安全、泛在的信息基础设施体系，全省已建成 5G 基站 4.6 万座，太原国家级互联网骨干直联点开通，12 个工业互联网标识解析二级节点加快建设，百度云计算（阳泉）中心、秦淮数据中心、吕梁高性能云计算中心等重点项目建成运行，从数据存储到算力支撑的"新基建"能力

---

① 张巨峰：《山西资本市场去年直接融资首破 2000 亿元》，《山西日报》2022 年 2 月 22 日。

初步形成。

市场环境逐步优化。知识和技术市场快速发展。山西逐步完善知识产权政策法规体系，知识产权服务业集聚区建成运行，中国（山西）知识产权保护中心通过国家知识产权局验收并有效运行。山西省统计局数据显示，2021年，全省三种专利授权37379件，同比增长37%；每万人口发明专利拥有量5.58件，同比增长1.16件；商标注册量69498件，同比增长44.72%。市场准入持续放宽。近年来，山西持续深化准入制度改革，建立"放宽市场准入政策落实"工作机制，提高企业开办效率，推动企业注册、公章刻制、发票申领、社保登记、公积金登记等各环节业务同一平台"一站式"办理。公平竞争审查取得新进展。近年来，山西加强公平竞争审查机制建设，制定了公平竞争审查第三方评估、投诉举报等制度。持续加大反垄断执法，在全省范围内开展制止滥用行政权力排除、限制竞争执法专项行动。市场对外开放水平持续提高。全力打造内陆地区对外开放新高地，开放平台不断完善，对外合作不断深化，开放通道建设步伐加快，持续深化通关便利化改革，贸易投资便利化水平不断提升，开放制度环境持续优化。"十三五"期间，全省货物贸易进出口总额从2015年的147.2亿美元增至2020年的218.7亿美元，实际利用外资94.3亿美元，对外直接投资15.2亿美元，对外开放迈上新台阶。[①] 全省积极复制推广自贸试验区经验，加快建设跨境电商综合试验区，推动中欧班列常态化开行，开放平台体系不断完善。

（四）市场监管体系不断完善

全省统筹推进"双随机、一公开"监管，持续优化"互联网+监管"，开展企业信用风险分类管理，实施包容审慎监管，制定市场监管领域包容免罚清单、自由裁量权适用规则、行政处罚裁量基准等，推动建立严格规范、公正文明、裁量有度的法治化营商环境，监管体制机制进一步完善。

[①] 《山西省"十四五""一带一路"开放型经济发展及对外开放新高地建设规划》（晋政发〔2021〕37号），2021年8月20日。

二 山西省市场体系建设存在的主要问题

当前，全省现代市场体系已初步建立，但是与高标准市场体系统一开放、竞争有序、制度完备、治理完善的建设要求相比，仍存在明显差距。具体表现在，市场主体质量有待提升，要素市场化配置的体制机制还需进一步完善，市场准入、竞争、退出等关键环节的基础性制度保障还存在短板，市场监管与开放还不能完全适应新阶段新需要。

（一）市场主体质量不高，发展环境亟待改善

市场主体质量不高。山西市场主体质量不高主要表现在市场主体活力不足，创新激励机制不畅，原始创新能力不强。一方面，国有企业开展自主创新的激励机制不完善。国有企业内部激励约束机制仍有待完善，部分企业还存在内部人控制、利益输送等问题，导致一些国有企业有创新条件而缺乏创新积极性。另一方面，民营企业获取创新资源的能力不强。民营企业在融资信贷、吸引创新人才、参与成果转化等方面仍面临一些体制性的约束，导致一些民营企业有创新动机而缺乏创新资源。

营商环境亟待改善。全省近年来在改善营商环境上做了大量工作，但与市场的需求、企业的诉求、群众的期盼仍有一定差距，政府部门内部之间衔接不畅，政企沟通缺乏畅通渠道，市场主体的信任度、亲清政商关系通道还没有完全打通；地方保护、各种隐性壁垒不同程度存在；融资难融资贵融资慢问题仍普遍存在，制度建设、标准规范存在短板；有些监管理念和管理模式滞后，无法适应新经济发展特点等。

市场主体创新能力较弱。随着我国经济发展进入提质增效的新阶段，创新已成为结构调整和产业转型升级的第一动力。全省煤炭等大宗商品市场的区域影响力、全国影响力、国际化程度严重不足，对全国统一大市场的价格影响力十分微弱，与资源型产业优势不匹配。高质量发展在企业发展方式上的重要体现就是发展由以要素驱动为主转向以创新驱动为主，随着要素成本

不断上升，这种动能转换的迫切性也不断加强，全省大量传统市场主体将面临越来越大的转型升级压力。

部分市场还不统一。全省煤炭资源尚未实现在中国太原煤炭交易中心平台统一上线交易。2021年，交易中心平台煤炭交易量完成8.1亿吨，去除省外部分，省内上线量8亿吨（其中，铁路7.25亿吨、公路0.75亿吨）。根据省能源局相关数据，全省商品煤销量10.4亿吨，在交易中心平台上线率为76.92%，尚未实现全省全覆盖。中国太原煤炭交易中心与全国煤炭交易中心存在业务竞争关系，从2021年开始，国家发展改革委在煤炭中长期合同签订、履约等文件中多次直接点明"全国煤炭交易中心"，并由其负责相关工作。同时，全国煤炭交易中心通过电话、短信等方式，与山西煤炭相关企业直接联系，营销山西企业直接在其平台上线，再加上业务上的不断延伸，已对全省煤炭交易市场产生了一定的负面影响。

（二）要素市场配置效率不高，市场机制不健全

土地制度改革尚不完善。党的十八大以来，经过土地流转制度、承包经营制度、集体经营性建设用地制度、宅基地使用制度等一系列制度改革，全省农村土地市场配置效率不断提高。但相较于劳动力、资金等其他要素市场化改革进程，土地要素市场化改革仍然偏于缓慢，制约着城镇化质量的提高与乡村振兴战略的贯彻落实。其具体表现，一是城乡统一的建设用地市场尚未形成，农村经营性建设用地除部分试点外流转程度较低，在具体流转实践中存在诸多困难。二是农村土地产权权能缺失，土地流转机制不健全，农民权益得不到保障，影响土地利用效率，撂荒、"空心村"等现象频发，农业生产力难以完全释放。三是城市土地供应实行双轨制，土地价格呈现"一高一低"，即经营性用地价格高，工业用地价格低，严重偏离土地价值。四是土地批租制度不完善，"招拍挂"制度实施以来，协议出让的工业用地仍占比较大，影响土地利用效率。五是土地使用管理制度不规范，现行土地使用制度是造成"土地财政"的直接原因，土地管理中的目标偏离公共利益，

不利于政府职能的转变。

户籍制度改革不到位。2019年5月，山西出台了《关于全面调整放宽户口迁移政策的通知》（晋政办发〔2019〕33号），统一了全省范围内的落户政策，全面取消了全省落户限制。但在实施过程中还存在一些问题：全省小城镇吸引力不强，造成部分进城务工人员不愿进城落户；由于现行农村土地优惠政策等原因，乡村人口可以更好地享有宅基地使用权、土地承包经营权、集体收益分配权等惠民政策，出现一些退休职工、进城务工人员等城镇人口"倒流"农村落户的现象；全省不同体制的劳动力市场分割明显，劳动力在垄断行业和竞争行业之间缺乏流动性；城市劳动力市场尚未形成稳定的吸纳农村剩余劳动力的就业机制，且劳动社会保障体系还不健全，在一定限度上制约了农村劳动力的自由转移，并严重地影响了人口跨地区的流动。

多层次资本市场建设滞后。全省直接融资规模占比偏低，债务融资具有较强的顺周期性，在经济下行时获贷难度加大，甚至面临抽贷、断贷的窘境，易引发金融风险，不利于实体经济的健康发展；大量的股权资本被定增占用，对于数量庞大的中小微企业而言，由于区域股权市场的挂牌公司数量不多，交易活跃度低，融资功能发挥有限，其融资难问题并未得到根本性解决，服务实体经济功能不强。

创新要素配置低效。一是高质量科技成果来源不足。以技术合同交易额为例，全省技术合同交易额虽然呈逐年递增趋势，但是2020年和2021年在全国的排名分别为第26和第23，在中部六省排名两年均为倒数第1。二是科技创新投入不足。2021年，全省R&D经费投入251.9亿元，投入强度为1.12%，全国R&D经费投入27956.3亿元，投入强度为2.44%，全省R&D经费投入占全国的0.9%，投入强度较全国水平低1.32个百分点。三是科技成果转化服务能力不足。技术转移中介机构偏少。目前，全省共有6家国家技术转移机构，全国共有425家国家技术转移机构，全省占比1.41%。成果转化人才队伍不够。科技成果转化职业技术人才及服务团队缺乏，难以满足科技成果转化运营的需求。企业科技成果转化活力不足。大中型国有企业科技成果转化率不高，中小企业吸纳科技成果能力较弱，小微企业融资能力有限，企业自身技术创新能力不足，承接科技成果转化的水平较弱，影响了科技成果与市场的对接。

信用信息归集有待加强。全省统一的金融服务平台运行不畅，信息交流机制不够完善，信用相关信息数据的开放机制尚未完全形成，支持银行发放信用贷款的大数据支撑作用有限。目前涉企信用信息的收集共享存在发展改革部门的山西省信用信息共享平台、省金融办和人民银行推动的"信通三晋"地方征信平台两种模式，两个平台数据的对接整合还有待加强，尚未实现互通共享。

（三）市场体系基础制度存在短板，市场准入"名松实严"

产权制度建设滞后。当前涉及自然资源资产产权、知识产权、数据产权的产权法律体系不完善，导致确权不清，不利于相关资源或要素的有序流转。例如，在知识产权领域，大企业采用"模仿复制+大规模投资+高薪挖人"的方式侵犯中小企业知识产权的现象时有发生。与此同时，中小企业维权时间较长、成本较高，即便维权成功，获得的赔偿也非常有限；在数据产权保护方面，相关产权保护制度还不健全，互联网平台对个人信息数据强制确权容易造成对个人数据信息的滥用与侵权。不同所有制经济产权保护存在不平等现象。在一些地区和特定行业，由于产权属性不同，民营企业受到歧视的情况较为普遍。部分民营企业产权纠纷案件久拖不决，难以及时依法处置。

市场准入"名松实严"。全国统一的市场准入负面清单制度已经实施两年多了，但隐性壁垒仍然存在。首先，对市场准入负面清单制度的认识理解有待提升。由于市场准入负面清单的社会知晓率尚不够高，从市场准入隐性壁垒问题征集结果来看，市场主体对隐性壁垒问题反馈不够准确，运用市场准入负面清单维权意识不够强。其次，相关配套制度还不够健全。全省市场准入负面清单制度仍尚未全面彻底地融入行政审批各个环节。最后，地方保护行为依旧盛行。地方政府采购或招标容易倾向于本地骨干企业或招商引资的重点企业；区域壁垒未完全消除，一些地方通过设置不合理的行政许可，以重复检查或双重标准妨碍跨区连锁经营等行为。

（四）市场监管体系不完善，监管效能未能充分发挥

多头监管和监管空白并存。在一些业务有交叉的领域往往存在多头监管问题。多头监管下，不同部门各自出台的规定或政策一旦存在分歧，企业就可能无所适从。由于部门直接信息沟通不畅，各个部门可能对同一项监管工作重复检查，为应对同一监管事项企业需要付出多重成本，加重了企业负担。而在一些新兴领域，由于政府监管的滞后性，往往出现监管空白的问题。在监管空白领域，往往存在市场主体无序竞争、市场秩序混乱以及环境污染等负外部性的问题。

宏观调控政策和监管政策功能混淆。监管政策有时候承担了一定的宏观调控职能，通过"运动式"监管来实现宏观调控目标时有发生。如果某一行业成为重点监管对象，短时间内各类机构纷纷上门监管，直接影响企业的正常生产经营活动。"运动式"监管之下决策部门与市场之间缺乏政策沟通机制，在市场出现预期之外的变化之后往往缺乏科学的应急预案，结果导致市场的正常调节机制难以发挥作用，也不利于市场体系方面的长期制度建设。

传统监管体制难以适应新模式。数字经济发展对推进市场监管综合、协同提出了更高要求，互联网平台监管面临更加复杂和多变的情形，使得一些传统的监管规则、工具手段和治理方式难以有效处置。数字经济的监管问题不仅涉及市场的有序竞争，也会涉及用户的隐私权、选择权、知情权等保护问题。隐私保护水平、数据安全在很大程度上已取代价格成为数据市场经营者进行竞争的重要维度。因此，市场监管机构需要具备综合监管能力，统筹运用反垄断法、民法、隐私法、数据保护法、消费者权益保护法等法律体系和综合工具对数字经济予以更科学、更规范、更完整、更有效的监管。数字生态系统呈现出跨行业、跨地域融合竞争，复杂性、模糊性市场行为和先进性、隐蔽性技术手段等特征，使得传统的分级管理、分片管理、分业管理等监管体制难以适应。

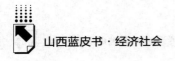

三 建设山西高标准市场体系的政策建议

建设高标准市场体系是加快完善社会主义市场经济体制、服务和融入新发展格局的内在要求，必须立足山西实际，适应建设全国统一大市场要求、新技术新业态发展趋势，加快建设高标准市场体系，激发各类市场主体和各种生产要素的活力，为山西省推动高质量发展、蹚出转型发展新路提供蓬勃的内生动力。

（一）加快推进市场基础制度建设

健全产权保护制度。完善产权执法司法保护制度，完善涉企产权保护案件的申诉、复查、再审等机制，依法严厉打击危害非公有制企业的刑事犯罪；加强各种所有制经济产权保护。完善经营性国有资产产权管理制度，健全自然资源资产产权制度和法律法规，深化农村集体产权制度改革，全面依法平等保护各类市场主体，严肃查处各类侵害市场主体合法权益的行为；强化知识产权保护。细化知识产权创造、运用、保护制度规则，建立高效的知识产权综合管理体制。

完善公平竞争制度。强化竞争政策基础地位，建立公平竞争政策与产业政策协调保障机制。全面落实公平竞争审查制度，规范审查程序。开展强化竞争政策试点，建立违反公平竞争审查制度问题线索举报绿色通道。破除地方保护和区域壁垒。鼓励全省各市、县发挥自身比较优势，避免过度重复建设和同质竞争，不搞"小而全"的自我小循环，及时废除含有地方保护、行政垄断等妨碍统一市场和公平竞争的政策。

（二）拓展优化市场空间和环境

深入实施市场主体倍增工程。持续推动放宽市场准入，鼓励民营企业进入基础设施建设运营、生态保护修复、公共服务和公用事业等领域。推动负面清单制度全面融入行政审批各环节。出台山西转型综合改革示范区放宽市场准入特别措施，争取在太忻一体化经济区等开展放宽市场准入试点；大力打造市场主体集聚平台。推行产业链链长制，加快建链延链补链强链。着力打造开发区、文旅康养小镇、网络流量平台、特色商业街区等各类平台。建设全省统一的涉企政策云平台，整合优化应用场景，推动由"企业找政策"向"政策找企业"转变；提高市场主体活跃度。支持中小型企业向"专精特新"方向发展，加快成长为"小巨人"、单项冠军企业。支持龙头骨干企业提高资源配置能力、市场占有率和核心竞争力。

提升消费品市场环境。加强品牌培育保护。健全商标注册管理制度，加快培育山西工业高端品牌，推动品牌连锁便利店企业发展，不断做新做活"中华老字号""三晋老字号"，持续做强山西文旅康养品牌，加强区域公用品牌培育认定工作。强化消费者权益保护。完善消费者投诉举报、信息公示、结果反馈评价等机制。探索设立线上线下消费维权服务站，健全消费纠纷网上立案、网上诉讼机制。积极打造消费中心城市。加快建设一批区域性消费中心，规划布局一批重点服务业及消费设施项目，新建改造一批特色商业街区、消费商圈、夜间经济集聚区，打造集新兴业态于一体的时尚消费地标，积极策划开展各类全国性、区域性的主题消费活动、大型展会等。

持续优化营商环境。推进"承诺制+标准地+全代办"一体化改革。借鉴浙江模式，推出"标准地"数字地图，实现企业在线选地，推进"标准地"改革从工业用地向生产性服务业拓展。创新拓展"全代办"内涵方式，打造"一项目一方案一清单"审批服务，发挥政策叠加效应，提高招商引资和项目建设效率；打造"7×24小时不打烊"政务服务超市。借鉴浙江省"浙里办"的经验做法，支持"三晋通"升级扩容、提升服务功能，推动政务服务全程网办；深入推进"一件事一次办"改革，整合推出一批"企业全生命周期""自然人全生命周期"服务事项清单；提高"一枚印章管审批"服务水平，进一步减少环节，整合材料，缩短期限，优化流程。

（三）深化要素市场化配置改革

深化经营性土地要素市场化配置改革。建立城乡统一的建设用地市场。

统筹城乡建设用地增减挂钩节余指标，强化省、市、县三级补充耕地指标调剂管理，建立区域性耕地占补平衡指标、增减挂钩指标交易市场。稳慎推进农村集体经营性建设用地入市。推进土地全域综合整治。对城市范围内的旧城改造、城中村改造等土地整理项目，农村范围内的田、水、路、村综合整治以及未利用土地、废弃地开垦等项目，进行全域规划、全域设计、全域整治。建立低效用地盘活利用机制。持续开展"批而未用"土地专项清理，以存量土地消化处置核算产生新增建设用地计划指标总量，倒逼市县持续盘活存量土地资源。推动盐碱地等改造利用。建立政府、社会、企业共同参与的盐碱地改造、土壤治理市场化机制。将第三方治理作为主导模式，培育盐碱地改造、土壤污染修复等领域市场主体。

推动人力资源有序流动。深化户籍制度改革，推进山西中部城市群五市户口通迁和居住证互认。全面实施居住证制度，探索以居住证为载体的公共服务转移接续、共享机制。完善人才支持政策和服务机制。构建"高精尖缺"人才开发目录库，鼓励通过猎头机制引进急需人才。制定具有吸引力的引进和留住人才政策，把外引人才享有的优惠政策扩围至本土培养的优秀人才。提高人才服务水平，以用户思维做好人才住房、公共服务、创新创业生态等工作。建设完善全省人才服务云平台，推进国家和省级实验室等重大创新平台博士后工作，研究制定外籍人才来晋工作便利化服务措施。加快培育高素质技术技能人才。推广"双元制"职业教育，推进"双高计划"院校建设，支持产业园区、专业镇等参与职业院校办学，健全高技能人才政府补贴制度，构建产教训融合、政企社协同、育选用贯通的高技能人才培养体系，打造数量充足、技艺精湛、结构合理的新型蓝领队伍，壮大有文化、懂技术、善经营、会管理的新型乡土人才队伍。

促进资本市场健康发展。发展壮大非银金融机构。支持省内证券经营机构通过资本市场融资、引入战略投资者等提升资本实力，支持证券公司来晋设立分支机构。引导保险资金通过股权、债权等方式投资山西交通、通信、能源、水利等领域重大项目，投资科技型中小企业，参与企业重组改制等。鼓励支持省级资产管理平台运用投行思维，加强资产估值、收购处置、资产运营、风险管控等能力建设。培育资本市场机构投资者。支持优秀私募机构来晋注册经营。推动行业协会和省内相关单位积极搭建私募机构与企业项目的产融对接平台，支持在区域性股权市场开展私募基金份额转让。推动企业上市融资。充分发挥本土券商、区域性股权市场作用，提升企业资产证券化水平。培育一批技术能力强、综合效益好的企业，壮大上市后备资源库。推进企业上市倍增计划，力争到2025年境内上市公司达到80家，新三板挂牌公司突破150家。加快数智化金融基础设施建设。加速推动建设更有效率的支付结算系统、金融资产交易系统、数据征信系统和数智化管理运行系统，推动数据要素实现多向赋能。

发展数据要素市场。积极推进数字产业化。加快培育壮大电子信息制造、软件、大数据等数字产业集群，积极搭建数据产品和服务体系，大力培育数据服务型企业和大数据应用企业，加快建设以太忻一体化经济区为重点的数据流量谷。大力推进产业数字化。加大制造业数字化改造力度，加快推进农业、建筑业、服务业数字化转型，大力发展智能制造、智能建造、智慧农业、智慧文旅等。加快推进山西大数据交易平台建设，积极建设全国性或区域性数据中心、行业数据资源平台，鼓励设立社会性数据经纪机构。加快推进数字政府建设。持续构建交通、教育、卫健、社保、就业等社会民生领域数据开发利用场景，拓展智慧城市、数字乡村、基层治理等方面应用。深入开展全省政务数据普查，建立公共数据资产确权登记和评估制度，健全公共数据定向开放、授权开放管理制度，加快推进政务数据开放共享。强化数据安全管理。建立健全数据全生命周期安全技术管控体系，健全数据分类分级保护制度，明确行业主管部门、数源单位、用数单位等的安全管理责任，推动数据安全管理规范化、标准化。

积极发展中介服务市场。依法降低中介服务准入门槛，除国家法律法规明确规定的资质资格许可外，其他各类中介服务机构资质资格审批一律取消。重点培育一批服务专业化、发展规模化、运行规范化的科技中介示范机构。支持会计师事务所、律师事务所、咨询公司、资产评估公司等中介机构高质量发展。打造中介服务网上超市。建立网上中介服务平台，促进中介服务信息互联互通。规范中介服务市场行为。实行服务要素公开承诺，推动中介机构公开服务条件、流程、时限、收费标准等，构建公开公平、竞争有序、诚实守信、执业规范的中介服务市场。

（四）推动生态资源优化配置

提升能源综合交易服务平台能级，建设辐射全国的煤炭交易中心。依托中国（太原）煤炭交易中心，推动本省所有煤炭经营主体统一上线交易，探索建立晋陕蒙煤炭交易联合体，编制发布中国（太原）煤炭价格指数。打造具有全球竞争力的焦炭交易服务平台。编制焦煤焦炭全品种指数、山西地方煤指数、化工产品价格指数，吸引焦煤、焦化、钢铁等头部企业参股，打造"线上支付结算+供应链金融"的大宗商品交易模式，构建以焦煤产业链为中心的金融生态，适时发展期货交易。打造深度融入国家电网的电力交易中心。推广山西电力现货建设制度经验，积极参与制定全国现货交易规则。主动参与区域市场建设，参加跨省绿色电力交易，拓展电力外送空间。

有序推进矿业权市场化配置，探索完善矿业权竞争出让方式。煤炭资源配置坚持"两匹配一服从"、不增加市场主体等原则。立足提高全产业链竞争优势，结合煤炭、煤层气、铝土矿、铁矿、砂石矿、地热资源等的不同特征、产业政策要求和矿区资源总量，研究确定具体准入资格和资源利用指标要求，鼓励企业公平竞争，促进整装矿区、边角零星资源有序利用。积极推进"净矿"出让。新设置矿业权，要坚持生态优先战略，主动避让各类保护地，协调矿产资源规划与相关规划，落实国土空间管控措施，保障城镇规划边界和重要基础设施安全。推动采（探）矿权证券化。鼓励矿业企业拓宽融资渠道和方式，推动条件具备、预期较好的采矿权（探矿权）资产证券化。

推进生态产品市场化交易，打造省内统一的绿色资产交易体系。依托山西环境能源交易中心，打造集碳排放权、排污权、用能权等权益资产交易、碳资产管理、碳金融服务于一体的绿色要素配置平台，研究制定生态产品经营开发主体支持政策，健全生态产品市场交易机制。积极参与全国碳排放权交易市场建设，完成全国碳市场注册登记系统和交易系统的联建。提高水资源配置效率。坚持政府调控、市场调节，加快建立用水权初始分配制度，明确区域水权、用水户取水权，强化取用水监测计量，强化水资源用途管制，健全水权交易平台和交易机制。

（五）建设高水平开放型经济体制

积极申建国家自贸试验区。加快推进贸易投资便利化改革创新，着力提升各类特殊监管区的经营水平和辐射带动能力。支持发展外贸综合服务企业等外贸新业态新模式，进一步扩大山西优势产品出口和关键装备及零部件进口。大力发展跨境电子商务。推进跨境电子商务境内外商品同款同价，在太原、大同、运城等境外游客旅游热点城市有针对性地增设离境退税商店。扩大社会服务业市场开放。推动医养结合，加强医疗养老资源共享，发展居家社区医养结合服务，提升养老服务质量。鼓励企业和社会资本举办或参与举办各类型职业教育，加大对营利性民办职业教育等机构在证照办理、设备购置等方面的统筹支持。加强对社会办医疗机构能力建设的扶持，推动落实社会办医疗机构从业人员职业发展各项优惠政策。探索开展污染防治第三方治理试点，积极发展环保管家、环保评估、环保认证、环保检测等环保服务，培育一批环保服务龙头企业。

（六）完善现代化市场监管机制

构建新型综合监管机制。全面推行"双随机、一公开"监管。健全对新业态的包容审慎监管制度，依法编制从轻处罚事项清单、减轻处罚事项清单和首次轻微违法免予处罚事项清单，开展"沙盒监管"、触发式监管等试点。对直接涉及公共安全和人民群众生命健康的重点领域，实行全主体、全品种、全链条严格监管。加强重点领域监管。建立价格监测与价格监管联动机制，加强对重要民生商品和资源性产品价格监测。健全要素市场化交易平台，强化对要素市场交易监管。完善信用分级分类监管制度。推进跨地区信用标准互认、信用信息共享和联动奖惩，根据监管对象信用状况采取差异化

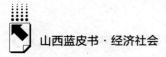
监管措施。维护市场安全和稳定。落实总体国家安全观，密切跟踪国内外市场形势变化，强化对重点市场和市场基础设施的跨部门协同监管。健全社会监督机制。加强行业协会商会自身建设，加快培育第三方服务机构，发挥市场专业化服务组织的监督作用。充分发挥舆论监督作用。

参考文献

[1]《中共中央办公厅　国务院办公厅关于印发建设高标准市场体系行动方案的通知》，中国政府网，https：//www.gov.cn/zhengce/2021-01/31/content_5583936.htm。
[2]《中共中央　国务院关于构建更加完善的要素市场化配置体制机制的意见》，中国政府网，https：//www.gov.cn/zhengce/2020-04/09/content_5500622.htm。
[3]《中共山西省委办公厅　山西省人民政府办公厅关于印发〈山西省加快建设高标准市场体系实施方案〉的通知》，山西省人民政府网，https：//www.shanxi.gov.cn/zfxxgk/zfxxgkzl/fdzdgknr/lzyj/swygwj/swygwj1/202306/t20230620_8782231.shtml。
[4]刘泉红：《"十四五"时期我国现代市场体系建设思路和关键举措》，《经济纵横》2020年第5期。

B.10
山西构建现代综合交通运输体系研究

郭 勇 巩 萍 陈其志*

摘 要: 构建现代综合交通运输体系是实现中国式现代化的本质要求,是加快建设交通强国的战略选择,是办好打基础利长远大事要事的重要任务。近年来,山西现代综合交通运输体制机制不断健全,现代化综合立体交通网日趋完善,交通运输绿色智能现代化水平大幅提升,人民群众出行获得感满意度明显增强,交通运输治理现代化水平稳步提升,较好适应了全省经济社会发展需求。但山西综合交通运输发展不平衡不充分问题仍然比较突出,还存在不少短板。山西要进一步完善设施网络,扩大服务供给,培育发展动能,创新发展模式,更加注重服务大局,持续提升交通运输综合保障能力;更加注重人民至上,努力建设人民满意的交通;更加注重科技创新,引领交通运输高质量发展;更加注重绿色发展,着力推动交通运输绿色低碳转型;更加注重要素保障,完善重大项目全要素供给体系。加快构建立体联网、内外联通、多式联运、有机接驳的现代综合交通运输体系,为进一步加快转型发展,奋进"两个基本实现"目标提供战略支撑。

关键词: 交通运输 现代运输体系 转型发展

构建现代综合交通运输体系是实现中国式现代化的本质要求,是加快建设交通强国的战略选择,是办好打基础利长远大事要事的重要任务。习近平

---

* 郭勇,山西省社会科学院(山西省人民政府发展研究中心)创新办副主任,副研究员;巩萍,山西省社会科学院(山西省人民政府发展研究中心)创新办研究实习员;陈其志,山西省社会科学院(山西省人民政府发展研究中心)创新办研究实习员。

总书记高度重视交通运输工作，提出了一系列交通运输发展的新要求新指示，为推动交通强国建设、构建现代综合交通运输体系指明了前进方向、提供了根本遵循。我们要准确认识构建现代综合交通运输体系的内涵实质和实践要求，加快交通强省建设，着力构建立体联网、内外联通、多式联运、有机接驳的现代综合交通运输体系，为进一步加快转型发展，奋进"两个基本实现"目标提供战略支撑。

一 深刻把握加快构建现代综合交通运输体系的时代要求

构建现代综合交通运输体系是一个庞大的系统工程，涉及方方面面、不同领域、多个环节，内涵丰富、系统完备。我们要深刻把握其蕴含的战略意义和实践要求，正确统筹好若干重大关系，筑牢加快推进实施的思想基础。

（一）加快构建现代综合交通运输体系的战略意义

交通基础设施具有投资规模大、落地见效快、综合效益好、带动作用强等特点，适度超前加强交通基础设施建设，对扩投资、稳增长具有重要作用。山西交通运输发展仍处于重要战略机遇期，要聚焦服务和深度融入新发展格局，更好地支撑国家及山西重大战略实施，加快构建现代化高质量综合立体交通网，为推动"两个基本实现"目标提供有力支撑。

1. 构建现代综合交通运输体系是实现中国式现代化的本质要求

党的二十大报告提出以中国式现代化全面推进中华民族伟大复兴，明确了中国式现代化的中国特色和本质要求。构建现代综合交通运输体系正是坚持人民至上的价值理念，回应人民对美好生活的向往，让现代化建设成果更多更公平惠及全体人民而作出的重大部署，是交通运输现代化的必然要求。我们要从实现中国式现代化的战略高度和发展全局谋划和看待现代综合交通运输体系建设工作，坚持服务大局、服务人民，坚持优化结构、统筹融合，构建便捷顺畅、经济高效、绿色集约、智能先进、安全可靠的现代化高质量综合立体交通网，当好中国式现代化的开路先锋，为全面建设社会主义现代化国家提供战略支撑。

2. 构建现代综合交通运输体系是加快建设交通强国的战略选择

建设交通强国是新时代做好交通运输工作的总抓手。2019 年 9 月中共中央、国务院发布实施的《交通强国建设纲要》明确提出要"构建安全、便捷、高效、绿色、经济的现代化综合交通运输体系"。《加快建设交通强国五年行动计划（2023~2027 年）》进一步谋划了构建现代综合交通运输体系的具体行动举措。我们要持续推动综合交通基础设施布局、结构、功能优化升级，有效提升系统集成水平，加快打造高标准基础设施；推动城乡区域交通运输协调发展，优化交通运输服务，努力建设人民满意交通；推动交通运输科技联合攻关，有效提升智慧交通效能，加快实现高水平交通科技自立自强；抓紧谋划新一轮交通运输重点领域和关键环节小切口改革，制修订一批交通部门规章，不断深化现代综合交通运输体系体制机制创新。

3. 构建现代综合交通运输体系是办好打基础利长远大事要事的重要任务

山西省委十二届六次全会指出，要着力强化六大支撑，加快办成一批打基础利长远的大事要事，其中就重点提到了构建现代综合交通运输体系。这是着力提升山西特别是省会太原在全国交通格局中的地位和作用的战略举措，具有牵引性、战略性、标志性重要作用，对于进一步加快转型发展，奋进"两个基本实现"目标具有十分重要的意义。当前山西交通网络基本成型，交通设施密度基本达到全国平均水平，较好适应了山西当前经济社会发展需求。展望未来，山西在交通运输领域的基础设施、物质条件和技术条件仍有不少短板弱项，还需要不断夯实、抓紧完善，为2030 年基本实现转型、2035 年基本实现现代化目标，打下具有决定性意义的坚实基础。

（二）加快构建现代综合交通运输体系必须统筹好的几个重大关系

构建现代综合交通运输体系是一个系统工程，必须统筹好立足当前与着眼长远、整体推进与重点突破、发展与安全等若干重大关系，对于正确理解现代综合交通运输体系，深刻认识实现目标任务的艰巨性和复杂性，增强贯彻落实的自觉性和坚定性，具有十分重要的意义。

1. 统筹好立足当前与着眼长远的关系

立足当前是坚持问题导向，谋划政策、制订措施从当前实际出发，聚焦解决具体实际问题；着眼长远是注重目标导向，不拘泥于头痛医头、脚痛医脚，从实现更高质量、更具韧性、更可持续的发展的战略高度来长远谋划。构建现代综合交通运输体系是一个不断演化的动态过程，要求我们必须统筹好立足当前与着眼长远的关系，既要做好当前工作，又要为今后发展做好衔接，实现目标导向和问题导向高度统一，短期和中长期任务相互贯通，发展需要和现实基础顺畅衔接。我们要聚焦综合交通网络布局不够均衡、县县通高速还未全面实现、普通国省道公路等级较难满足现有交通量需求、现代综合交通运输融合发展亟待加强，质量效率和服务水平不高等发展不平衡不充分问题，构建长效体制机制，全面引领现代综合交通运输体系建设高质量推进。

2. 统筹好整体推进与重点突破的关系

坚持整体推进与重点突破相统一是构建现代综合交通运输体系必须遵循的基本原则。"整体"是包含"重点"的"整体"，"重点"是"整体"中的"重点"，两者相辅相成、互促互进。构建现代综合交通运输体系是一个庞大的系统工程，涉及方方面面、不同领域、多个环节，必须学会"十个指头弹钢琴"。既要善于运用全局观念、系统思维来整体谋划、长远布局，有效促进全领域、跨地区的统筹融合发展，又要突出工作重点，优先解决主要矛盾、抓住矛盾的主要方面，突出抓好设施网络、智能绿色、安全可靠等重点工作，以重点突破带动整体推进。

3. 统筹好发展与安全的关系

发展和安全是一体之两翼、驱动之双轮，是辩证统一、彼此影响的。安全是发展的前提，只有保证高水平安全，加强运行安全和应急处置能力建设，现代综合交通运输体系才能持续健康发展，经济行稳致远、社会和谐稳定、人民幸福安康才能真正实现。发展是安全的保障，只有保证高质量发展，用发展成果夯实安全的物质基础，才能最大限度保障产业链供应链安全，为高水平安全提供更持久、更坚实的保障。

二 现代综合交通运输体系建设取得的成就

党的十八大以来，山西坚决贯彻党中央决策部署，加强系统谋划、统筹协调，综合立体交通网建设取得了长足进步，行业治理现代化水平不断提升，人民高品质出行需求得到有效保障，较好适应了山西经济社会发展需求。

（一）发展现状

在省委省政府的坚强领导下，全省交通基础设施供给、运输服务、可持续发展及行业治理等能力建设取得积极进展，山西现代综合交通运输体系正在不断成熟。

1. 现代综合交通运输体制机制不断健全

山西注重规划引领，陆续出台了《山西省综合立体交通网规划纲要》《山西省"十四五"现代综合交通运输体系发展规划》《山西省省道网规划（2021~2035年）》《山西中部城市群交通基础设施互联互通专项规划》《山西省"十四五"铁路专用线建设规划》等。全省综合交通运输管理体制改革逐步推进，运行机制逐步健全。比如，在推动交旅融合发展过程中，在全国率先发布了旅游公路建设地方标准——《旅游公路建设设计指南》，率先制定了旅游公路管理省级政府规章——《山西省旅游公路管理办法》，规范了旅游公路标志标识信息系统——《旅游公路标志标识信息系统设计方案》，推动旅游公路建管养运步入法治化、标准化轨道。

2. 现代化综合立体交通网日趋完善

围绕山西城乡区域发展新格局，全省"两纵四横一环"综合运输通道和山西中部城市群"四纵五横六放射"交通运输主骨架初步架构。截至2022年底，全省综合立体交通网实体线网总规模达到15.2万公里，其中铁路营业里程达 6252 公里，占全国的 4.0%，路网密度为 399 公里/万平方公里；高速铁路营业里程 1162 公里，占全国的 2.8%，高铁网密度为 73.4 公里/万平方公里；公路通车里程达 14.6 万公里，公路网密度达到 93 公里/百平方公里，高速公路达到 6010 公里；以太原武宿国际机场为干线机场，以长治、大同、忻州、吕梁、运城、临汾、朔州、晋城为支线机场的"一干八支"航空网络加快建设，建成民用运输机场 8 个；"快递进村"的末端服务体系不断完善，城乡区域协调发展不断加强，城乡面貌得到有力改善。①《国家综合立体交通网规划纲要》将太原市、大同市明确为全国性交通枢纽城市，《国家物流枢纽布局和建设规划》将太原市、大同市明确为陆港型国家物流枢纽承载城市。

3. 交通运输绿色智能现代化水平大幅提升

现代信息技术在交通运输领域加快应用，智能网联汽车、无人配送等智能交通明显提速，全省交通一卡通与全国 300 多个城市实现互联互通；高速公路 ETC 站点覆盖率达 100%，实现全国联网。太原、大同、阳泉、临汾 4 市成功获评国家绿色出行创建达标城市。

4. 人民群众出行获得感满意度明显增强

现代运输服务业态蓬勃发展，人民出行更加便捷舒适，满意度幸福感不断提升。截至 2022 年底，开通太原至北京、大同、吕梁、晋城、运城的"一站直达"动车组列车和"太忻号"城际列车，实现了"市市通动车"；全省 96.6% 的县通了高速公路，97.5% 的乡镇通了三级及以上公路，100% 的建制村通了硬化路和客车，"四好农村路"助力乡村剧变；截至 2022 年底，全省累计建成三个一号旅游公路 7992 公里，完成投资 611 亿元。同步建成慢行步道 571 公里、驿站 85 个、观景台 114 个、停车场 177 个、房车营地 38 个，连通 A 级及以上景区 112 个，覆盖非 A 级景点 315 个。建成黄河一号永和乾坤湾段、河津龙门段等 28 个"城景通、景景通、城乡通"示

---

① 《"山西加快转型发展"系列｜构建现代综合交通运输体系专场新闻发布会举行（第九场）》，山西省人民政府网，https://www.shanxi.gov.cn/ywdt/xwfbh/szfxwbxwfbh/202309/t20230913_9313486.shtml。如无特殊说明，本研究数据均来自此。

范样板。黄河一号永和段被评为 2020 年度全国"十大最美农村路"，兴县段被评为 2021 年度全国"我家门口那条路——最具人气的路"，3 个"0km"标志文化驿站成为展示山西文化底蕴和开放形象的重要窗口；公交线网总里程达到 5 万公里，公交车辆达到 1.58 万辆；太原地铁 2 号线投入运营，城市轨道交通实现零的突破；山西内河航道总里程 1557 公里，营运船舶 217 艘，年旅客运量 160 万人；民航运输累计通航城市 79 个，航线数量、飞行量和运输量位列全国第 2；中欧（中亚）班列累计开行 707 列，常态化开行线路 10 条，通达 13 个国家 28 个城市。

5. 交通运输治理现代化水平稳步提升

坚持优化供给和扩大需求相结合、改革探索与制度建设相结合，综合交通运输一体化融合发展程度不断提高。在全国率先开展货车差异化收费和国际标准集装箱及厢式货车车辆通行费优惠试点工作；交通运输综合行政执法改革取得积极进展；"互联网+监管"模式深度应用，80% 以上审批事项实现网上办理；行政许可、行政处罚和企业信息归集公示工作稳妥推进；"双随机、一公开"工作不断深入。

（二）问题短板

与此同时，山西综合交通运输发展不平衡不充分问题仍然比较突出，还存在不少短板。

1. 综合交通网络布局不够均衡

山西综合交通网络结构不够优化，区域之间、城市之间高速公路通道能力需要提升，铁路存在短板。普通国省干线和农村公路的通达深度、技术状况、服务能力有待改善，路网韧性有待加强。有利于太原市和大同市有效对接京津冀、牵引山西中部城市群发展的公路基础设施网络和运输服务体系还在加快建设中。

2. 县县通高速有待尽快实现

截至 2023 年 6 月底，全国实现县县通高速目标的省份共有 21 个，山西是中部唯一一个没有实现县县通高速的省份。山西 117 个县（市、区）有 113 个通了高速公路，高速公路通达率达到96.6%。没有通高速公路的县分别是吕梁市交口县和石楼县、临汾市浮山县、长治市沁源县，所涉及的项目分别为离隰高速（交口县）、汾石高速（石楼县）、浮临高速（浮山县）、黎霍高速（沁源县）。按照计划，离隰高速、黎霍高速黎城至沁源段计划2023年底建成通车，分别实现交口县和沁源县通高速；浮临高速计划于2024年6月底建成通车，实现浮山县通高速；汾石高速计划于2024年底建成通车，实现石楼县通高速。

3. 普通国省道公路等级较难满足现有交通量需求

长期以来，山西作为全国重要的能源保供基地，省内普通国省道路承担着省煤外运、西煤东运的重要功能。据山西省交通运输厅统计，全省普通国省道拥堵指数是高速公路的2.5倍，全省普通国省道通车里程仅占公路通车总里程的8.6%，却承担着全省60%的交通运输量。加快推动国道108、208、307等一级公路贯通，实现太晋一体化普通国省道一级路互联互通，是立在当下、影响长远的一项紧要工作。

4. 现代综合交通运输的融合发展仍有提升空间

综合交通统筹融合亟待加强，互联互通和网络韧性还需提升。新一代信息技术在交通运输领域深度应用还不够，部分关键核心技术缺失，产业链安全亟待加强。货物多式联运、旅客联程联运比重偏低。交通运输重点领域关键环节改革任务仍然艰巨。

5. 综合交通发展质量效率和服务水平不高

与日益增长的需求相比，运输服务产品供给还不够丰富，特别是定制化、个性化、专业化服务有待进一步优化。现代物流体系还有很多痛点、堵点，农村物流存在明显短板。安全智慧绿色发展的服务意识和水平亟须全面加强。

三　加快构建现代综合交通运输体系的发展思路和战略重点

深入贯彻落实党的二十大精神，按照省委决策部署，不断构建立体联网、内外联通、多式联运、有机接驳的现代综合交通运输体系。

（一）总体思路

未来几年是山西进一步加快转型发展、奋进"两个基本实现"目标的关键时期，也是加快构建现代综合交通运输体系的重要机遇期。要以立体成网、降本增效为重点，以铁路、公路、航空为骨架，以重要车站、机场、陆港为枢纽，加快构建快速高效、内外贯通的现代综合交通运输体系。到 2027 年，按照全省域构建"3223 出行交通圈"规划要求，加快建设全方位、多层次、智能化的交通设施互联互通网络。太原、大同双核驱动交通运输体系基本构建完善，太原机场三期、太原地铁 1 号线建成运营。环京津冀物流仓储基地基本建成，全省综合物流成本明显降低。未来五年全省交通运输和物流仓储领域完成大事要事投资 4000 亿元以上。

（二）战略重点

抢抓加快构建现代综合交通运输体系的重要机遇期，进一步补齐短板、丰富供给、优化服务、增强动能，着力提升山西在全国交通格局中的地位和作用。

1. 铁路

铁路是国民经济大动脉、重大民生工程和综合交通运输体系骨干，在服务保障经济社会高质量发展和人民群众美好旅行生活需要方面发挥巨大作用。要继续加大铁路建设力度，助力地区经济发展。

一是加快"八纵八横"高铁通道山西段工程进度。推动集大原高铁2024 年建成通车，尽早开工建设太绥高铁，对大西高铁进行提速改造，努力形成以太原为中心的"米"字形高铁网。

二是优化普速铁路客运服务。尽快实施阳涉铁路开办客运服务工程，推动石太、阳大、阳涉、和邢等铁路互联互通，确保开通平定、昔阳、和顺、左权客运服务。

三是提升干线铁路运输能力。持续完善铁路运煤通道建设，强化重载货运网，加快国家重点铁路专用线建设，扎实推动"公转铁"，为保障国家能源安全和打赢蓝天保卫战作出山西贡献。

2. 公路

公路是最基础、最广泛的交通基础设施，在现代综合交通运输体系中发挥着举足轻重的作用。要以"安全、便捷、高效、绿色、经济"为目标，全力提升建设质效，加快构建四通八达、广泛覆盖的现代公路网。

一是完善高速公路网络。高速公路是经济发展的大动脉，要围绕有效对接京津冀协同发展、推进山西中部城市群建设、加快各城镇圈板块之间互联互通，推动全省高速公路尽快贯通、扩容。重点抓好县县通高速工程、"出省口"打通工程、待贯通路段项目建设工程、国家综合立体交通网主骨架繁忙路段扩容改造工程。

二是优化普通国省道布局。普通国省道对区域经济社会发展起着重要作用。要加强要素保障，重点推动连接设区市的普通国省道一级化升级改造、县级以上城市过境路段改线、瓶颈路段升级改造，为以县城为重要载体的新型城镇化建设提供有力支撑。

三是加快"四好农村路"建设。"四好农村路"与农民的切身利益直接相关，必须把好事做好。要加快完善便捷高效、普惠公平的农村公路路网体系，推动农村公路网向自然村延伸，与景区道路、农村街巷、农田水利设施有效衔接，提高路网通达深度和覆盖广度，更好服务乡村振兴，助力农民农村共同富裕。持续深化管理养护体制改革，建立责任清晰、上下联动、运转高效、齐抓共管的农村公路管理体制，督促市县加大养护管理投入力度，足额落实养护资金和机构人员运行经费，全面实施"路长制"，推广群专结合的养护模式，不断提高农村公路管养工作规范化、精细化水平。实施旅游公路提速增效工程。推动"四好农村路"建设向进村入户倾斜、向自然村延伸。

四是抓好三个一号旅游公路建设。全面推进旅游公路干线、支线和连接线建设，确保三个一号旅游公路于2024年全部建成，构建形成"城景通、景景通、城乡通"全域旅游一张网格局。加快完善旅游公路沿线配套服务设施，打造集合综合服务功能的特色驿站。

五是大力发展智慧交通。加强现代交通跨产业融合发展，加快交通数据全面整合、系统分析、深度应用。全面运用人工智能、车路协同、车联网对传统交通运输产业进行数智赋能，加快交通新业态新场景的智能化升级，打造融合高效的智慧交通运输品牌。

3. 民航

民航是经济社会发展重要的战略产业，具有安全、便捷、高效的特点，也是构建现代综合交通运输体系的重要组成部分。近期来看，要持续新增加密国际国内航班航线，努力将国内重点城市航班量恢复至疫情前水平。长期来看，要着力抓好以下三个方面工作。

一是加快建设太原武宿国际机场三期改扩建工程。该项目总投资239.29亿元，新建长3600米、宽45米的第二跑道及相应滑行道系统，新建1座近40万平方米的T3航站楼，新建122个机位约5万平方米的综合交通中心以及约13万平方米的停车楼。投运后，机场将实现与地铁、公交等交通运输方式的有效接驳，每年将满足服务旅客吞吐量4000万人次的需求。

二是不断构建完善的航空运输网络。充分发挥民航运输内外通达、辐射带动和快速连接等天然优势，进一步加密存量、恢复断航、增开热点、优化"快线"，加大航空市场开发力度。同时将整合省内机场航线网络和渠道资源，与航司、文旅企业、客票代理深度合作，不断构建衔接通畅的航线航班网络，推动航空口岸高水平开放。

三是持续推进智慧民航建设。坚持硬件软件两手抓，一手抓"八个一"平台建设，持续推进"集团一朵云、数字一条线、安全一张网、运行一张图、出行一张脸、通信一平台、管理一统筹、价值一提升"建设，使旅客享受数字化时代便利服务；一手抓服务提升，优化快速换乘、行李直挂、改签服务等服务环节，拓展自助值机、刷脸登机、行李可视化跟踪等服务项目，加强航班正点率管理，完善机场安全服务质量体系，深化太原机场"晋e转、如意飞"等服务品牌建设，满足人民群众日益增长的美好航空出行需要。

4. 现代物流

现代物流是延伸产业链、提升价值链、打造供应链的重要支撑，在形成现代流通体系、建设现代化经济体系、构建新发展格局中发挥着重要作用。要着力提升多式联运功能，大力发展大宗物资海铁联运，推进太原等国家物流枢纽建设，积极融入西部陆海新通道国际物流体系。

一是推动综合交通枢纽高质量发展。加快推进太原、大同两个全国性综合交通枢纽和临汾、长治两个区域性枢纽的建设。支持太原国家综合货运枢纽补链强链。组建山西枢纽补链强链企业联盟，在全省规划建设60个左右的综合客货运枢纽站场。

二是推进多式联运发展。优化运输组织方式，在全省开展多式联运"一单制"试点工作。

三是合力打造"两地双港"互联互通新模式。持续深化与天津港、唐山港合作，深度融入京津冀协同发展，打造多条铁海联运精品线路，实现煤焦与铁矿石的"重去重回"，将华远大同陆港打造为天津港的冷链前置港。

四是打通西部陆海新通道。推动开行山西—东盟跨境公铁联运、海铁联运班列，主动融入RCEP和西部陆海新通道建设，围绕锰铁、煤炭等大宗物资以及集装箱运输，开展全程联运一体化服务。

四　加快构建现代综合交通运输体系的对策建议

进一步完善设施网络，扩大服务供给，培育发展动能，创新发展模式，加快构建立体联网、内外联通、多式联运、有机接驳的现代综合交通运输体系，为进一步加快转型发展，奋进"两个基本实现"目标提供战略支撑。

（一）更加注重服务大局，持续提升交通运输综合保障能力

优化现代综合运输布局，推进综合立体交通网主骨架建设，加强交通运输体制机制创新。

一是建设现代综合交通运输体系。以立体成网、降本增效为重点，以铁

路、公路、航空为骨架，以重要车站、机场、陆港为枢纽，加快构建快速高效、内外贯通的现代综合交通运输体系。实施陆海大通道建设行动计划，推进雄忻高铁、集大原高铁、太绥高铁、长邯聊高铁、阳涉铁路客运改造、太原地铁1号线等项目进度。新开工6个高速公路项目和22个国省道新改建项目，太原西北二环高速公路全面建成，建成离石至隰县、临汾至浮山、汾阳至石楼等一批高速，实现"县县通高速"。统筹推进太原机场三期改扩建和临空经济区核心区建设，加快大同、临汾等陆港通道和配套设施建设。全面建成1.3万公里的黄河、长城、太行三个一号旅游公路，新改建2万公里"四好"农村公路全部完工。

二是不断完善适应现代综合交通运输体系高质量发展的体制机制。深入贯彻落实"两个纲要"，统筹制定交通运输战略、规划和政策，加大创新力度，显著提升综合交通运输的整体性、系统性、协同性，推动交通"硬联通"与"软联通"互促互进。加强交通运输领域教育培训、中介组织建设。加快交通运输大市场体系建设，积极推进交通运输客运"一票制"、货运"一单制"、运输"一箱制"等技术标准、装备、规则。

三是推进区域交通运输协调发展。优化交通基础设施空间布局，加快山西中部城市群交通运输现代化步伐，有效提升服务区域重大战略实施能力。统筹衔接好高速公路、国道、农村公路等多种运输方式，不断拓展网络通达深度。加强农村公路的管理和养护，不断扩大农村地区路网的覆盖面。

（二）更加注重人民至上，努力建设人民满意交通

坚持人民至上是构建现代综合交通运输体系必须牢记的基本原则。要以人民满意为根本评判标准，让人民共享交通发展成果，真正实现"人享其行、物畅其流"。

一是加快建设"3223出行交通圈"（设区市30分钟通勤，太原市到省内其他设区市2小时通达，设区市到本市域内的县2小时通达，太原市到国内主要城市3小时通达）。持续开好公益性"慢火车"，推广市域（市郊铁路）、城际道路客运公交化运行模式，推动定制客运车辆进枢纽、进商圈、

进社区。

二是加快建设"123 快货物流圈"（省内 1 日送达城市、2 日送达农村，省外 3 日送达）。加快布局、全面发展现代物流、现代货运、现代流通，推动区域多式联运联网联通，强化太原、大同全国性综合交通枢纽功能，不断优化完善城市物流配送网络和县、乡、村三级物流服务体系。

三是推动跨行业融合发展。加快交通运输业与现代物流、文旅康养、水利能源、体育会展、信息服务等产业的跨界合作和深度融合。

（三）更加注重科技创新，引领交通运输高质量发展

科技创新是交通运输发展的动力源泉。以科技创新为引领，培育交通运输新业态新模式，着力推进管理创新、治理创新、文化创新，不断提高综合交通运输行业全要素生产率和产业化水平。

一是推进交通基础设施数字化发展。加快智慧交通基础设施建设，提升高速铁路、高速公路、桥隧、机场工程等建造技术水平。加快完善高速公路信息通信系统等骨干通信网络。丰富车路协同应用场景，开展智能网联重载货运车路协同智慧公路试点。统筹 5G 基站、车联网基站、无线局域网等的协同利用智慧杆塔设施。

二是加强先进交通装备研发与应用。加强交通运输领域关键技术、核心零部件、专用装备的重点突破，确保安全可靠、先进适用。加快行业北斗终端规模化应用，推动太原武宿国际机场等具备条件的机场打造智慧空港。提升山西交通装备标准化水平，培育智能交通重点产业链，打造智能交通装备本土品牌。

三是打造智慧交通服务管理平台。整合城市道路、建筑、公共设施大数据信息，加强城市交通管控服务、应急救援、安全生产监管、智慧停车、新能源汽车充电设施等动态静态数据信息共享、协同联动、预警调度、联合执法，不断提升城市智慧交通服务管理体系管理效能和智慧化水平。开展旅客联程运输专项行动，拓展"一次购票、一次支付、一证（码）通行"服务产品。搭建农村交通一体化服务平台，推进农村公路智慧化提升。

（四）更加注重绿色发展，着力推动交通运输绿色低碳转型

严格落实碳达峰碳中和战略部署，完善长效机制，推动交通运输领域全生命周期绿色低碳转型。

一是全面落实运输结构调整要求。推动各种运输方式平衡协调发展，加快形成安全、便捷、高效、绿色、经济的综合交通体系。推进大宗货物和中长途货物运输"公转铁"。加快大型工矿企业和物流园区铁路专用线建设，提升通达能力和服务水平。构建以城市轨道交通为主、以快速公交为补充、以普通公交为基础的城市公共交通网络。优化"门到门"物流服务网络，加快完善层级有序、运行高效的城乡绿色物流配送网络体系。

二是强化资源集约节约利用。加强可再生能源、新能源、清洁能源装备设施更新利用，推进快递包装绿色化、减量化、可循环，提升交通运输资源共建共用水平。推广使用节水、节材、节约土地资源的交通工程技术，提高资源利用效率。

三是加强重点领域污染防治。加强交通项目的生态修复治理和补偿落实，确保交通运输绿色低碳转型方向。生态化改造提升生态敏感区和生态脆弱区的原有交通基础设施。开展交通运输噪声污染治理，完善干散货码头堆场防风抑尘设施。大力推广新能源汽车。试点建设近零碳交通示范区。

（五）更加注重要素保障，完善重大项目全要素供给体系

坚持"要素跟着项目走"，强化政策精准供给，推动交通运输领域攻坚突破，全力保障交通运输重大项目建设，推动尽快形成实物工作量和投资拉动量。

一是聚焦模式创新，强化资金保障。依法依规落实建设资金来源，防范化解交通债务。实施投贷联动奖补政策，采取债贷组合、投贷联动、投贷保贴一体化等投融资模式。积极探索高速公路资产证券化、"高速公路+土地开发、文旅康养"等投资模式。规范推广政府和社会资本合作模式，引导民间资本以长期股权投资方式参与交通领域等重大项目投资和养护资金投入。

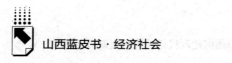

二是聚焦集约精细，强化用地保障。探索枢纽土地综合开发等多样化支持政策。将交通重大基础设施项目纳入省政府重大项目用地清单，积极争取更多项目纳入国家用地保障。

三是聚焦高效便捷，强化政务保障。深入贯彻"放管服"改革要求，在交通运输业领域开展环评告知承诺制审批改革试点。协调交通运输安全冗余与交通运输组织能力的关系，提升交通安全管理水平。加快"多评合一""多审合一""多验合一"，推动交通运输行政审批服务更加优质便捷。

参考文献

［1］中共中央、国务院：《国家综合立体交通网规划纲要》，2021 年 2 月 24 日。

［2］国务院：《"十四五"现代综合交通运输体系发展规划》，2022 年 1 月 18 日。

［3］中共山西省委、山西省人民政府：《山西省综合立体交通网规划纲要》，2023 年 3 月 30 日。

［4］山西省人民政府：《山西省"十四五"现代综合交通运输体系发展规划》，2021 年 9 月 30 日。

［5］中共交通运输部党组：《努力当好中国现代化的开路先锋》，《求是》2022 年第 4 期。

［6］中共交通运输部党组：《加快建设交通强国》，《求是》2020 年第 3 期。

［7］《"山西加快转型发展"系列 | 构建现代综合交通运输体系专场新闻发布会举行（第九场）》，山西省人民政府网，http：//www.shanxi.gov.cn/ywdt/xwfbh/szfxwbxwfbh/202309/t20230913_ 9313486. shtml。

山西实施农业"特""优"战略研究

赵旭强 王 中 王 娜*

摘 要： 特优农业是实现农业高质量发展的必然选择，近年来，山西省大力推动农业"特""优"战略，取得明显成效。但是，与农业发达地区相比，山西省特优农业发展尚处在初级阶段，物流体系不完善、龙头企业实力弱、产业集聚度低、产业链条短、科技创新不足等问题依然是山西特优农业发展的痛点和堵点。结合山西省发展实际，提出建议：一是统筹谋划生产力布局，全方位夯实粮食安全根基；二是强化全产业链建设，推动农业产业集群化发展；三是激发市场主体活力，建强现代化农业经营体系；四是转变农业发展方式，增加优质安全农产品供给；五是完善科技创新体系，赋能特优农业高质量发展。

关键词： 特优农业 粮食安全 农业产业 山西

2017 年 6 月，习近平总书记视察山西时指出，山西现代农业发展，要打好特色优势牌，扬长避短，突出"特"字，发展现代特色农业。2020 年 5 月，习近平总书记第二次视察山西时再次强调，山西山多地少、地貌多元、气候多样，这种独特的资源禀赋决定了山西农业发展的出路在于"特"和"优"。山西位于黄河中游峡谷和太行山之间的高原地带，是名副其实的

---

* 赵旭强，山西省社会科学院（山西省人民政府发展研究中心）研究二部部长，研究员，研究方向为农业农村经济；王中，山西省社会科学院（山西省人民政府发展研究中心）研究二部助理研究员，研究方向为农业经济；王娜，山西省社会科学院（山西省人民政府发展研究中心）研究二部研究实习员，研究方向为区域经济。

特色农产品大省，素有"小杂粮王国"和"优质粮果带"的美称。实施农业"特""优"战略，是深入贯彻落实习近平总书记对山西工作的重要讲话重要指示精神的生动实践，也是推动山西省农业高质量发展、实现农业现代化的重要举措。山西省委省政府近年出台了多项鼓励农业"特""优"发展的政策，取得显著的效果。

一　山西实施"特""优"战略的机遇

特优农业是指某一地区依托其资源优势及特点，以市场为导向，以科技为前提，以延伸农村产业链为重点，合理高效配置区域内各种生产要素，以发展某一特定产业为目标，具有适度规模、区域特色、良好效益和较强市场竞争力的非均衡农业生产体系，其强调资源的异质化和产品的优质、高价值以及布局上的区域性和供给上的特殊性，即"人无我有""人有我优""人优我特"，具有明显的地域性、良好的商品性、高效的经济性。山西省地处黄土高原，地貌类型多样，山区面积占全省总面积的80%以上。全省由东往西呈现出"两山夹一川"的样式，从南向北由大同、忻州、太原、临汾、长治、运城盆地形成串珠式平原。① 受地形的影响，山西省气温南北差异和垂直变化显著，降水量季节差异大。恶劣的自然条件阻碍了山西农业现代化发展，但多样的地形和复杂的气候条件组合在一起，形成了山西适合不同类型、不同种类农作物生长的环境，也造就了山西丰富的特色农业资源。如山西中部地区盛产杂粮，谷子、杂豆、莜麦生产全国名列前茅，有"小杂粮王国"的美誉；北部地区牧草资源丰富，以大同、朔州为核心的雁门关农牧交错带是山西省内黄金优质养殖带；南部地区盛产园林果品，苹果、红枣、核桃等干鲜果产量居全国前列；太行山、太岳山、恒山、吕梁山和晋南边山丘陵是道地中药材优势区。另外，山西也是露地蔬菜及旱作蔬菜的优势

---

① 侯非凡、孙敏、高志强、尹雪斌：《山西功能农业的研究背景、进展与发展方向》，《土壤》2018 年第 6 期。

地区。依托这些独特的农业资源，山西形成了众多独具区域特色的优质农产品。山西省实施"特""优"相关战略政策如表1所示。

表1　山西省实施"特""优"相关战略政策

时间	文件名称	内容
2017年9月	《关于创建特色农产品优势区和现代农业产业园的意见》（晋政办发〔2017〕108号）	以功能农业为引领，科学布局特优区和产业园
2021年4月	《关于全面推进乡村振兴加快农业农村现代化的实施方案》（省委一号文件）	全面实施农业"特""优"战略，做实做强"三大战略""五大平台"，做优做大十大产业集群，创新创建一批现代农业产业示范区（园），提质提升"两山七河一流域"生态功能
2021年4月	《山西省"十四五"新技术规划》（晋政发〔2021〕18号）	以加快培育农业农村发展新动能为主线，鼓励产学研用相结合，着力在有机旱作、功能农业（食品）、特色产业等领域突破一批关键核心技术，形成一批标志性核心成果，推进农业科技创新和成果转化应用
2021年8月	《山西省"十四五"农业现代化三大省级战略、十大产业集群培育及巩固拓展脱贫成果规划》（晋政发〔2021〕27号）	优化"特""优"农业产业结构，实施质量兴农品牌强农，加快农业现代化示范园区建设，推动乡村产业深度融合
2022年8月	《山西省"十四五"推进农业农村现代化规划》（晋政发〔2022〕21号）	实施"特""优"战略，构建现代乡村产业体系，做实做强三大省级战略，做大做优十大产业集群，推进优秀人才返乡入乡创业创新，培育全产业链服务体系
2023年3月	《关于做好2023年全面推进乡村振兴重点工作的实施意见》（省委一号文件）	推动农业"特""优"发展，明确大力发展有机旱作农业、推动乡村产业全链条升级等6个方面措施，全面推进乡村振兴

资料来源：根据公开资料整理。

二　山西实施"特""优"战略的成效

山西围绕"特色牌"做文章，深入实施农业"特""优"战略，有机旱作技术体系日臻完善，三大省级战略初见成效，农产品精深加工十大产业集群持续推进，新产业新业态不断涌现，逐步走出一条"特""优"农业高质量发展之路（见表2）。具体表现在以下几个方面。

表2　山西省"特""优"农业发展体系

发展体系	具体内容
三大省级战略	山西晋中国家农高区（山西农谷）、雁门关农牧交错带示范区、运城农产品出口平台建设战略
五大平台建设	运城果业、忻州杂粮、大同肉类出口平台，东部太行山中药材、西部吕梁山干果商贸平台
六大发展区域	汾河平原区域、雁门关区域、上党盆地区域、吕梁山区域、太行山区域、城郊农业区域
十大产业集群	酿品、饮品、乳品、主食糕品、肉制品、果品、功能食品、保健食品、化妆品、中医药品
发展有机旱作农业	实施"耕地质量提升、农水集约增效、旱作良种攻关、农技集成创新、绿色循环发展、农机农艺融合、品牌建设、新型经营主体培育"八大重点工程

资料来源：根据公开资料整理。

（一）农业综合生产能力稳步提高，粮食安全得到有效保障

2010年以来山西省粮食作物播种面积、产量分别保持在3000千公顷、1100万吨以上。粮食、肉类、蔬菜、水果、小杂粮产量呈现上升趋势，从年均增长率来看，小杂粮（8.12%）>水果（6.24%）>肉类（5.25%）>蔬菜（3.15%）>粮食（2.29%）。重要农产品市场供应充足（见图1）。

2010~2021年，山西省第一产业增加值和农林牧渔总产值实现跨越式增长。第一产业增加值在2020年突破1000亿元，2021年达到1286.87亿元。农林牧渔总产值由2010年的1016.41亿元增长到2021年的2134.02亿元，年均增长率为6.98%，其中农业产值占比较大，其次是牧业。2021年，农业、林业、牧业、渔业、农林牧渔专业及辅助性活动总产值分别占农业总产值的57.32%、7.49%、29.26%、0.43%和5.51%（见图2）。2023年上半年，农业形势稳中向好，农村发展动能活力持续释放，农村居民人均可支配收入达到7668元，同比增长8.0%，高于全国平均水平。

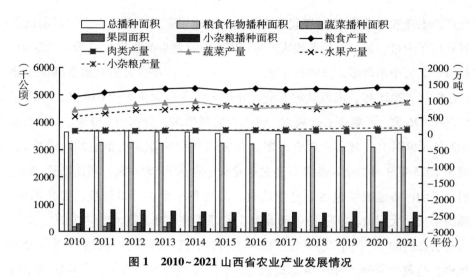

图1　2010~2021山西省农业产业发展情况

资料来源：《山西统计年鉴》及 EPS 山西县市统计数据库。

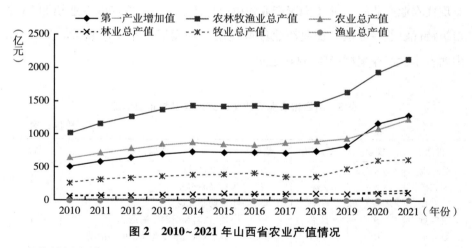

图2　2010~2021年山西省农业产值情况

资料来源：《山西统计年鉴》。

（二）农业龙头企业不断发展壮大，产业集聚集群集约发展水平不断提高

推进乡村产业集聚，龙头企业的引领作用非常重要。为推进农业产业化

经营，农业农村部从 2000 年起认定农业产业化国家重点龙头企业，目前已累计认定了七批。其中山西省被认定为国家级农业龙头企业共有 45 家，太原市、运城市、晋中市最多，分别有 9 家、7 家、6 家；行业主要为农副食品加工业（见表 3）。2021 年，山西认定农业产业化省级重点龙头企业 649 家，2022 年增补了 176 家。吕梁市、运城市、晋中市数量最多，分别为 120 家、110 家和 102 家（见图 3）。随着山西省不断优化创新扶持农业龙头企业的政策措施，截至 2023 年 9 月，全省县级以上农业龙头企业达到 2850 家，同比增长 28%。另外，山西省建成了包括上党中药材、沁州黄小米、忻州杂粮、吉县苹果、临绮苹果、大同黄花、隰县玉露香梨、安泽连翘、绛县山楂、右玉羊、岚县马铃薯在内的 11 个国家特优区，创建了包括晋西北沙棘、右玉生态羊、汾阳核桃、盐湖酥梨等在内的 18 个省级优质农产品特优区，特色农产品区域布局不断优化；建设了高粱、苹果、中药材、谷子 4 个国家级产业集群以及 9 个国家现代农业产业园、34 个国家产业强镇；打造了 5 个省级涉农专业镇和 38 个市级特优农业专业镇，农业产业集群集聚集约发展水平不断提高。2021 年，山西省十大产业集群产值 1600 亿元。

表 3　山西省农业产业化国家重点龙头企业情况

单位：家

批次	数量	所属市	数量	所属行业	数量
第一批	4	太原	9	农副食品加工业	17
第二批	5	运城	7	食品制造业	5
第三批	4	晋中	6	医药制造业	5
第四批	9	吕梁	5	酒、饮料和精制茶制造业	4
第五批	10	长治	4	农、林、牧、渔专业及辅助性活动	4
第六批	6	朔州	4	畜牧业	3
第七批	7	晋城	4	批发业	2
		大同	3	零售业	1
		临汾	2	农业	1
		忻州	1	文教、工美、体育和娱乐用品制造业	1
				研究和试验发展	1
				资本市场服务	1

资料来源：农业农村部 2003~2022 年公开信息，由作者整理得到。

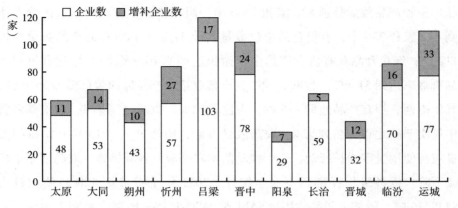

图3　2021年山西省农业产业化省级重点龙头企业情况

资料来源：山西省人民政府2021年及2022年公开信息，由作者整理得到。

（三）农产品加工业平稳发展，产品形态、产业业态不断丰富

农产品加工业是提升农产品附加值的关键，也是构建农业产业链的核心。截至2023年9月，山西省农产品加工业产值与农业产值比为2.3∶1，农产品加工转化率为63%。2021年，全省农产品加工实现2620亿元销售收入，同比增长20%，其中晋中国家农高区农产品加工业产值17.66亿元。农产品精深加工方面，忻州杂粮、平遥牛肉、吕梁山猪、阳泉富硒产品等形成了相应的产业链条，产业效益不断提升。农产品综合利用加工方面，2023年中央一号文件首次提出要"培育发展预制菜产业"，山西省响应政策，成立了山西预制菜产业联盟，依托"特""优"农产品资源优势和区位优势，培育中央厨房和预制菜等新产业新业态。

（四）农产品品质提升取得显著成效，"晋字号"农产品品牌不断深入人心

山西坚持质量兴农、标准立农、品牌强农，持续推进管源头、管过程，管产品、管标准，管能力、管本质，深入开展农产品"三品一标"四大行动，农产品质量安全水平总体稳步提升。2021年，山西省有效用标绿色食

品单位和产品数量分别 830 家和 1486 个，当年获证单位和产品数量分别达到 412 家和 736 个；有机食品单位数量共计 37 家，有机食品产品数量共计 112 个；绿色食品和有机农产品生产面积达到 9016.8 公顷，绿色有机农产品覆盖率达到 51.6%。目前，我国共申报登记农产品地理信息标志 3510 件，其中山西省拥有产品地标 176 件，占比 5.01%，位居全国第 4，在中部六省中仅次于湖北省，名列第 2。农药减量方面，山西省从 2015 年开始持续推进农药使用量零增长行动，全面推动落实农药减量各项措施，农药使用量持续下降。据各级植保部门不完全统计，2021 年全省种植业农药使用量为 8258.36 吨，较前三年平均用量 8414.52 吨减少 156.16 吨，减幅 1.86%，其中化学农药使用量为 7337.55 吨，比前三年平均用量 7543.34 吨减少 205.79 吨，减幅 2.73%。化肥减量方面，山西省 2021 年化肥使用量为 105.64 万吨（折纯量，下同），比上年减少 1.77 万吨，从 2014 年起连续八年实现了化肥使用量负增长。

品牌建设方面，创设"有机旱作·晋品"省域农业品牌，被国务院第八次大督查通报表扬；将沁州牌沁州黄小米、水塔牌陈醋、鑫炳记牌太谷饼等 100 个品牌选入 2021 年山西特优农产品品牌目录库；不断完善有机旱作农业技术体系，建设有机旱作农业示范区，将有机旱作农业品牌叫响全国。截至 2023 年 9 月，长子青椒、吉县苹果、五台山藜麦等 127 个品牌入选全国名特优新农产品名录。品牌推广方面，山西省瞄准京津冀、长三角、粤港澳，举办专场推荐活动；利用天猫、京东、抖音、快手等晋字号农产品旗舰店开展热点促销、直播带货，山西小米、山西陈醋、山西荞麦等农产品省级区域公用品牌市场占有率日渐提升。

（五）科技创新不断塑造特优农业新动能

近年来，山西农业科技取得长足进步，2022 年农业科技进步贡献率达到 61.94%，比上年增加 1.5 个百分点；农机总动力达 1680 万千瓦，农作物耕种收综合机械化率达到 74.7%，比上年增加 2.1 个百分点；良种的推广使用达到98%，基本实现主要农作物良种全覆盖。[①] 2018 年以来，山西省农业植物新品种当年申请量不断增加，2021 年为 139 件，同比增长 31.13%，种业振兴取得好成绩（见图 4）。

图 4　2010~2021 年山西省农业植物新品种当年申请量及累计授权量

资料来源：EPS 中国科技数据库。

三　山西实施"特""优"战略的典型案例

近年来，山西大力实施"特""优"战略，着力打好特色优势牌，创新"晋字号"农产品发展模式，提供了可复制可推广的好经验好做法。

（一）大同黄花：促进三产融合，创新盈利模式

大同市云州区是我国黄花的主要生产基地之一。史料记载，云州区栽种黄花始于北魏，至今已有 600 多年的历史。2020 年 5 月，习近平总书记在大同市云州区考察有机黄花标准化种植基地时指出，"把黄花产业保护好、

---

① 高美丽、吴彩云：《山西农业市场化发展现状及对策研究》，《山西财政税务专科学校学报》2023 年第 3 期。

发展好，做成大产业，做成全国知名品牌，让黄花成为乡亲们的'致富花'"。大同市委市政府准确把握风向标，大力推进一二三产业融合，将黄花产业与文旅产业相融合，利用云州区联结京津冀地区的区位交通优势和丰富的历史文化资源，采用"黄花+"的模式，打造了忘忧大道、忘忧农场、吉家庄旅游小镇等 23 处以黄花为主要景观的特色乡村景点，并举办黄花主题的摄影、书法、绘画大赛，挖掘黄花旅游潜质，辐射带动周边乡村旅游发展，提高了黄花产业的附加效益。①

（二）忻州杂粮：加强产业集聚，延伸产业链条

忻州是中国杂粮之都，杂粮种植具有 3000 多年的历史，品种有 15 个，品类多达 600 多个。围绕这一优势，忻州市着力构建加工体系，扶持龙头企业，鼓励产品研发，延伸产业链条，推动小杂粮经营模式转向产业化联合体。一是推进"中国杂粮之都"产业融合园区建设，着力打造集"杂粮科研创新、产品展示、文化科普、人才教育培训、仓储物流、进出口贸易、电商营销、文旅康养体验"八大主要功能于一体的"买全球、卖全球"的国家级杂粮大市场，促进杂粮产业集聚发展。二是加强产品研发及精深加工，开发杂粮精品、富硒产品、保健食品等产品，提升产品品质。目前，忻州杂粮已形成完整的产业链条，忻州市杂粮加工企业（销售收入百万元以上）达 170 家以上，开发了多款速食类、营养类、功能类杂粮产品，杂粮商品率达到 70% 以上。

（三）运城苹果：借助政策"东风"，走向国际市场

运城地处黄河流域，农业生产条件优越，处于北纬 35°。借助打造省级果业出口平台的政策"东风"，运城市放眼国际市场，出台了《山西运城水果出口平台建设规划》等一系列政策，推进果业"特""优"战略实施。一是加快果业供给侧结构性改革。运城市成立了国家温带果蔬检疫重

---

① 晋伟丽：《山西大同黄花产业发展经验及建议》，《广东蚕业》2022 年第 12 期。

点实验室和食品农产品检测实验室，加强农产品质量安全，不断促进果业逐步转型、提质增效。二是发挥科技创新的引领和支撑作用。运城市与西北农林科技大学、山西农业大学等农业院校开展产学研合作，在临猗县打造了国家级良种（苗木）繁育基地，促进技术革新，引进推广果业新品种、新技术、新模式。三是运用互联网发展跨境电商。运城市支持多家果品出口企业入驻阿里跨境电商平台，试点推广跨境电商，2021年运城市苹果出口量占全国出口量的22%。根据2023年中国品牌价值评价，"临猗苹果"以品牌价值53.76亿元位列区域品牌（地理标志）百强榜第62位，较2022年上升了4位。

四 山西实施"特""优"战略面临的挑战

尽管山西在培育和发展特优农业方面取得了一定成就，特优农产品的开发潜力及市场需求大大提高，但与农业发达地区相比，尚处在初级阶段，山西省特优农业发展还存在物流体系不完善、龙头企业实力弱、产业集聚度低、产业链条短、科技创新不足等问题。

（一）基础设施薄弱，物流体系不完善

农产品物流是实现农业生产资料流转和农产品流通的必要手段，也是实现特优农业生产与城市大市场有效衔接的重要保障。2021年山西省公路里程数为144617公里，在中部六省及周边省份中垫底。以公路里程数比省域土地面积计算路网相对密度，山西省在中部六省中处于最末位。在邮政局所数量方面，2021年山西省境内9667家，在中部六省中数量最少，在周边省份中落后于河北省和陕西省。在邮路总长度和邮政业农村投递线路长度方面，山西省也较为落后，这导致山西特优农产品存在"最初一公里"衔接不畅的问题（见表4）。另外，山西省农产品物流技术相对落后，储运方式多数是在常温及自然状态下对农产品进行简单储存，冷链行业发展缓慢，冷链物流企业数量较少（中冷联盟发布的《全国冷链物流企业分布图》显示，

2021 年山西省冷链物流企业数量为 47 家，占全国的 2.22%），物流信息化程度不高，农产品的销售渠道不通畅，缺乏高素质的物流专业人才，都制约着山西特优农产品的流通。[①]

表 4　2021 年中部六省及山西周边省份交通物流情况

区域	省份	公路里程数（公里）	路网密度（%）	邮政局所（处）	邮路总长度（公里）	邮政业农村投递线路长度（公里）
中部六省	山西	144617	92.29	9667	136812	98449
	安徽	237411	169.94	18024	233971	136168
	江西	211101	126.48	12642	208135	89568
	河南	271570	162.62	23026	620636	204378
	湖北	296922	159.72	17483	280077	174019
	湖南	241940	114.23	15825	375716	210939
周边省份	河北	207170	109.73	17730	152052	214150
	内蒙古	212603	17.97	7475	205388	152126
	陕西	183414	89.12	14644	183185	116782

资料来源：根据《中国统计年鉴》和中国政府网资料数据，由作者整理得到。

（二）龙头企业实力弱，资本化运作程度较低

山西是一个以煤炭工业为主导的传统工业省份，与其他省份相比，第一，农业产业化龙头企业较少。根据 2023 年 5 月 18 日农业农村部乡村产业发展司公布的数据，全国共有农业产业化国家重点龙头企业 1952 家。其中，山西省认定企业 45 家，占比 2.31%，在全国范围内处于倒数，在中部六省及周边省份中排名也最末（见图 5）。第二，山西省农业龙头企业发展水平较低，资本市场介入不足。截至 2021 年末，山西省农业产业化龙头企业在主板上市企业仅有 3 家，分别为汾酒股份、亚宝药业、广誉远国药；在

[①] 冯煌、王玉倩、宋佩璟、宗汉斌、贺慧芳：《特色农产品物流发展现状及对策研究——以山西省为例》，《山西农经》2021 年第 14 期。

"新三板"上市企业有9家，分别为澳坤生物、长荣农科、金粮饲料、天生红枣、东方亮生命科技、兰花药业、皇城相府药业、牧标牛业、晋龙畜牧。[①]

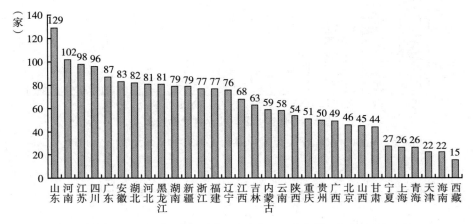

图5　2023年31个省（区、市）农业产业化国家重点龙头企业数量

资料来源：农业农村部公布名单，由作者整理得到。

（三）深度开发不足，品牌认知度低

山西省特优农产品以初加工为主，精深加工和副产物综合利用比例不高，农业农村部发布的2019年全国农产品加工业百强名单中，无山西省企业上榜。另外，受自然地理条件限制，山西特优农业生产规模小、经营分散，特优农产品存在同质化、品牌影响力小等问题，特色优质农产品的高附加值没有得到体现。例如，全国共有小米类地标55个，其中山西省最多，有19个，分散在晋城、晋中、临汾、长治、晋城等8个市。众多区域小米品牌各自为营、分散流量，"山西小米"知名度和影响力还有待提高（见图6）。

---

① 张蕾、张杰：《农业产业化龙头企业融资问题研究——以山西省为例》，《商业会计》2023年第14期。

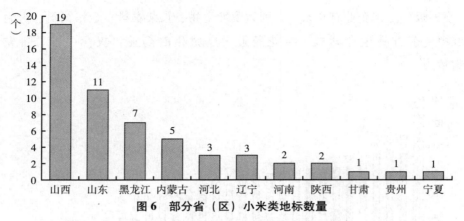

图6 部分省（区）小米类地标数量

资料来源：全国地理标志农产品信息查询系统（查询日期为2023年9月18日）。

（四）农产品质量标准还不够高，绿色生产还需加强

习近平总书记十分重视农业绿色发展和食品安全问题，明确指出"推进农业绿色发展是农业发展观的一场深刻革命"。目前山西省相应的农业绿色生产标准建设较为滞后，产地农产品质量安全追溯体系的实际推广应用效果不足，未能大规模进入流通和消费领域，农产品质量安全水平还需提升。另外，绿色生产管理水平不高，盲目追求农业生产的经济效益，使得过度使用化肥、农药的行为还没有完全自觉停止，阻碍了农业绿色发展。山西省化肥使用强度虽在全国处于中间位置，但与同为中部六省的江西、湖南及周边省份内蒙古相比还有改善的空间（见图7）。

（五）新技术推广不足，科技创新水平有待提升

大部分农村中青年选择进城务工，农村劳动力流失严重，从事土地耕种的大多数是受教育程度较低的老人，对新知识、新技术的接受能力较差，加上近些年农业技术推广体系建设滞后，使得先进的农业技术在农村推广较慢。另外，政府主导的公益性服务组织弱化，农业社会化服务体系还不健全，导致农业科技遭遇进村入户的"最后一公里"障碍，降低了科技创新驱动特优农业现代化发展的成效。

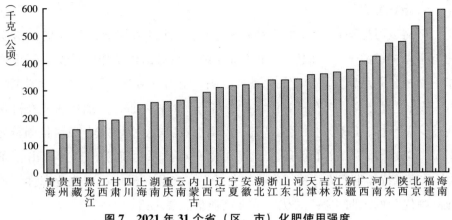

图 7　2021 年 31 个省（区、市）化肥使用强度

资料来源：《中国统计年鉴（2022）》。

五　山西持续推动农业"特""优"战略的
思路与政策建议

山西是农业特色资源大省，农业"特""优"战略是习近平总书记为山西农业现代化发展指明的方向和路径。山西必须紧盯农业高质量发展的目标，持续实施农业"特""优"战略，强化项目支撑，壮大龙头企业，将资源优势转化为产业优势，实现农业多元化、全链条发展，努力走出一条符合山西省情农情的现代农业发展道路，为建设农业强国作出山西贡献。

（一）持续推动实现农业"特""优"战略的总体思路

未来一段时期，是我国全面建成小康社会、实现第一个百年奋斗目标之后，乘势而上开启全面建设社会主义现代化国家新征程、向第二个百年奋斗目标进军的关键时期，是山西省实现农业"特""优"高质量发展的战略机遇期。山西省必须加强前瞻性思考、全局性谋划、战略性布局、整体性推进，立足省情农情，遵循产业发展规律，发挥乡村地域特色，以更高站位、更大力度、更实举措，绘制"特""优"农业新蓝图。

1. 指导思想

坚持以习近平新时代中国特色社会主义思想为指导，深入贯彻落实习近平总书记关于"三农"工作的重要论述和对山西工作的重要讲话重要指示精神，立足新发展阶段，完整、准确、全面贯彻新发展理念，紧紧围绕"打好特色优势牌，走有机旱作农业的路子"的总要求，以加快农业农村现代化为总目标，以稳粮保供为基础，以增加农民收入为关键，以科技创新为引擎，以建设高标准市场体系、现代化产业体系为抓手，努力蹚出一条"资源禀赋特、生产方式特、农耕文化特""产品品质优、产业业态优、农业品牌优"的山西"特""优"农业高质量发展之路。

2. 发展方略

一是坚持底线思维，保障供给安全。坚持底线思维，提升稳粮保供能力，推动"藏粮于地、藏粮于技"战略落实落地，把住粮食安全主动权；实施最严格的耕地保护制度，坚守耕地红线，打好第一产业和种业两个翻身仗；加快补齐基础设施短板，推进高标准农田建设，提升综合产能，夯实现代农业发展根基。

二是坚持区域特色，提升发展优势。立足自身资源禀赋、产业基础和市场需求，因地制宜发展乡村特色产业，加快推动农业"特""优"发展；以区域化、专业化、社会化、集群化为发展重点，扎实推进三大省级战略、五大平台、农产品精深加工十大产业集群建设，加快构建体现山西特色优势的农业现代化产业体系。

三是坚持绿色引领，推动生态高效。以绿色发展引领农业高质量发展，按照"减量化、再利用、资源化"要求，加快生产方式绿色低碳转型，加强农业面源污染治理，大力发展生态农业，促进农业资源有效循环利用，健全质量标准体系，培育绿色优质品牌，着力构建绿色农业发展的技术、政策、生态支撑体系。

四是坚持创新驱动，促进融合发展。加强有机旱作农业关键技术研发、集成创新与转化应用，提升农业科技创新水平，推动山西特优农业发展由注重物质要素投入向创新驱动转变。加快农业与现代产业要素跨界配置，优化第一产业、深化第二产业、强化第三产业，促进农业单一生产功能向经济、生态、旅游、健康、教育和文化等复合功能转变，提高农业产业的综合效益。

五是坚持市场导向，提高质量效益。充分发挥市场在资源配置中的决定性作用，尊重农户和新型农业经营主体的市场主体地位，扎实做好产业链供应链前、中、后的精准施策，加强政策及项目资金引导，更好地发挥政府作用，着力优化产品结构、生产结构和产业结构，充分利用国际国内两种资源两个市场，增强山西特色农业产业质量效益和竞争力。

3. 总体思路

充分发挥各地比较优势，立足资源禀赋和特色农业发展水平，聚焦稳粮保供、有机旱作、全产业链、质量品牌四大环节，紧抓"特色、质量、品牌、电商、双创"关键点和"生产、加工、物流、研发、示范、服务"全产业链，扎实推进农业现代化三大省级战略、十大产业集群建设，不断优化农业产业布局，高起点、高标准、高水平创建一批特优区和产业园，为持续推动全省特优农业高质量发展注入新动能新活力。

打造全国特色农产品优势区。按照做精杂粮、做强畜牧、做优果菜、做好药材的思路，在汾河平原、上党盆地、雁门关、太行山、吕梁山和城郊农业六大特色农业板块中，科学合理布局杂粮（马铃薯）、畜牧、鲜干果、蔬菜（食用菌）、中药材等特色农产品优势区和以功能食品开发为主的现代农业产业园。在吕梁山、太行山和晋西北建设谷子、高粱、马铃薯、荞麦、燕麦、红芸豆、绿豆、胡麻等特优区；在雁门关农牧交错带、太行山区建设肉牛、奶牛、肉羊、生猪、蛋鸡、肉鸡等特优区，做大晋南牛、晋岚绒山羊、晋汾白猪、太行黑山羊、广灵驴、边鸡、中华蜜蜂等特色养殖产业；在晋南、上党、晋中、忻定、大同盆地建设设施蔬菜、露地蔬菜和食用菌等特优区；在晋南丘陵区、吕梁山南麓边山丘陵区、晋中丘陵区、大同盆地、忻定盆地布局苹果、梨、葡萄等水果特优区；在吕梁山、太行山和晋南边山丘陵区等布局以黄芪、连翘、党参、远志、柴胡、山药、地黄等为主的特优区。

打造内陆地区农业对外开放集聚区。持续深化要素流动型开放，稳步扩大制度型开放，积极融入国家开放战略，提升开放平台功能，加强太原武宿综保区建设，推进中欧班列高质量发展，支持重点外贸企业扩大山西省特色优势产品出口规模，推动太原、大同、运城跨境电商综试区加快建设。特别是要以南果、中粮、北肉、东药材、西干果"五大平台"建设为牵引，深入实施项目建设、功能提升、贸易增长、延链补链、品牌培育"五大行动"，加快建成一批生产和加工基地，建设一批平台配套重点项目，培育一批百亿级的商贸流通和农业龙头企业，推广一批平台建设创新经验，形成一批区域性专业市场，打造一批知名品牌，聚力推动"五大平台"提速提质、提标提效，努力把"南果"平台打造成黄河流域果品出口基地和北方果品储藏交易中心，"中粮"平台打造成国家级杂粮交易中心与价格形成中心，"北肉"平台打造成京津冀优质畜产品供应基地，"东药材"平台打造成北方中药材集散中心，"西干果"平台打造成华北干果集散中心，为山西省全面推进乡村振兴、加快农业农村现代化发展提供新动力、新引擎。

打造有机旱作农业示范区。聚焦农产品精深加工十大产业集群，统筹考虑区域资源禀赋和产业发展条件，在山西省特色现代农业区域布局的基础上，重点在小麦、玉米、杂粮、油料、鲜干果、中药材等多种作物上布局建设有机旱作生产基地。在大同盆地、汾河谷地布局玉米生产基地，在东部太行山区、西部吕梁山区及北部高寒冷凉区布局杂粮生产基地，在晋东南、晋西北、吕梁山区布局谷子生产基地，在晋中盆地、上党盆地、晋北、晋南等地建设高粱生产基地，在晋西北建设高标准马铃薯种植基地，在晋中盆地、晋南布局建设水果生产基地，在太行山、太岳山、恒山山脉、吕梁山和晋南边山丘陵区建设5大道地中药材生产基地，在晋北布局建设油菜、胡麻，在晋南布局葵花籽等油料作物生产基地。积极落实部省共同推进山西有机旱作农业发展战略合作框架协议，坚持科研与生产、传统与现代结合，依托晋中国家农高区（太谷国家科创中心）、有机旱作研究院、重点骨干企业技术研发中心等科研机构，开展有机旱作农业技术研发与创新集成，统筹推进耕地地力提升、农水集约增效等"十项工程"和有机旱作农业技术体系、产业体系和经营体系"三大体系"建设，持续推进有机旱作农业向纵深发展，打造全国现代农业重要品牌。

打造农业绿色发展先行区。深入践行习近平生态文明思想，牢固树立"绿水青山就是金山银山"理念。将生态保护和绿色发展融入整个农业发展过程，建立健全创新驱动与激励约束机制，积极发展资源节约型、环境友好型和生态保育型农业。优化农业功能和空间布局，强化农业资源的保护和高效利用。加强农业面源污染防治，推行绿色循环和低碳生产，促进农业投入品减量、生产清洁化、废弃物资源化、产业模式生态化。全面治理山水林田湖草系统，提升农业生态服务功能，打造人与自然和谐共生的农业发展新格局。建成以资源管控、环境监控和产业准入负面清单为主要内容的农业绿色发展制度体系、绿色循环发展的农业产业体系、以绿色生态为导向的政策支持体系和科技创新推广体系。

（二）推动山西农业特优发展的政策建议

农业"特""优"战略，是山西实施乡村振兴战略的重要支撑，是实现农业农村现代化的必由之路。山西省要坚持高位推动，加快构建农业领域现代化产业体系、高标准市场体系，全链条推动农业特优发展，为建设农业强国作出山西贡献。

1.统筹谋划生产力布局，全方位夯实粮食安全根基

提升粮食产能，稳定粮食生产，"确保饭碗任何时候都牢牢端在自己手中"，既是重大的经济任务，更是重大的政治任务。

一是稳步提高农业生产能力。强化农产品供给安全，严守耕地红线，全面落实"米袋子"省长负责制和"菜篮子"市长负责制。持续加强高标准农田建设，特别是农田水利工程的完善，推动实施高效的节水灌溉和农业节水工程，引导农业实现规模化、集约化和高效化发展，进一步推动智慧农业的落地。实施单产提升行动，通过整合土地、良种、现代农业技术、机械化设备和科学管理等资源，积极创造高产田地，在中北部一作区创建玉米吨粮田，在南部两作区创建吨半粮田，示范带动大面积农田的均衡增产，确保粮食生产稳步提高。

二是进一步优化农业区域布局。构建汾河平原、雁门关、上党盆地、吕梁山、太行山、城郊特色现代农业发展六大区域，启动实施运城优质果麦产业化示范区、太原都市农业多功能示范区、上党特色生态农业示范区、朔州草牧业种养加发展示范区四大集群示范工程，加快推进特色现代农业富民强村工程和粮食产能、畜牧产业、水果产业、蔬菜产业、杂粮产业、中药材产业、马铃薯产业、农产品加工业八大产业提升工程，推动特色产业向优势区域集中，打造产业板块、产业带。

三是加快发展有机旱作农业。紧扣"把有机旱作农业打造成为我国现代农业的重要品牌"要求，加快有机旱作农业重点实验室等"三大部省共建实验室"建设，在继承和发展传统耕作优势的基础上，围绕"土、肥、水、种、技、机、绿"要素发力，实施十项工程，实行原料基地化、生产标准化、产品品牌化、监管全程化、经营信息化、生态优良化，全产业链推进有机旱作农业高质量发展。

2. 强化全产业链建设，推动农业产业集群化发展

建设农业全产业链是发展乡村产业、促进农民增收的重要举措，也是建设现代化产业体系的重要内容。

一是大力提升特优农产品精深加工能级。以杂粮、畜禽、蔬菜、鲜干果、中药材等特色优势农产品为依托，聚焦速食食品、保健食品、功能食品等领域，推进黍米（黄米）、莜麦、小米、沙棘、高粱、豆类等精深加工。重点扶持一批具有较大产能、较高科技含量和适销对路产品的大型食品加工企业向产前和产后延伸，实现从田间到餐桌全产业链的发展模式。

二是推动农文旅康体养产业融合发展。依托杂粮文化、传统美食文化等历史传承，建设杂粮博物馆、地方特色美食文化园等，推动农业与旅游、教育、康养等产业融合发展，着力发展农耕体验、研学科普、休闲、康养等农业新业态。推动特色农业与数字信息产业深度融合，积极发展农村电子商务，推进新零售模式如直播带货等健康发展，积极探索智慧农业和定制农业等"互联网+农业"新业态。

三是推动特优农业产业集群化发展。坚持战略引领、园区承载、项目支撑，以山西农谷、雁门关农牧交错带示范区、晋南果业出口平台三大省级战略、"南果、北肉、中粮、东药材、西干果"五大出口平台和特色农产品精深加工十大产业集群为牵引，布局一批特优农业全产业链建设项目，创建一批现代农业产业园、产业强镇，建立一批集生产资料供给、生产过程管理、产品收获加工、市场营销、品牌建设于一体的全链条融合产业集群。

3. 激发市场主体活力，建强现代化农业经营体系

推进农业供给侧结构性改革，构建现代农业生产经营体系，是推进农业农村现代化的重要支撑，也是实施乡村振兴战略的重要抓手。

一是发展壮大农业龙头企业。大力培育农业产业化龙头企业和农业产业化联合体，引导企业申报国家级、省级与市级农业产业化重点龙头企业。鼓励龙头企业开展质量管理体系、"三品一标"认证，建立较大规模的生产基地、加工基地、流通基地，与农户建立较稳定的产销关系和合理的利益联结机制。支持龙头企业采取多种方式组建企业集团、开展科技创新、产品研发、品牌创建和跨区域经营，培育在全省乃至全国具有领军地位的龙头企业。

二是建立紧密型利益联结机制。大力发展农业新型经营主体，依托区域优势特色农产品产业链条，构建"龙头企业+合作社+家庭农场+小农户"主体矩阵，因地制宜地建立和推进以合同式、合作式和企业化为主的利益联结机制，如通过签订多级订单、农户要素入股和双向入股等方式开展合作，让农户充分实现多环节获利增收。

三是完善市场化流通体系。优化完善全省交通路网结构，深化交通运输综合体系建设。构建高标准市场体系，加速产地、物流和批发市场等节点建设，确立畅通的农产品流通链条。统筹国际和国内市场，充分利用各种商贸出口平台，快速推进"南果、中粮、北肉、东药材、西干果"等特优农产品的国际化和实体化建设，促使更多优质农产品进入国际市场；瞄准大城市、大区域市场，北上京津冀、东进长三角、南下粤港澳，积极推动特优农产品走出去。

4. 转变农业发展方式，增加优质安全农产品供给

提高农产品质量安全水平，增加绿色优质农产品供给，是推进农业供给侧结构性改革的主攻方向，也是建设现代农业的重要任务。

一是构建特色农业发展标准体系。建立健全主品种、全产业链标准体系，聚焦重点特色优势农业产业，完善产品质量标准，推进农业产地环境、生产过程、产品质量、包装标识等全流程标准化建设。重点针对药茶、杂粮等标准空缺、没有国家标准或行业标准的特色优势产业领域，加快制定修订一批生产、加工、物流和食品安全标准，鼓励具有行业影响力的药茶、杂粮、果品等特色优势企业参与制定行业标准。

二是推进农业全产业链绿色生产。打造农业生态循环产业链，全面实施清洁生产，降低化肥和农药的使用，推广生物防治工程，加强秸秆、畜禽粪便等农业废弃物的综合利用以及水源地保护。发展绿色有机生产基地，从源头保障特优农产品质量。充分发挥农业环境监测机构的作用，对农田保护区、杂粮出口基地和绿色食品研发与生产环境质量进行常态化监测评价。

三是加强区域公共品牌建设。加强政府引导和统筹协调，深入推行"三品一标"认证，统一建立标准体系，统一标识使用管理，构建"区域品牌+企业品牌+产品品牌"发展矩阵，树立地域特色整体形象。组织特优农产品相关企业积极参加和组织在口岸城市、大中城市举办的博览会、推介会、商品交易会等大型营销活动，加大展示推介力度，不断提高山西省特优农产品品牌的知名度和美誉度。

5. 完善科技创新体系，赋能特优农业高质量发展

发展"特""优"农业，利器在科技，关键在创新。科技创新是农业高质量发展的重要引擎，也是提高特优农业生产效率以及附加值的重要保证。

一是提升农业科技创新水平。以市场需求为导向，围绕山西省特优农业全产业链上中下游环节，在有机旱作、核心种源、丘陵农机、精深加工等领域加快关键核心技术攻关。促进产学研用深度融合，依托晋中国家农高区（太谷国家农业科创中心）、山西农业大学（山西省农科院）等科研院所，布局一批国家级、省级农业科技创新平台，引进新品种、新技术、新模式，

推动科技创新成果在农业全产业链转化应用。

二是强化人才队伍培育。加大对农技推广人才的培养，强化激励机制，进一步激励广大基层农技推广人员干事创业的积极性，培养一支懂农业、爱农村、爱农民的"三农"工作队伍；鼓励高校、农业科研院所开展农民学历提升和农民技能培训，系统实施新型职业农民培育工程，加速培养一批具备较高文化素养、专业技能、经营管理的新型职业农民；加强对优秀人才的引进培养和政策激励，建立农业领域"高精尖"人才库，纳入一批全省农业科技领域优秀人才，建设农业高层次人才队伍。

三是推进农业科技信息化建设。积极推进杂粮、中药材等特色优势农产品生产过程与数字信息技术和智能装备深度融合；推进大数据中心、电子商务平台等建设，搭建质量安全追溯系统，利用农业物联网等信息技术，对特色农产品长势、历年农事活动、生产经营等信息进行数字化管理。

参考文献

［1］《山西省人民政府关于印发山西省"十四五"推进农业农村现代化规划的通知》，山西省人民政府网，https：//www.shanxi.gov.cn/zfxxgk/zfxxgkzl/fdzdgknr/lzyj/szfwj/202209/t20220907_7077764.shtml。

［2］孙京民：《山西实施特优战略　建设现代化农业新高地》，《农村工作通讯》2023年第5期。

B.12
山西实现"一泓清水入黄河"问题研究

赵文江　魏　强　李维斌*

摘　要： 习近平总书记视察山西时提出嘱托"要切实保护好、治理好汾河，再现古晋阳汾河晚渡的美景，让一泓清水入黄河"。"一泓清水入黄河"作为山西打基础利长远的大事要事之一，不仅是全省加快转型发展的重要支撑，也是建设黄河流域生态保护和高质量发展重要实验区的核心任务。为加快推进汾河流域生态保护和修复治理，确保2025年山西黄河流域国考断面全部达优良水质，本研究考察了山西"一泓清水入黄河"的治理现状，分析了存在的问题及原因，提出以改革举措促进水资源集约节约利用，进一步在"水量丰起来"上下功夫；以创新机制补齐流域水污染防治短板，进一步在"水质好起来"上下功夫；以系统治理提高流域生态保护修复的科学性，进一步在"风光美起来"上下功夫的建议。

关键词： 生态保护　生态修复　水污染治理

　　黄河流域生态保护和高质量发展是国家的重大战略。近年来，山西为建设好黄河流域生态保护和高质量发展重要实验区，不断加大对汾河流域的污染治理力度，积极推动"一泓清水入黄河"治理工作。2023年3月山西省人民政府出台《"一泓清水入黄河"工程方案》，谋划了涉及汾河流域的十

＊ 赵文江，山西省社会科学院（山西省人民政府发展研究中心）副院长，研究员，主要研究方向为习近平文化思想及黄河文化研究；魏强，山西省社会科学院（山西省人民政府发展研究中心）决策咨询委秘书处办公室副调研员，主要研究方向为生态经济学；李维斌，山西省工业管理学校校长，副教授，主要研究方向为区域经济学。

大工程 280 余项骨干工程和具体工程，并提出以十大工程为抓手，系统开展全方位、全地域、全过程综合治理，坚决打好全省蓝天、碧水、净土保卫战，全面减少汾河流域污染物排放量，确保 2025 年全省黄河流域国考断面稳定达到三类及以上水质。

一 "一泓清水入黄河"基本情况分析

黄河山西段 965 公里，流经 4 市 19 县（市），占黄河干流总长度的 17.6%，占中游河道的 80%。全省有 67 条流域面积 50 平方公里以上的黄河支流。黄河干支流涵盖 11 市 86 县（市、区），流域面积 11.46 万平方公里、人口 2566.83 万人、经济总量 13254.28 亿元，分别占全省的 73.1%、73.5% 和 75.6%。山西省直 9 大林区有 7 个分布在黄河流域，涉及 116 个林场（省级保护区），8 个国家级自然保护区均在黄河流域。山西年均水资源量占黄河流域的 10.5%，是京津冀的水源涵养地，被誉为"华北水塔"。

汾河作为黄河第二大支流，被称为山西的"母亲河"，是山西省内最大河流。汾河纵贯山西南北，主要流经太原、临汾两大盆地，包括吕梁、忻州、太原、晋中、临汾、运城 6 市 41 个县（市、区），总长 716 公里，流域面积近 4 万平方公里，约占全省面积的 1/4，河川径流达 20.67 亿立方米，流域内人口 1266 万，占全省总人口的 39%，汾河流域的生态保护和高质量发展，是山西建设生态保护和高质量发展重要实验区的关键。

20 世纪 70 年代以后，汾河流域被过度开发，汾河水质被严重污染，汾河生态被极大破坏，汾河流域地下水位大幅下降，部分支流、河道甚至一度出现断流。2017 年，习近平总书记在山西考察时强调，"一定要高度重视汾河的生态环境保护，让这条山西的母亲河水量丰起来、水质好起来、风光美起来"。2020 年，习近平总书记再次来到山西，在视察汾河流域的生态修复情况时指出，要切实保护好、治理好汾河，让一泓清水入黄河。① 2023 年以

① 《让一泓清水入黄河》，《山西水利》2020 年第 10 期。

来，山西把推动"一泓清水入黄河"作为建设黄河流域生态保护和高质量发展重要实验区的突破口，规划了十大工程280余项子工程，旨在着力推进雨污分流改造、排水泵站、调蓄池、污水收集、河道影响防洪等工程建设，从而进一步推进汾河流域的水资源、水环境、水生态治理工作。目前，全省推动"一泓清水入黄河"工作取得明显成效。

（一）政策支持体系不断完善

从国家层面来看，2021年，《中共中央国务院关于新时代推动中部地区高质量发展的意见》提出，要以河道生态整治和河道外两岸造林绿化为重点，建设汾河等河流生态廊道。同年10月，《黄河流域生态保护和高质量发展规划纲要》印发，要求在汾渭平原区等重点区域实施山水林田湖草生态保护修复工程。① 从省级层面来看，早在2017年，山西就出台了《山西省汾河流域生态修复与保护条例》，从法律角度保障汾河流域的生态修复与保护工作。2018年以来，为推动汾河流域生态保护与修复工作，山西省委省政府陆续出台《以汾河为重点的"七河"流域生态保护与修复总体方案》《关于加快实施七河流域生态保护与修复的决定》《关于坚决打赢汾河流域治理攻坚战的决定》等一系列方案措施。2020年，山西省政府出台《山西省黄河（汾河）流域水污染治理攻坚方案》，提出力争2020年底前，黄河（汾河）流域国考断面全面消除劣Ⅴ类，坚决打好水污染治理攻坚战。2022年1月，山西出台《山西省汾河保护条例》，旨在进一步明确汾河流域的水资源管理、水污染防治、水生态保护和修复方面的规定。2023年3月，山西出台《"一泓清水入黄河"工程方案》，提出到2025年，全省黄河流域国考断面要稳定达到Ⅲ类及以上水质。

（二）水污染治理成效显著

组织开展城市黑臭水体整治环境保护行动，完成沿黄、沿汾县级城市

---

① 中共中央、国务院：《黄河流域生态保护和高质量发展规划纲要》，中国政府网，https://www.gov.cn/zhengce/2021-10/08/content_5641438.htm。

（县改区）建成区黑臭水体治理工作。推进汾河流域水土流失治理工作，共在 13 个县对坡耕地水土流失进行综合治理，对 20 条小流域进行综合治理，同时启动对 33 座新建淤地坝的建设工作，对 26 座淤地坝的除险加固工程。2018~2022 年，黄河流域新增水土流失综合治理面积达到 2300 多平方公里，水土保持率由 53.8%提高到 56%，累计治理水土流失面积 4.75 万平方公里，治理度达到 70.25%，年输沙量由 20 世纪末的 1.2 亿吨减少到 1700 万吨，下降 85.8%，水土流失状况持续改善。启动汾河流域防洪能力提升工程，重点实施对汾河干流、重要支流以及洪灾水毁严重的支流进行综合整治，以补齐汾河流域的防洪短板。确立了流域省级水污染防治重点工程，坚持"一断面一方案"，不断提升汾河流域水污染治理水平。推进排水管网雨污改造，对汾河干流流经的 6 市进行排水管网雨污分流改造。加快城镇污水处理厂新建扩容，对沿汾地区的焦化行业进行超低排放改造。划定畜禽养殖禁养区，加快沿汾地区的农业高效节水灌溉建设。

（三）水环境质量持续改善

生态环境部发布的《全国地表水水质月报》显示，2023 年 7 月汾河、浍河、涑水河、涝河、磁窑河为轻度污染，主要污染指标为化学需氧量、高锰酸盐指数和五日生化需氧量。2022 年，汾河流域的 21 个国考断面全部达到Ⅳ类及以上水质，汾河流域水环境的质量持续改善。在汾河干流源头和主要支流源头设立保护区涵养水源，促使流域重点泉域保护区、河源保护区内的矿山企业加快有序退出。为解决汾河流域水资源短缺、空间分布不均问题，建立汾河流域水资源统一调度机制，2022 年山西向生态环境部推荐先进水污染防治技术 2 项，实施引黄济汾、引沁济汾等调水工程。全面深化生态化治理，为提升流域城镇污水处理厂尾水水质，在沿汾地区建成人工湿地 12 座，有效推动实现化学需氧量、氨氮、总磷三项主要污染物的浓度达到地表水Ⅲ类水质标准。

（四）水生态保护扎实推进

截至 2022 年底，万家寨引黄工程累计向汾河生态补水 20.6 亿立方米，补水总量达到 144 个西湖水量。大小水网工程的陆续完工将使科学调配水资源更加合理，如涑水河入黄的国控张留庄断面水质等持续稳定达标，汾河流域干支流水质得到有效净化，净化后的河水还能为汾河流域补充优质水源，保障下游农业用水安全，促进汾河流域生态系统良性循环。积极探索推进全域土地综合整治项目，扎实推进汾河中上游山水林田湖草生态保护修复工程试点项目建设，治理面积达 1472.95 平方公里。以汾河谷地为中心的地下水水位实现连续多年的回升，太原市第二水源滹沱河供水工程的开工建设，实现了中部引黄供水。

（五）历史遗留矿山生态修复工作持续开展

全面启动历史遗留矿山核查工作，完成修复治理 2400 多个历史遗留矿山图斑，治理面积累计 6739 公顷。2023 年 6 月，申报两项历史遗留废弃矿山生态修复示范工程项目，两个项目总投资 11.62 亿元（其中中央财政奖补 6 亿元）。完成后能够治理临汾、大同 2 市 12 县 483 个历史遗留矿山图斑，面积达到 32.7 平方公里。

（六）数字黄河孪生水利建设工作启动

2023 年山西省成立了数字孪生智慧水利建设领导小组，并与河南河务局展开"黄河工情险情全天候监测感知预警系统"项目合作，统筹推进全省数字黄河孪生水利建设工作。在汾河流域建设地表水跨界断面水质自动监测站，能够对全流域水质实现 24 小时在线监测全覆盖。强化生态环境数据支撑，建成集汾河水环境监测及污染源监控数据于一体的综合分析展示平台。成立首个自然资源部工程技术创新中心——"黄河中游生态保护修复工程技术创新中心"。

（七）生态环保监管力度进一步加大

深入开展"利剑斩污"行动，对中央生态环境保护督察和黄河流域生态环境警示片反馈问题进行整改，持续保持汾河流域环保监督执法高压态势和有力震慑。加快建立现代化生态环境监测体系,提高全省生态环境监管效能。深入推进清廉生态环境系统和权力运行制约体系试点建设,按照"铁军担当、铁纪严管、铁面无私、铁腕治污"四铁要求守护汾河流域的一泓清水。

二 存在的问题和原因分析

2020年以来,山西省汾河流域水质明显改善,但过去资源过度开发、生态本底脆弱的局面尚未根本转变,流域水污染防治存在短板,沿汾地区地下水超采问题较为严重,流域水资源供需矛盾突出,流域地表水断面水质不稳定,流域大小水网工程建设不同步,生态保护和修复有待强化,流域防洪减灾体系尚需完善,山西全面实现"一泓清水入黄河"面临诸多挑战。

(一)水污染防治存在短板

汾河流域存在水资源开发利用方式较为粗放、工业和农业用水效率不高以及面源污染问题日益凸显的问题。沿汾流域产业空间布局与水资源承载能力不匹配,采矿、焦化、化工等行业在汾河上游区域分布集中,面临较大的环境治理风险,有些工业、生活集聚区不能及时配套污水处理设施,有些污水处理设施不能及时规范运行。随着工业的生产加工环节从城市中心外迁,县域成为生产加工环节的承载空间。相比城市中心,县域普遍在环境基础设施建设和环保机构建设方面薄弱,农村生活污水处理设施覆盖率较低,甚至出现部分闲置现象,污水处理的资金紧缺和投资浪费的现象并存,汾河流域存在县域污染治理能力较低而污染治理任务重的问题。

(二)地下水超采问题较为严重

由于煤矿开采中会不断抽取矿涌水,疏干浅中层地下水,形成区域性下降漏斗,使地表裂隙发育或直接造成地表塌陷,随着采煤裂隙的加大加深,地下水的天然基流量也随之减少,进一步造成地下水位下降,产生地下水超采危害。汾河流域多年以来的煤炭资源被大规模开发，致使当地地下水超采，部分流域甚至存在季节性断流现象。据统计，汾河流域地下水超采面积约占全省超采区面积的93%，严重影响着汾河流域的生态保护和可持续发展。

（三）水资源供需矛盾突出

山西省第二次水资源评价结果显示，汾河流域的多年平均降水量仅占全省水资源总量的27.2%，而人均水资源量为全省人均水资源量的71.9%，水资源严重短缺已成为汾河流域经济社会发展的重要瓶颈制约。目前，汾河流域地下水位虽然每年都在回升，但回升速度缓慢，太原盆地、临汾盆地等地的地下水位仍距地表65~85米。汾河流域内黄河水、地表水、地下水、非常规水的供水结构不合理，而且水资源的利用效率不高，尚没有形成科学合理的阶梯水价机制，以需定价没有体现出来。

（四）部分地表水断面水质不稳定

在流域汛期，汾河污染强度明显高于非汛期，入河排污口水质超标现象时有发生，防洪减灾体系存在薄弱环节。个别断面水质反复波动甚至恶化，地表水稳定达标基础不牢固，国考断面优良水体比率低于全国平均水平。我们截取了2023年9月12日汾河流域部分国考断面地表水水质监测数据，可以看到，韩武村和安固桥断面水质类别均为劣Ⅴ类，断面地表水中总氨含量普遍较高，其中安固桥断面地表水中总氨含量高达14.19毫克/升，比Ⅰ类水质汾河水库出口断面总氨含量高13.2毫克/升（见表1）。

表 1 汾河流域部分国考断面地表水水质监测数据

单位：毫克/升

断面名称	水质类别	氨氮	总磷	总氨
上　兰	Ⅱ	0.025	0.005	2.14
韩武村	劣Ⅴ	4.868	0.428	9.35
汾河水库出口	Ⅰ	0.025	0.005	0.99
安固桥	劣Ⅴ	2.009	0.15	14.19

断面名称	水质类别	氨氮	总磷	总氮
王村桥南	IV	0.29	0.236	7.18
郝 村	III	0.134	0.054	2.54
小韩村	III	0.188	0.116	5.73
河西村	II	0.04	0.084	3.27
上平望	IV	0.625	0.197	7.92
曲 立	III	0.025	0.116	3.95
南 姚	V	1.967	0.245	4.93
北峪口	II	0.025	0.005	2.34

资料来源：生态环境部，https：//szzdjc.cnemc.cn：8070/GJZ/Business/Publish/Main.html。

（五）大小水网工程建设不同步

中部、南部引黄工程，"十二五"开工至今，主体工程即将贯通，但是前期建设没有同步推进沿汾市县的配套工程，大小水网建设没有形成一张水网，没有"打通最后一公里"，面临黄河水引进来、用不上的难题。经过引黄工程引入的黄河水，进入山西后，经过山大沟深，层层提水引水，工程的运营和维护成本大幅增加，最后用于农业灌溉的成本高达 8 元/吨，远高于新鲜水价，超过农民的可承受范围，面临黄河水成为天价水用不起的尴尬局面。

（六）生态保护和修复任务较重

虽然水土流失治理工作卓见成效，但是汾河流域水土流失面积仍有3.66 万平方公里尚待治理，治理工作繁重。按照自然资源部下发的历史遗留矿山生态修复图斑，汾河流域尚有 4 万多公顷面积待修复，涉及 3000 多座废弃矿山，汾河流域矿山生态修复板块存在矿山地质环境隐患。同时，长期对汾河流域高强度开发导致周边缓冲带面积大幅减少，一定程度上失去了其应有的生态功能，水生生物链结构和水生植遭到破坏，全流域生态系统恢复及修复任务较重。

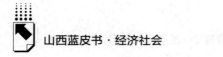

三 黄河流域其他省区生态保护和高质量发展经验启示

自黄河流域生态保护和高质量发展上升为国家重大战略以来，沿黄各省区加快编制黄河流域顶层规划，高质量发展不断向纵深推进，在黄河流域生态保护方面因地制宜，采取了一系列的好措施、好做法，积累了较为有效的经验。

（一）其他省区黄河流域生态保护的经验借鉴

青海省：青海省境内黄河干流长度 1694 公里，作为黄河的发源地，黄河青海段占黄河总长度的 1/3，多年平均出境水量占全流域径流量的近一半。黄河流域集中青海省 81% 的人口、72% 的 GDP，还有 80% 的耕地面积，其政治、经济、文化中心主要汇聚在黄河流域。青海境内有黄河源头"姊妹湖"扎陵湖和鄂陵湖，它们是黄河上游水源涵养地、补给地，也是国家重要的湿地生态功能区，生态地位至关重要。长期以来，青海省水资源供需矛盾问题突出，缺水成为制约当地湟水流域地区发展的重大瓶颈。黄河青海段以农业生产为主，农业用水量约占整个流域总用水量的七成，但是农业用水效率远低于全国平均水平。

近年来，青海省加大对黄河流域生态环境保护的工作力度，成效显著。一是加强法治保障。2021 年以来，青海制定了《青海省水土保持补偿费征收使用管理实施办法》《生产建设项目水土保持监督检查工作方案》《生产建设项目水土保持监管履职监督检查方案》等规范性文件，为做好当地的水土保持、监督管理工作提供了可靠的法治保障。二是落实节水行动。青海强化用水总量及强度双控行动，实行严格的水资源管理制度，在农业节水增效、工业节水减排、城镇节水降损方面，核定严格的用水定额、计划用水指标。同时加快非常规水源利用，2021 年，黄河青海段非常规水源利用量占全省非常规水源利用量的 73%，实现用水效率和效益的逐步提升。三是加强监督管理，包括加强工程项目管理和山洪灾害防御体系建设等。四是加强科技助力。2016 年青海根据全省重点生态保护区的分布特点,建成"生态之窗"网络化远程视频监测管理系统,可对黄河源地区进行实时监测,自动化识别疑似生态环境违法行为。除了实时监测功能,"生态之窗"积累的海量数据,可依托黄河流域(青海段)生态监管信息平台建设,初步实现对青海省境内黄河重点流域水生态保护和水环境治理的数字化、信息化,展示重点流域水环境质量现状及其变化趋势。结合人工智能自动化分析技术,可为黄河上游流域水环境综合监管及科学决策提供信息化支撑。①

宁夏回族自治区:作为黄河流域生态保护和高质量发展先行区,一是创新相关体制机制。大力实行"六权"(用水权、土地权、排污权、山林权、用能权、碳排放权)改革,建立起资源权益交易平台体系。二是彻底关停自然保护区内所有煤矿、洗煤储煤厂,通过植被景观再造、水系建设、现代管网铺建等手段,重新利用废石、废坑及各类废弃建筑材料,持续进行生态修复。

甘肃省:甘肃也是黄河流域重要的水源涵养区和补给区。一是加大对黄河水源涵养区的保护力度。2023 年 3 月,国家颁布的《黄河保护法》进一步加大了对黄河干流和支流源头、水源涵养区的雪山冰川、高原冻土、高寒草甸、草原、湿地、荒漠、泉域等的保护力度。二是改进农业节水灌溉设施。提前制订农业用水计划,由各地水务局统一分配用水指标,并在农业地区推行节水先进灌溉方式,提高农业节水效能。

内蒙古自治区:黄河内蒙古段是全国沙化治理任务最重的区域之一。一是大力开展水沙治理行动,通过采取工程固沙、造林种草等措施,建设风沙路径阻隔带,阻止库布齐沙漠流沙南移东扩和毛乌素沙地风沙东移南扩。综合运用造林种草、飞播等措施,加大重点区域人工治理力度,实现苏集沙地和河套平原零星沙地全面治理。建设锁边林草带,遏制腾格里、巴丹吉林两大沙漠前移,阻止沙漠侵袭贺兰山生态廊道和河套平原,从而阻止沙漠迁移

---

① 周盛盛、李占铁:《"千里眼"守护黄河之源》,新华网,https://h.xinhuaxmt.com/vh512/share/11712560。

进入黄河。二是落实河湖长制。实行"一河一策"，对流域内河流及湖泊因地制宜，制定管理任务。三是实施生态补水。2019年以来，内蒙古累计向流域内的重点湖泊补水约28亿立方米，有效促进了流域内生态保护和水质改善。四是加强联防联控防洪。先后与陕西、宁夏、青海、甘肃签订了黄河流域联防联控联治合作协议。

四川省：四川省黄河流域湿地蓄水量超过黄河流域平均径流量的1/6。2023年，四川省印发《四川省黄河流域生态保护和高质量发展规划》，为全省黄河流域的生态保护治理制定了"路线图"。制定的《四川省黄河流域生态保护和高质量发展"十四五"实施方案》，在黄河流域系统开展生活污水垃圾治理、饮用水源保护、固体废弃物处置、土壤环境保护等重点项目。同时，编制《川西北生态示范区国土空间规划（2021～2035年）》。把川西北生态示范区的阿坝州、甘孜州所有沿黄流域纳入国家和省"重点生态功能区"。编制完成全国首个《高寒退化草地生态修复技术规范》，目的在于指导川西北沿黄流域的生态保护与修复。

河南省：用现代科技为黄河安澜保驾护航。通过数字孪生黄河技术，搭建"模型黄河"智慧管理平台，提高"模型黄河"数字化、网络化、智能化水平，实现对黄河流域预报、预警、预演、预案"四预"管理。

另外，山东、河南两省就进一步完善黄河流域生态文明领域统筹协调机制，签订《黄河流域（豫鲁段）横向生态保护补偿协议》，解决河南省在污水排放、水环境处理设施等方面对山东省下游城市的影响。根据协议，2022年山东共向河南兑现了生态补偿资金1.26亿元。另外，2023年8月，我国黄河流域水权交易平台正式上线试运行，目的在于提高黄河流域水资源节约集约利用效率。

（二）黄河流域其他省区生态保护和高质量发展的启示

一是加强顶层设计。严格"三线一单"生态环境分区管控，一体推进治山、治水、治气、治城，更好统筹山水林田湖草沙一体化保护和综合治理、系统治理、源头治理，从根本上解决水污染问题。

二是实施工程项目建设。依托水网工程建设，科学调配水资源，达到保障生态基流、加快水污染治理、保护水源涵养等目的。

三是启动数字黄河孪生网络建设，实现要素统筹、天地一体，建设水环境预报、预警、预案、预演的大数据平台，达到处置水环境风险、保障水环境安全、促进水生态修复的目的。

四是对黄河流域干流及主要支流、河道、岸线进行生态修复治理，恢复自然和谐的水生态环境。

四　山西实现"一泓清水入黄河"的对策建议

落实汾河流域生态保护和高质量发展战略，从流域系统性和生态整体性出发，以汾河流域十大建设工程为抓手，实现"一泓清水入黄河"，推动黄河流域生态保护和高质量发展重要实验区建设，最终实现习近平总书记提出的"让水量丰起来，让水质好起来，让风光美起来"的目标。

（一）以改革举措促进水资源集约节约利用，进一步在"水量丰起来"上下功夫

落实习近平总书记关于"以水定城、以水定地、以水定人、以水定产"的指示精神，以水资源刚性约束倒逼发展方式转变。一是实行最严格水资源保护利用制度。严格落实水资源消耗总量和强度双控目标任务，强化水资源的刚性约束，完善水资源承载能力差别化管控措施。严格控制缺水地区、水资源敏感区域用水强度。加强地下水超采区综合治理，在超采区内禁止工农业及服务业新增取用地下水。汾河流域内用水单位实施节水改造，工业企业鼓励中水利用，提高用水重复利用率。农业地区推行节水灌溉方式和先进灌溉技术，以提升农田灌溉的用水效率。限制新建各类开发区和发展高耗水服务行业。二是实施可再生水利用工程。推进城镇污水管网全覆盖，提升城镇污水处理水量。对处理达标后的中水，建议通过水权交易等方式，补充生产、景观及生态用水等。完善农业污水收集处理再利用设施，推进农村污水

以用促治。三是推进水资源优化配置。对重点城市群和产业集聚区的水支撑进行研究评估，完善保障机制。修订《山西省水资源全域化配置方案》，完善汾河流域水量分配，严格生态流量管控。积极对接国家有关部委，争取加大对山西的黄河水指标分配额度。四是加大市场化改革力度。建立健全水权交易机制，建立政府收储调控机制和用水权投融资机制。开展大型高能耗高水耗和高排放企业与上游生态功能重要区域点对点购买试点。推进农业水价改革，分级分类制定差别化水价，推进农业灌溉定额内优惠水价、超定额累进加价制度，建立农业用水精准补贴和节水奖励机制。[①] 提高工业用水超定额水价，倒逼高耗水项目和产业有序退出。

（二）以创新机制补齐流域水污染防治短板，进一步在"水质好起来"上下功夫

创新探索农村水污染防治的新思路，推动汾河流域城镇排水管网雨污分流改造，沿汾地区实施焦化、钢铁等重点行业清洁生产改造。一是持续加大水土流失治理力度。坚持保护优先，用最严格制度最严密法治保护水土资源，科学推进水土流失综合治理，加快削减水土流失"存量"。因地制宜实施国家水土保持重点工程，大力推进生态清洁小流域建设。二是全面落实《水土保持法》，强化事中事后监管。建立沿黄地区防沙保土屏障，实施高阶台地边缘坡面及边沟生态修复治理工程。适当提高新一轮退耕还林补助标准，延长补助年限。逐步将吕梁山区现有 260 万亩 15~25 度陡坡梯田和坡耕地纳入退耕还林还草范围。深化小流域综合治理，建设高标准淤地坝，抓好病险淤地坝除险加固。聚焦黄土高原土壤侵蚀模型、水土保持生态价值等，开展技术攻关。推动由防治水土流失为主向保育利用水土资源、改善生态服务质量为主转变，构建新型水土流失治理模式。统筹推进黄河流域堤防建设、河道改造、滩区治理等工程。三是完善防洪工程体系。在 7~9 月黄

---

① 中共中央办公厅、国务院办公厅：《关于加强新时代水土保持工作的意见》，中国政府网，https：//www.gov.cn/zhengce/2023-01/03/content_5734869.htm。

河汛期前，做好日常管网清淤工作，加强对汾河流域缓洪池泵站、排水泵站及调蓄池的管理，减少黄河汛期到来时雨水及生活污水排入河道的风险，从而降低汛期的水污染强度。以汾河小流域为单元，科学安排洪水出路，优化防洪工程布局，系统谋划以水库、河道及堤防、蓄滞洪区为主要组成的工程体系建设，推进汾河四大灌区的农田退水治理。四是加快推进黄河古贤水利和重点水源工程建设。管理汾河流域水泥沙统一调控，进行拦沙和调水调沙，协调全省黄河水沙关系，进一步优化调度汾河水资源。五是整治入河排污口。聚焦浍河、文峪河、磁窑河、杨兴河、太榆退水渠等的支流和汾河干流区域，解决汾河流域部分国考断面水质不达优良的问题；针对各类污染源，开展生态治理，全面减少汾河污染物排放量。六是创新监管手段。应用卫星遥感等手段，建设天地一体、上下协同、实时感知的大数据平台，实现汾河流域生态保护遥感监管全覆盖，及时发现并依法依规查处有关违法违规行为。同步推进数字汾河孪生流域工程，强化汾河流域水网的"四预"功能，提升流域管理的数字化、网络化、智能化水平，促进汾河流域系统治理提质增效。

（三）以系统治理提高流域生态保护修复的科学性，进一步在"风光美起来"上下功夫

加大财政投入力度。一是持续实施湿地保护与恢复工程。在河流汇口、污水处理厂下游等关键节点建设一批潜流或表流人工湿地，推广"污水处理厂+人工潜流湿地"再生水循环利用模式。早日争取将运城湿地省级自然保护区升级为国家级自然保护区，并完善相应机构和基础设施。在万荣县汾河入黄口开展生态净化功能和生物多样性保护湿地公园建设。二是持续推进历史遗留矿山生态修复。从保障国家能源基地可持续发展的高度，2025年底前基本完成黄河流域历史遗留矿山生态修复治理的目标，着力推进采煤沉陷区和矿山生态修复治理。推广太原西山生态修复模式，通过赋予一定期限的自然资源资产使用权，激励社会投资主体从事连片矿区生态修复建设。三是大力开展水利基础设施网络建设。优化水利基础设施布局、结构、功能和

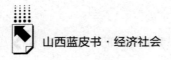
系统集成，以联网、补网、强链为重点，构建配套同步的大小水网体系。四是完善流域生态补偿机制。严格落实《汾河流域上下游横向生态补偿机制实施细则（试行）》，实施汾河流域横向生态保护补偿制度。五是启动汾河百公里中游示范区建设。以"一泓清水入黄河"十大建设工程为抓手，修复汾河干流及主要支流河道水、陆生态空间，恢复生态系统的生物多样性和稳定性，营造水利长廊、生态长廊、文旅长廊，使河道岸线恢复自然之美。

参考文献

［1］索端智主编《黄河流域生态保护和高质量发展报告（2022）》，社会科学文献出版社，2022。

［2］中共宁夏区委党校（宁夏行政学院）：《黄河流域生态保护和高质量发展理论文集》，宁夏人民出版社，2021。

［3］金湘军：《政府工作报告——2023年1月12日在山西省第十四届人民代表大会第一次会议上》，《山西日报》2023年1月19日。

［4］《2023年7月全国地表水水质月报》，生态环境部官网，https://www.mee.gov.cn/hjzl/shj/dbsszyb/202308/t20230823_1039182.shtml。

［5］山西省人民政府：《关于印发"一泓清水入黄河"工程方案的通知》，《山西省人民政府公报》2023年3月。

［6］胡健：《山西将全力实现一泓清水入黄河》，《人民日报》2023年6月11日。

［7］杨文：《护卫一泓清水入黄河》，《山西日报》2023年2月2日。

［8］山西省人民政府：《美丽山西建设规划纲要（2023~2035年）》，《山西省人民政府公报》2023年5月。

［9］山西省人民政府办公厅：《关于印发山西省黄河（汾河）流域水污染治理攻坚方案的通知》，《山西省人民政府公报》2020年4月。

B.13
山西推进以县城为载体的
城镇化建设研究

贾步云　王中　吕凯*

摘　要：　县城是我国城镇体系的重要组成部分，是城乡融合发展的关键支撑，对促进新型城镇化建设、构建新型工农城乡关系具有重要意义。本研究客观总结了近年来山西新型城镇化建设的主要做法和显著成效，深刻剖析了山西推进以县城为重要载体的城镇化建设的基础优势和问题短板，并在充分吸收借鉴国内先进地区成功经验的基础上，提出未来一个时期山西要在充分尊重县城发展规律的基础上，统筹城乡生产、生活、生态、安全需要，全力打造一批"高质量发展、高水平开放、高品质生活"的县城城镇化新样板。具体建议：一是科学合理定位县城功能，重点实施差异化发展战略；二是增强主导产业支撑能力，稳定增加县城的就业岗位；三是提高基本公共服务水平，提升县城的综合承载能力；四是创新城乡融合体制机制，加快城乡间要素双向流动；五是提升城乡社区治理效能，构建共建共治共享新格局。

关键词：　新型城镇化　城乡融合　县城

郡县治，天下安。县城是我国城镇体系的重要组成部分，是城乡融合发展的关键支撑，对促进新型城镇化建设、构建新型工农城乡关系具有重要意

---

* 贾步云，山西省社会科学院（山西省人民政府发展研究中心）办公室副主任，副研究员，主要研究方向为农村经济；王中，山西省社会科学院（山西省人民政府发展研究中心）研究二部助理研究员，主要研究方向为产业经济；吕凯，山西农业大学乡村调查研究院助理研究员，研究方向农业经济和农村发展。

义。党的二十大报告明确指出，要"以城市群、都市圈为依托构建大中小城市协调发展格局，推进以县城为重要载体的城镇化建设"。2023 年 1 月，习近平总书记在主持中央政治局第二次集体学习时强调，要"全面推进乡村振兴，推进以县城为重要载体的城镇化建设"。山西省委十二届六次全会明确提出，要"推进以县城为重要载体的新型城镇化建设，与学习推广'千万工程'经验结合起来，深入开展试点示范，推动县域内城乡融合发展"。近年来，山西省立足资源型地区实际，准确把握城镇化发展阶段性特征，坚持以人为核心、以县城为重要载体、以体制机制改革为动力，着力优化城镇空间布局，提升城镇可持续发展能力，推进城乡融合发展，努力走出一条具有山西特色、符合现代化要求的新型城镇化发展道路，为全省高质量发展提供强劲动力和坚实支撑。

一 山西推进以县城为重要载体的城镇化建设的重大意义

《中共中央关于制定国民经济和社会发展第十四个五年规划和 2035 年远景目标的建议》提出推进以县城为重要载体的城镇化建设。《中华人民共和国国民经济和社会发展第十四个五年规划和 2035 年远景目标纲要》提出县城建设的任务举措。2020 年以来，国家发展改革委印发了《关于加快开展县城补短板强弱项工作的通知》以及若干配套文件，形成了"1+N+X"系列政策性文件体系，并指导 120 个县城建设示范地区积极探索实践。2022 年，中共中央办公厅、国务院办公厅出台《关于推进以县城为重要载体的城镇化建设的意见》，全面系统提出县城建设的指导思想、工作要求、发展目标、建设任务、政策保障和组织实施方式。这一系列重要部署，为山西推进城乡融合发展和新型城镇化建设指明了发展方向。

（一）推进县城建设是完善新型城镇化战略的重要内容

2014 年 5 月，习近平总书记对晋江推进新型城镇化试点工作作出重要批示，"眼睛不要只盯在大城市，中国更宜多发展中小城市及城镇"。县城是我国城镇的中坚力量，是城镇体系的基础组成部分。随着我国经济从高速增长阶段转向高质量发展阶段，把县城作为新阶段城镇化建设的重要着力点，统筹县城生产、生活、生态、安全需要，因地制宜补齐县城发展的短板弱项，增强县城综合承载能力，有利于缓解部分大中城市功能过度集中、中心城区人口过度集聚等问题，有利于全面提升山西中部城市群一体化高质量发展水平，加快形成全省城乡区域发展新格局。

（二）推进县城建设是扩大内需、拉动经济增长的有效举措

习近平总书记强调，"农民到县城买房子、向县城集聚的现象很普遍，要选择一批条件好的县城重点发展，加强政策引导，使之成为扩大内需的重要支撑点"。通过增加资金投入来推动县城建设，不仅可以创造短期投资回报，同时也可以吸引产业投资和促进居民消费，激发乘数效应，创造良性循环，助推县城的全面发展。在科学分析研判县城的综合比较优势和人口产业发展态势基础上，因地制宜确定发展方向和功能定位，加快补齐各类设施短板，营造宜居宜业环境，吸引人口产业集聚，有效增加居民收入，形成投资、生产、消费的良性循环，是扩大内需、拉动全省经济形成新一轮增长的有效举措。

（三）推进县城建设是促进城乡融合发展的必然要求

习近平总书记强调，"要把县域作为城乡融合发展的重要切入点，推进空间布局、产业发展、基础设施等县域统筹，把城乡关系摆布好处理好，一体设计、一并推进"。县城位于"城尾乡头"，是联结城市、服务乡村的天然载体。推动县城建设，不仅满足了农民日益增长的就业和居住需求，还有助于促进乡村发展和农业农村现代化，加强县城与邻近城市的协同发展，为激发县域发展活力，促进城乡融合发展提供重要支撑。

（四）推进县城建设是人民美好生活的重要保障

2020 年 12 月，习近平总书记在中央农村工作会议上指出，"要赋予县级更多资源整合使用的自主权，强化县城综合服务能力"。县城既是县域政治经济文化中心，也是全县人口聚居中心。加快推进县城建设，既有利于保障基本民生需求，也能有效增加城乡居民收入，是提升人民群众幸福感获得感安全感的重要途径。完善的产业配套设施，有利于培育发展特色优势产业，稳定扩大县城就业岗位；健全的市政公用设施，能够为县城提供基础设施支持，确保城市运行的可持续性；健全的公共服务设施，有利于提升大众幸福度，满足居民生活需求；完善的环境基础设施，有利于提高县城的居住环境质量，改善居民生活条件。

二 山西新型城镇化建设现状及发展成效

城镇是贯彻落实新发展理念的重要载体，是构建新发展格局的重要支点。习近平总书记围绕城镇规划、建设、管理等方面提出了一系列新理念、新论断、新要求，为山西城镇建设高质量发展提供了根本遵循。近年来，山西深入贯彻落实习近平总书记关于以人为核心的新型城镇化战略的重要指示精神，坚持因地制宜、先行先试、大胆探索，加快转变城镇化发展方式，推动新型城镇化高质量发展取得明显成效。

（一）探索创新体制机制，城镇化水平和质量稳步提高

近年来，山西省积极探索创新体制机制，加快推进户籍制度改革，落实"三块地"改革部署，重点推进城乡建设用地增减挂钩、工矿废弃地复垦利用以及农业转移人口落户用地政策、农村集体经营性建设用地入市等方面的土地制度改革，不断完善农村金融体系，城镇化水平和质量稳步提高。截至 2021 年底，山西常住人口城镇化率达到 63.42%，较 2016 年提高 6.15 个百分点（见图 1）。

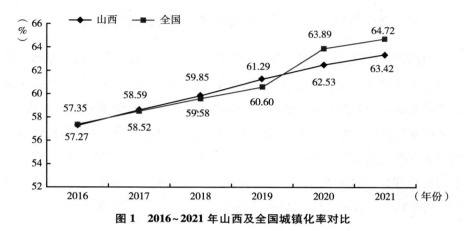

图1　2016~2021年山西及全国城镇化率对比

资料来源:《山西统计年鉴》。

（二）推动区域协调发展，城镇化空间布局更加优化

近年来，山西加快推进区域协调发展和新型城镇化，深入实施主体功能区和区域协调发展战略，促进各类要素合理流动和高效集聚，不断优化城镇化空间发展格局。

一是加快构建"一群两区三圈"的城乡区域发展新布局。全力提升太原国家区域中心城市首位度，带动山西中部晋中、忻州、阳泉、吕梁四市协同发展；强势打造太忻一体化经济区、转型综改示范区南北双引擎；加快建设晋北、晋南、晋东南高质量城镇圈，推进以人为核心的新型城镇化，不断提高全省城镇化水平。

二是深入实施大县城战略。支持具有良好区位优势和产业基础、资源环境承载能力较强、集聚人口经济条件较好的县城重点发展；发挥清徐县、阳城县、孝义市国家级县城新型城镇化建设示范县引领作用，推进全省市县转型综改牵引性集成改革试点，加快县域内城乡融合发展。

三是规范健康发展特色小镇。建立特色小镇清单，加强监测监督监管；坚持以业兴镇，培育一批特色小镇，科学编制特色小镇规划，总结推广典型经验。

（三）强化特色产业支撑，县域经济综合实力连年攀升

山西牢牢把握高质量发展这个首要任务，立足自身资源禀赋，厚植产业优势，坚持把制造业振兴作为产业转型的主攻方向，加快壮大农产品精深加工产业集群，大力提升链长制和专业镇两大平台，持续开展产业补链强链，引导产业集群集聚集约发展，强化创新驱动，加快数实融合，县域经济社会转型实现跨越式发展。2016~2021年，山西省县域人均GDP不断上升，年平均增长率为15.03%，高于全国年平均增长水平（6.69%），与中部六省其他省份相比，县域人均GDP年平均增长率位居第一（见表1、图2）。

表1　2016~2021年全国及中部六省县域人均GDP增长情况

单位：万元，%

指标	国家或地区	2016年	2017年	2018年	2019年	2020年	2021年	平均增长率
人均GDP	全国	2.94	3.16	3.39	3.64	3.81	4.49	6.69
	山西	2.65	3.14	3.51	3.64	3.85	5.21	15.03
	安徽	2.55	2.81	3.06	3.84	4.00	4.46	11.45
	河南	2.90	3.11	3.33	3.56	3.56	3.81	5.71
	湖北	2.82	3.04	3.30	3.64	3.5	4.12	8.09
	湖南	2.64	2.79	2.99	3.20	3.35	3.67	6.69
	江西	2.85	3.15	3.42	3.76	3.99	4.50	9.52
山西省全国排名		17	11	8	10	10	6	

资料来源：《中国县域统计年鉴》。

（四）加快推进城乡建设，县城综合承载能力不断增强

近年来，山西加快推进县城建设，充分发挥开发区、专业镇、文旅康养集聚区、数字平台等集聚县域产业的重要作用，大力推进城乡建设。

一是加快补齐基础设施短板。大力推进新型基础设施建设，截至2021年底，全省91个县（市）共有住房总面积3.04亿平方米，人均住房面积达到30.7平方米；县城建成区面积为716.09平方公里，平均路网密度达到7.43公

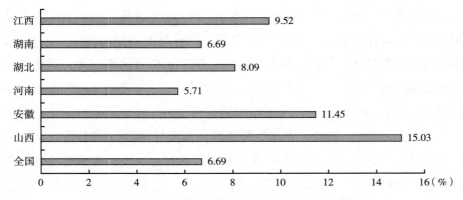

图2　2016~2021年山西及全国人均GDP增长率对比

资料来源：《中国县域统计年鉴》。

里/平方公里，人均道路面积16.19平方米；公共供水普及率达到95.79%，燃气普及率达到83.13%（见图3）。

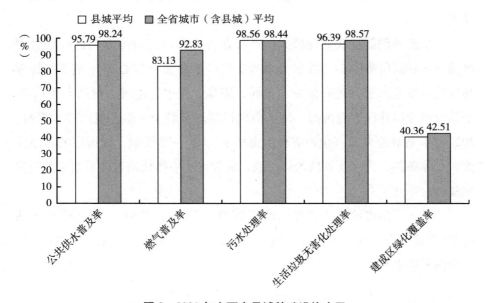

图3　2021年山西省县城基础设施水平

资料来源：《中国县城建设统计年鉴》。

二是进一步提升县城人居环境质量。"两下两进两拆"专项整治行动全面展开，完成各类管线入地2000余公里，拆除整改各类广告牌3万余块，拆除违建223万余平方米，拆除、改造各类围墙91万余平方米；建成区绿化覆盖率达到40.36%，人均公园绿地面积达到11.56平方米；污水处理率达到98.56%，生活垃圾无害化处理率达到96.39%。

三是强化教育、医疗、养老、托育等公共服务供给。2021年，全省91个县（市）均通过国家县域义务教育基本均衡评估认定，义务教育阶段学校实现"公民同招"；设有94所县级综合医院，公立中医医院88所，覆盖率达到96.7%。县级图书馆面积标准达标率达到68.13%，美术馆配备率达到30%；建有县级公办养老机构的县（市）共87个，建有率达到95.6%。

（五）完善城乡治理体系，治理能力和治理水平持续提升

近年来，山西深入推进社区治理创新，进一步健全完善城乡社区服务体系。

一是改革创新社区管理模式。通过在各县（市）设立专门的社区管理机构——社区服务中心（社区办事处、社区事务服务中心等）来统筹管理县城社区事务。全省现有太原、大同、阳泉、晋中、运城、忻州6个市25个县设有专门社区管理机构，社区治理机制逐步健全，服务能力逐步提高。2022年，省政府发布《山西省设街道标准》，进一步明确了设街道的总体要求和具体条件，为优化县域治理层级，完善城乡一体化治理体系奠定了坚实的基础。

二是大力推进数字化治理。截至2021年底，全省91个县（市）中共有59个县（市）建成了数字化城市管理平台，总体覆盖率达到64.8%，高于全国平均水平。

三 山西推进以县城为载体的城镇化建设的优势与短板

2023年是全面贯彻党的二十大精神的开局之年，是山西把握新发展阶

段、完整准确全面贯彻新发展理念、抢抓构建新发展格局战略机遇、加快推动高质量发展的关键时期，城镇建设工作机遇和挑战并存。

（一）基础优势

县城自古以来就是国家安全和发展的重要基石。作为我国城镇体系的重要一环，县城发挥着"城尾乡头"的衔接作用。数据显示，2021年底，山西省91个县城及县级市城区常住人口为602.37万人，占全省城镇常住人口的27.3%，县及县级市数量占县级行政区划数量的78%，县城建设无疑是推进城镇化建设的重要部分。

1. 区位交通优势

山西地处华北腹地，向东，融合京津冀和环渤海经济区；向南，承接国际市场以及长三角、珠三角、港澳台地区产业梯度转移；向西，联结西部区域，积极搭乘"丝绸之路经济带"发展快车；向北，拓展蒙晋冀长城金三角区域合作，主动融入中蒙俄经济走廊，四方开放"蓝图"，为山西开放发展明晰了坐标。公路交通优势明显，"三纵十二横十二环"的高速公路网与周边省份无缝对接；石太客专、大张高铁和在建雄忻高铁沿线的县（市）都在环首都2~3小时交通圈内，航空版图上有一半的县（市）在环首都1小时交通圈内，雄忻高铁建成通车后，太原到北京仅需一个半小时。

2. 资源禀赋优势

山西省是我国重要的能源基地和矿产资源大省，有着"地下聚宝盆"的美誉。截至2020年，共发现矿产120种，其中查明资源储量的矿产有65种，保有资源储量居全国前十位的矿产有30种。煤层气累计探明地质储量、可采储量均居全国第1；铝土矿保有资源居全国第1，铝土矿储量居全国第4；煤炭保有资源量居全国第3，煤炭储量居全国第1；铁矿保有资源量居全国第8，铁矿储量居全国第3，在全省91个县（市）中有77个是含煤县。原煤产量占全国的1/4以上，煤炭产量连续两年位居全国第1，电力装机突破1亿千瓦。山西省农作物种类繁多，苹果、梨、枣、土豆、葡萄、柿子、荞麦、莜麦、黍子、小米、藜麦等都是山西特色农作物，在原国家质检总局发布的生态原产地保护产品名单中，山西共有 19 个产品上榜，素有"小杂粮王国"和"优质粮果带"美称。丰富的资源禀赋优势，为山西各县（市）经济发展奠定了坚实的基础。

3. 产业基础优势

山西实体经济基础牢固，氧化铝、电解铝、金属镁等原材料产业基础扎实，煤机智能制造、轨道交通装备、特种金属材料、光伏装备等优势产业集群快速成长，上下游填平补强的产业链日趋完善；高新产品数量不断增加，手撕钢、笔尖钢、高端合成蜡等打破国外垄断；大数据中心等新型基础设施爆发式增长。丰富的历史文化资源和独特的自然风光、气候为山西文旅康养产业发展奠定了基础。截至 2023 年 7 月，山西共有 72 个省级开发区平台和92 个专业镇，为全省县域经济发展提供了坚实的保障。

4. 空间布局优势

山西地处我国中部地区华北平原的西侧，全省呈现两山夹一川的地貌形态，山地、丘陵占全省总面积的 80.1%，平川河谷仅占 19.9%。东部为太行山区，西部为吕梁山区，中部分列有大同、忻定、太原、临汾、运城和长治六大盆地，是全省人口密集和经济发达的地区（见图 4）。

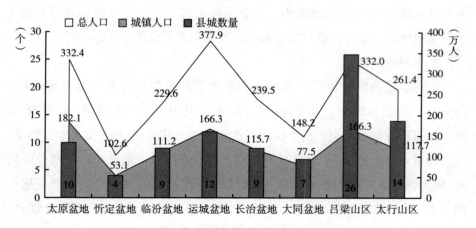

图 4　2021 年山西省县城空间分布相关数据

资料来源：《山西统计年鉴（2022）》。

（二）问题短板

近年来，山西推进以县城为重要载体的新型城镇化建设取得长足发展，但县域经济总体实力偏弱、产业发展水平落后、综合承载能力不强、城乡发展不平衡不充分等问题仍然存在。

1. 产业支撑能力不足，县域经济发展水平较低

一是产业发展相对落后。91 个县（市）80% 的产业结构仍以资源型产业为主，新兴产业和现代服务业发展不够充分，农业、旅游业产业化程度不高，农旅融合、文旅融合不足，产业支撑和辐射带动能力较弱。县域间产业类别、重点方向趋同，没有形成产业上下游互补、错位发展的格局。

二是县域经济总量偏小。山西县域平均 GDP 不到全国县域平均水平的 60%。2021 年，全省 91 个县（市）的平均地区国内生产总值为 133.2 亿元，其中 44 个县（市）的地区生产总值在 100 亿元及以下，16 个县（市）在 50 亿元及以下（见图 5）。

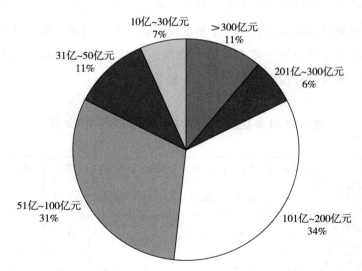

图 5　山西省 2021 年县（市）GDP 规模等级分布

资料来源：《中国县城建设统计年鉴》。

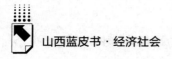

三是县域财政收入规模低。2021年，全省一般公共预算收入为2834.6亿元，首次突破2800亿元，在中部六省中仅高于江西省。

2.基础设施相对薄弱，优质公共服务供给不足

一是基础设施建设仍不完善。县域交通短板依然突出，交口、沁源、浮山、石楼四个县未通高速；高速公路和普通国道的里程、面积密度在中部六省均居于靠后排位；县城道路容量不足，建成区路网密度为7.43公里/平方公里，低于国家标准。信息基础设施薄弱，互联网、物联网、数据中心等基础设施建设进度迟缓，信息化教育水平、信息消费、信息技术应用等县域智慧应用滞后于实际需求。

二是优质公共服务供给不足。优质教育资源，特别是普惠性幼儿园供给不足，全科医师（含中医）普遍短缺，社区养老服务主要以社区日间照料中心和社区养老服务中心为主，缺乏集多种功能于一体的社区养老服务设施；各县（市）社区生活圈总量不足、密度不够，功能配置不齐，社区文化活动空间不够，健身步行环境较差。

三是产业平台配套设施不足。县域产城融合发展意识不强，产业园区和开发区离城独居现象普遍；产业平台配套设施、配送投递设施、冷链物流设施等建设滞后，县城产业集聚、就业增加、人口吸纳能力偏弱。2021年全国和中部六省县城建设用地类型比重如表2所示。

表2　2021年全国和中部六省县城建设用地类型比重

单位：%

指标	山西排名	全国	山西	安徽	河南	湖北	湖南	江西
县城平均居住用地占比	6	34.10	37.07	29.96	31.37	31.51	37.71	29.29
县城平均公共管理与公共服务用地占比	18	9.57	8.76	7.45	8.25	10.39	9.55	9.07
县城平均商业服务业设施用地占比	25	6.53	5.11	6.93	5.99	6.69	7.59	6.26
县城平均工业用地占比	22	9.81	6.04	16.58	10.61	13.94	10.56	15.30

续表

指标	山西排名	全国	山西	安徽	河南	湖北	湖南	江西
县城平均物流仓储用地占比	20	2.34	1.72	2.74	2.49	2.13	3.34	2.26
县城平均道路交通设施用地占比	11	16.10	17.06	18.42	17.80	15.01	12.25	17.34
县城平均公用设施用地占比	12	4.23	4.08	3.33	4.22	4.01	5.04	3.50
县城平均绿地与广场用地占比	7	17.18	20.17	14.59	19.72	16.32	13.95	16.99

资料来源：《中国县城建设统计年鉴》。

3. 城乡一体化程度较低，城乡发展仍不平衡

一是城乡要素双向流动机制尚未健全。城乡要素双向流动通道还未完全打通，农民工市民化难与城市优质人力资源下乡渠道不畅同时并存，"三权分置"仅能为农村土地流转创造条件，但仍存在农村宅基地、农村集体经营性土地入市等制约因素，双重土地制度安排制约着农村土地资源要素价值的发挥。

二是城乡公共服务设施一体化程度较低。城乡基础设施一体化规划、建设和运营机制不健全，县城输变电、燃气和供热设施建设中共建共享以及城乡一体化考虑不足，周边乡镇重复建设现象普遍存在；乡镇和农村给排水设施与管网建设较县城明显滞后。农村基本公共服务供给总量、效率不足，城乡基础教育质量、人均医疗卫生资源占有水平差距进一步拉大。

三是城乡居民收入仍不平衡。城乡收入差距仍然比较明显，2016～2021年，山西农村居民可支配收入由10082元提高到15308元，城镇居民可支配收入从27352元提高到37433元，城乡收入比从2.71下降到2.45，但绝对差距却从17270元提高到22125元（见图6）。

4. 制度机制不够健全，县城治理面临多重约束

一是发展规划统筹衔接不够。经济和社会发展规划、土地利用规划、产业发展规划、生态环境规划等在纵向和横向上多规并行、复杂交错，新旧规划之间相互矛盾，缺乏统一性，"多规合一"未能深入推进。

图6　2016~2021年山西省城乡收入对比

资料来源：《山西统计年鉴》。

二是市场化力量运用相对不足。山西县域治理仍以财政投入为主，市场化力量运用不足。2021年，山西年度县均市政公用设施建设固定资产投资财政预算占比达到了48%，在中部各省区中最高，而县均国内贷款占比仅为1%，为中部各省最低（见图7）。

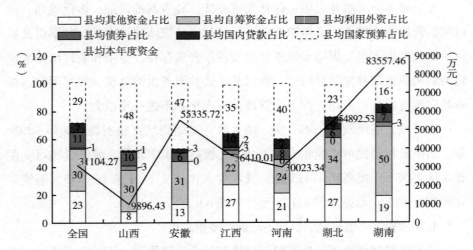

图7　2021年山西省县城市政公用设施建设固定资产投资资金来源情况

资料来源：《山西统计年鉴（2022）》。

三是县城治理精细化程度较低。县城公共服务质量难以得到充分保障，不少县城仍处于粗放式管理阶段，社会治理手段科技含量较低，治理模式较为单一，信息化基础设施和技术应用能力薄弱；现行的县域社会保障制度、土地制度、财税体制等有待进一步完善；党建引领城乡社区服务体系建设的体制机制还不完善，城乡政务信息的高效管理、资源整合、业务协同能力差距较大。

四 国内部分地区推进以县城为载体的城镇化建设的经验做法

推进以县城为重要载体的城镇化建设，是我国国民经济结构战略性调整的重要抓手，是乡村振兴和新型城镇化的必然选择。目前，全国各地在不断的改革创新中，探索出了各具特色的城镇化发展之路，其经验做法值得借鉴。

（一）经验做法

1.着力建设现代化产业体系：发展"飞地经济"、创办农民工创业园、集中集聚产业平台等

广西平果将农民工创业园与移民安置区、农产品物流园区、创业园区等结合，用地面积960亩、建筑面积35.7万平方米、投资6.5亿元，鼓励返乡农民工及易地扶贫搬迁贫困户等在园区就业创业，发展电子信息、五金加工、服装生产等劳动密集型产业。山东诸城引入社会资金14亿元建成集智能标准生产设施、中试研发中心和总部办公空间于一体的产业平台，集聚了汽车及零部件、智能装备、生物医药、新材料、新能源等一批主导产业，70余家规模以上工业企业入驻投资，年工业总产值超过1000亿元、利税40余亿元。

2.大力推进县城补短板强弱项：坚持规划引领、加强基础设施建设、推动老旧小区改造、优化政务服务等

河南新乡把新型农村社区规划与土地利用、城镇发展、产业集聚区规划"四规合一"、一体推进，合理布局新型农村社区和产业集聚区，坚持城乡发展规划、基础设施、产业布局、社会管理、劳动就业、公共服务"六个一体化",持续优化县城功能和空间布局。湖北阳新以启动建设示范性项目为引领推进县城公共设施提档升级,实施县城水环境综合治理 PPP 项目,建设农产品(冷链)物流园,用地面积 180 亩,带动就业 3000 人。河南兰考探索老旧小区改造多元融资模式,建立"政府投资、银行融资、企业参与、居民捐资"的多元化投入机制,推动老旧小区改造成本由各方共担。

3. 积极深化户籍制度改革:降低或取消落户门槛、探索差别化落户、优化户籍迁移服务等

山东济南和云南昆明全面取消城区落户限制,允许非户籍常住人口在有产权房屋或租赁房屋等地点落户。重庆永川区和璧山区取消务工年限等地区落户限制。江苏南京取消地区年度落户名额限制。辽宁鞍山取消城区常住人口 300 万人以下城市的落户限制,开通户籍"全城通办"线上线下服务,大幅提高户籍迁移便利度。广东广州探索差别化落户政策,降低学历等落户门槛,允许符合条件人员直接落户。

4. 推进城市公共设施及服务向乡村延伸:推进城乡污水垃圾统筹收集处理、城乡物流配送网络化、建立紧密型县域医共体、发展城乡教育联合体等

湖南湘潭推进乡村生活垃圾处理付费制度全覆盖,在减少财政支出的同时减少垃圾总量。四川达州建设快速消费品、建材家居、农副产品等城乡物流配送信息平台和专线网络,促进城乡互联互通。浙江嘉善完善县域医共体,包括建设 5 个诊断共享中心和 13 个基层"云诊室"平台,以提升医疗服务水平和覆盖面。广东韶关推行师徒结对和支教交流等政策,以鼓励优秀义务教育教师在城乡之间开展轮岗交流,促进教育资源均衡分配。

5. 推动城市智慧化运行:促进公共数据开放共享、引导社区服务线上办理、建设智慧停车信息平台等

湖北老河口建成政务云数据中心,实现政务数据的横向汇聚和纵向连接,可实现 90 余个政务事项"一事联办"、800 余个政务事项"一窗通办"。云南腾冲推动 5G 网络全覆盖,建设智慧城管指挥中心,促进公安、交通等不同领域信息的联通和应用。河南新密将近万个停车位统一纳入智慧

停车信息平台，市民出行"停车难"问题基本得到解决。浙江乐清建成智慧城市运营指挥中心和智慧水务平台，可实现对 4000 余家企业供水主管道水量信息的实时监测。

（二）几点启示

推进以县城为重要载体的城镇化建设是一项系统工程，要统筹县城生产、生活、生态、安全需要，因地制宜补短板强弱项，增强县城综合承载能力，提升县城发展质量。

启示一：统筹城乡发展规划是县城建设的前提基础。规划是县城建设发展的前提和基础。县城建设必须坚持"规划先行"理念，按照着眼长远、统筹兼顾、合理布局、协同推进等思路，提升规划水平，盘活用地资源，提高县城承载力和吸纳力，城市与乡村才能相互支撑，城乡要素才能自由流动，才能在推进城镇化发展的过程中避免资源浪费或者生态破坏，保证城镇化科学有序地推进。

启示二：增强产业支撑能力是县城建设的根基所在。产业是县城建设的根基。推进以县城为重要载体的城镇化建设，应遵循县域经济发展内在规律，突出特色、错位发展，重点发展比较优势明显、就业容量大的产业，以增强县城产业支撑能力，促进居民就地就近就业和持续增收，带动县域经济高质量发展。

启示三：提升综合承载能力是县城建设的重要着力点。增强县城综合承载能力是优化人口布局、推进新型城镇化建设的有效路径。要将县城作为县域发展的辐射中心，着力提升产业配套、健全市政设施、优化公共服务、美化居住环境，提升县城人居环境水平，为更好地推动城乡融合发展提供有力支撑。

五 山西推进以县城为重要载体的城镇化建设的政策建议

县城是新型城镇化建设的重要战略支点，是城乡社会经济联系的关键枢纽。习近平总书记深刻指出，要推进以人为核心的新型城镇化，处理好中心城市和区域发展的关系，推进以县城为重要载体的城镇化建设，促进城乡融合发展。未来一个时期，山西要在充分尊重县城发展规律的基础上，统筹城乡发展需要，实施县城差异化发展战略，提高产业支撑带动能力，提升公共服务水平，推进城乡融合发展，全力打造一批"高质量发展、高水平开放、高品质生活"的县城城镇化新样板。

（一）科学合理定位县城功能，重点实施差异化发展战略

推进以县城为重要载体的城镇化建设，科学定位是重大前提。要充分发挥县城的比较优势，科学把握各县域的发展定位，以差异化发展助推县城高质量发展。

一是构建县城协调发展格局。推动以省会太原为中心，1小时通勤距离为半径覆盖的县城，主动承接人口、产业、功能转移，配套建设特色制造业集群、区域性物流基地和各类专业市场，强化与太原的交通连接水平，有效利用省会城市的技术能力、开放平台、市场资源等优势，通过区域合作加强横向联动。在大同、临汾、长治、运城等重点城市周边，要建设通勤便捷、功能互补、产业配套的卫星县城。

二是因地制宜突出县城功能。支持具有煤化工、冶金、杂粮等资源比较优势的县城发展特色产业，培育先进制造、商贸流通、文化旅游等专业功能县城，打造享誉全省乃至全国的县域品牌。推动位于五台山、中条山、太行山等重点生态功能区内的县城因地制宜发展生态经济和旅游休闲产业，积极探索生态产品价值实现机制。推动位于汾河平原农产品主产区内的县城做优做强农产品加工业和农业生产性服务业。

三是促进人口流失县转型发展。建立严格的城镇建设用地增量控制政策，优化土地资源利用效率，确保土地使用的高效性和可持续性。促进人口和公共服务资源在县城中适度集中，有序引导人口向邻近的经济发展优势区转移。

（二）增强主导产业支撑能力，稳定增加县城的就业岗位

推进以县城为重要载体的城镇化建设，产业发展是根本所在。要摸清县

城产业发展的底数，厘清产业高质量发展脉络，延伸产业发展链条，不断增强产业支撑能力。

一是培育特色优势产业。巩固壮大县域实体经济，强化制造业和劳动密集型产业导向，统筹培育本地产业和承接外部产业转移，重点发展壮大制造业、农产品精深加工、生产性服务业及文旅、康养等产业，力争每个县城打造 1~2 个支柱型产业。

二是支持产业集聚发展。结合区域主导产业，推动县城所在镇或中心镇建立开发区（园区），引导高新项目、高端人才向平台集中，构建"创业苗圃+孵化器+加速器+产业园"的双创全链条培育体系，培育一批竞争优势突出的产业集群和产业基地，持续加大对杏花村汾酒、清徐老陈醋、定襄法兰、太谷玛钢等特色专业镇建设的支持力度。鼓励和支持开发区（园区）融入中心城市产业链供应链，推动开展跨区域合作，共建产业园区，发展"飞地"经济。

三是完善商贸流通网络。加大县城物流配送中心和专业市场建设力度，优化县城运输、仓储和集散分拨功能。支持并推动县域电商配送中心、农资配送中心以及邮政快件处理场所的集中布局，完善县城物流配送体系。

（三）提高基本公共服务水平，提升县城的综合承载能力

推进以县城为重要载体的城镇化建设，公共服务是重要保障。要着力提升县城首位度，完善县城公共设施体系，促进公共服务向乡村延伸覆盖，推动城乡基本公共服务均等化。

一是打造宜居宜业生活环境。提高县城与周边大中城市互联互通水平，优化公路客运站和公交场站的服务功能，按需规划和建设停车场和充电设施，确保公共交通系统的高效运行。推动老旧小区改造，加大口袋公园、文化体育设施等公共配套设施的建设力度，提高居民的生活品质。建设数字城乡枢纽，推进县城运行一网统管、政务服务一网通办、公共服务一网通享，提高县城治理效率。

二是推进公共服务普惠共享。支持县级医院、疾控中心和妇幼保健院的

建设，提高基层医疗服务水平；推动义务教育学校扩容与资源增加，改善普通高中的学校设施和教育条件，增加公立和普惠性幼儿园的托育位供给，提升整体教育水平；鼓励构建居家养老和社区机构养老相协调的养老服务体系。合理引导农业转移人口参加城镇职工基本养老和医疗保险，探索建立农业转移人口住房公积金制度。

三是促进城乡功能衔接互补。促进农村基础设施建设提档升级，在保留乡村社会特色的基础上，推进水、电、气、网、物流、交通等基础设施建设和运营并轨。统一城乡基本公共服务标准和制度，加速建设城乡学校共同体、县城紧密型医疗卫生共同体以及县乡村衔接的三级养老服务体系，促进优质公共服务资源向镇村下沉和开放共享，提高农村基本公共服务水平。

（四）创新城乡融合体制机制，加快城乡间要素双向流动

推进以县城为重要载体的城镇化建设，城乡融合是核心目标。要完善人口、土地、资金等体制机制和政策措施，增强县城可持续发展能力。

一是健全农业转移人口市民化机制。深化户籍制度改革，引导落户人口向城市发展重点区域集聚，特别是中小城市和县城要严格落实"零门槛"落户要求，引导农业转移人口就近就地落户城镇。

二是深化农村土地制度改革。在充分尊重农民意愿的基础上，健全农村承包地有序流转及退出机制，放活宅基地及农房的使用权流转，深化农村集体资产股份合作制改革，完善农村权益退出保障和监管机制。稳妥有序推进农村集体经营性建设用地入市，探索建立和完善农村集体经营性建设用地使用权转让、出租、抵押二级市场。

三是建立多元化可持续投融资机制。鼓励银行通过扩大中长期贷款投放量，增强对县城特色产业和支柱产业的资金支持。建立全省新型城镇化重点项目库，谋划、筛选、储备一批符合条件的县城城镇化重点项目，省级统筹予以重点支持。推广政府与社会资本的合作模式，并在基础设施领域探索实施不动产投资信托基金试点项目。

（五）提升城乡社区治理效能，构建共建共治共享新格局

推进以县城为重要载体的城镇化建设，社会治理是重要基石。要坚持共建共享，创新治理模式，突出数字赋能，提高综合治理和公共服务供给能力，提升城乡治理的科学化、精细化、智能化水平。

一是以党建引领促进县域治理协同化。加强城乡党组织建设，充分发挥党在县城各职能部门间的领导核心作用，着力突破城镇规划和建设过程中的体制机制障碍，避免部门之间各自为政，努力形成相互匹配和协同发展的合力优势。

二是以统筹规划推动县城建设系统化。继续贯彻落实"多规合一"的改革思路，加快整合城乡发展规划、建设和管理的各个环节，科学编制城镇化建设方案，以城乡治理的全域视角综合布局，明确建设重点、保障措施、组织实施方式，分阶段逐步推进城镇化建设，避免出现建设与规划相脱节、管理与建设不协调而导致的盲目建设和重复建设问题。

三是以新型信息技术推进县域治理智能化。加强县域信息化平台建设，以物联网、大数据、人工智能、5G 通信等前沿技术为支撑，进一步整合人口、交通、能源、建设等公共设施信息和公共基础服务，构建县城数据资源体系，推进县域数据资源"统采共用"。以示范应用为引领，持续深化各类特色应用专题建设，推进智慧政务、智慧交通、智慧公安、智慧应急、智慧养老、智慧人社、智慧教育、智慧医疗、智慧社区建设，全面提升公共服务能力。创新发展智慧文旅、智慧园区、智慧农业、智慧能源，智慧赋能产业转型升级。

参考文献

［1］ 石建勋、邓嘉纬、辛沛远：《以县城为重要载体推动新型城镇现代化建设的内涵、特点、价值意蕴及实施路径》，《新疆师范大学学报》（哲学社会科学版）2022 年第 5 期。

［2］王立胜、朱鹏华：《以县城为重要载体的城镇化建设的内涵、挑战与路径》，《中央财经大学学报》2023 年第 6 期。

［3］韩柯子：《以县城为重要载体的城镇化：逻辑、约束与路径》，《探索》2022 年第 4 期。

［4］张琦：《新型城镇化的新着力点——以县城为重要载体的城镇化建设路径思考》，《人民论坛》2022 年第 18 期。

［5］钱振明：《县城城镇化趋势与县城公共服务供给强化之路径》，《中国行政管理》2022 年第 7 期。

［6］彭青：《推进以县城为重要载体新型城镇化的对策探讨》，《理论探讨》2023 年第 2 期。

［7］李燕凌、温馨：《推进以县城为重要载体的城镇化建设：新发展格局中的战略选择》，《中国行政管理》2022 年第 5 期。

B.14

山西推进教育科技人才振兴研究

张雪莲　王晶鑫　梁鹏伟*

摘　要： 教育、科技和人才三者紧密相关。教育优先发展、科技自立自强、人才引领驱动，在推动中国式现代化进程中发挥先驱引领和创新枢纽的重要作用，是实现技术颠覆性创新、产业跨越式发展的主要动力源。山西在推进教育科技人才发展方面取得了较好的成绩，人才培养规模稳步增长，科技成果量质提升，人才集聚力不断增强。这得益于山西不断深化改革制度体系，加快科技创新平台建设，强化企业科技主体地位，广泛开展科学普及活动等举措的推动。同时，也要认识到，山西仍需关注教育社会服务发展能力的提升、基础研究能力与科技成果转化能力的增强、人才队伍的建设等问题，面向未来，需要通过提高教育人才自主培养质量、提升教育服务经济社会发展的能力、优化科学研究整体布局、加快推进科技成果落地转化以及创新人才发展制度与环境等路径，充分发挥三者基础性、战略性支撑作用，加快推动山西转型发展。

关键词： 教育　科技　人才　山西

　　全面建设社会主义现代化国家，教育是基础，科技是关键，人才是根本。山西深入贯彻习近平总书记关于建设教育强国、科技强国和人才强国的

---

* 张雪莲，山西省社会科学院（山西省人民政府发展研究中心）社会学研究所副所长，副研究员，主要研究方向为人才培养、就业与区域经济；王晶鑫，山西省社会科学院（山西省人民政府发展研究中心）社会学研究所研究实习员，主要研究方向为青年就业、文化社会学；梁鹏伟，山西省社会科学院（山西省人民政府发展研究中心）哲学研究所研究实习员，主要研究方向为应用哲学、科技伦理。

重大决策部署，深入贯彻落实习近平总书记对山西工作的重要讲话重要指示精神，把强化教育、科技和人才支撑作为事关区域高质量发展和现代化建设全局的重大课题，不断形成动力合力，加快塑造服务和融入新发展格局的新动能新优势。

一 山西教育科技人才发展成效

2022年以来，山西抢抓机遇，深化改革创新，系统谋划和统筹推进教育、科技、人才事业发展，着力建强建优高水平大学，长远谋划布局重大科技创新平台，全力引进培育高层次人才团队，有力地支撑和推动了山西经济社会高质量发展。

（一）人才培养规模稳步增长

高等院校是人才培养的主力军，为山西及全国各地输送各类专业化人才，为经济社会发展提供优质人才供给支撑。目前，山西共有高等学校91所。其中，普通本科学校32所（含独立学院3所），本科层次职业学校2所，高职（专科）学校48所，成人高等学校9所。另有培养研究生的科研机构4所。2018~2022年，山西省本专科招生人数规模呈持续扩大发展趋势（见表1）。2022年，山西高等教育在校学生规模首次突破100万人。

表1 2018~2022年山西省本科、高职招生人数和增长率

单位：人，%

年份	普通本科招生		职业本科招生		高职（专科）招生	
	人数	增长率	人数	增长率	人数	增长率
2018	133704	3.35	—	—	90200	−2.21
2019	136292	1.94	—	—	117065	29.78
2020	140236	2.89	—	—	121475	3.77
2021	142071	1.31	2852	—	130398	7.35
2022	148319	4.40	6910	142.29	154269	18.31

资料来源：2018~2022年《山西省教育事业发展统计公报》。

普通本科学生规模增长稳定。2022 年，山西省普通本科招生 148319 人，比上年增长 4.40%；在校生 543231 人，比上年增加 10751 人，增长 2.02%；毕业生 136315 人，比上年增加 3410 人，增长 2.57%。"双一流"高校发挥了人才培养的重要作用。2023 年，太原理工大学本科生招生计划 8200 余人，山西大学面向山西本省本科生招生计划 3800 余人。中北大学作为山西重点建设大学，2023 年面向山西本省本科生招生计划 5000 余人。①

职业教育人才供给规模迅速壮大。2022 年，山西省职业本科招生 6910 人，同比增长 142.29%；在校生 11607 人，比上年增加 6883 人，增长 145.70%。高职（专科）招生 154269 人，同比增长 18.31%；在校生 390872 人，比上年增加 37302 人，增长 10.55%；毕业生 111859 人，比上年增加 25323 人，增长 29.26%。

终身教育给人民群众提供更多教育机会。2022 年，山西省成人本专科招生 71105 人，比上年增加 12850 人，增长 22.06%；在校生 177681 人，比上年增加 32532 人，增长 22.41%；毕业生 37597 人，比上年增加 10349 人，增长 37.98%（见表 2）。

表 2　2022 年山西省高等教育学生人数情况

单位：人

	毕业人数	招生人数	在校人数
研究生	14127	20201	55730
其中：硕士	13546	19050	51458
博士	581	1151	4272
普通本科生	136315	148319	543231
职业本专科生	111859	161179	402479
其中：专科	111859	154269	390872
本科	0	6910	11607
成人本专科	37597	71105	177681
其中：专科	10041	20934	50919
本科	27566	50171	126762

资料来源：《山西省 2022 年教育事业发展统计公报》。

---

① 根据太原理工大学、山西大学、中北大学招生就业网站数据整理得出。

高学历人才培养数量持续增加。2018 年，山西省研究生招生人数为 12731 人。2022 年，山西省研究生招生增加到 20201 人，规模突破 2 万人，比上年增长 6.73%。在学研究生和毕业研究生人数比上年均增长 10% 以上。在学研究生 55730 人，比上年增加 5476 人，增长 10.90%；毕业研究生 14127 人，比上年增加 1842 人，增长 14.99%。2018~2022 年，硕士生招生人数由 12071 人增加到 19050 人，博士生招生人数由 660 人增加到 1151 人（见图 1）。

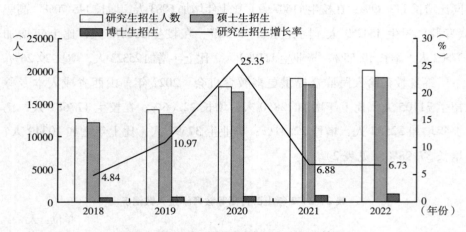

图 1　2018~2022 年山西省研究生招生情况

资料来源：2018~2022 年《山西省教育事业发展统计公报》。

（二）科技成果量质提升

山西不断完善科技创新体系，加快实施创新驱动发展战略，在基础研究、应用研究、新兴学科以及交叉学科研究等方面取得了较好的成绩。同时，强化目标导向，注重系统推进，逐步提高科技成果转移转化能力。

科学研究水平得以提升。高等院校是山西重要的创新策源地。"双一流"建设以来，山西省高校有 2 项科技成果获得国家科学技术二等奖，结束了 2014 年以来全省高校无国家科学技术奖的历史；1 项科技成果入围"中国高校十大科技进展"，实现在此领域"0"的突破。高校获得省科学技术奖的数量多年保持在全省总授奖数的80%以上。2017年以来，全省高校入选全国高等学校科学研究优秀成果奖14项，其中人文社会科学类一等奖为时隔14年山西在该奖项上的再次突破。[①] 同时，山西在发挥源头创新基础性作用，坚持"四个面向"战略方向，鼓励自由探索，努力承担具有战略性全局性前瞻性项目方面取得一定成绩。2022年，山西高校共承担国家自然科学基金项目469项，项目经费2.58亿元，分别占全省科研院所国家自然基金项目的95.1%和93.5%，项目数量和经费比2016年分别增长41.3%和98.5%。[②] 2023年，山西高校共承担国家自然科学基金项目435项，获批资助金额近1.80亿元，分别占全省科研院所国家自然科学基金项目的95.81%、94.84%。其中，太原理工大学获批项目135个，经费5111.5万元；山西大学获批项目79个，经费4412万元；中北大学获批项目55个，经费2405万元。[③]

科技成果转化步伐加快。2023年5月，山西大学程芳琴教授团队与山西臣功固废综合处置利用有限公司签署《电解铝废渣资源化高值利用技术普通许可》合同，合同金额达4600万元，刷新了山西大学科技成果转化单笔金额纪录。8月，山西大学秦雪梅教授团队与亚宝药业集团股份有限公司达成"1.1类治疗抑郁症中药新药柴归颗粒"独家技术转让合同，技术转让合同金额总计2600万元，是山西自主研发创新中药并实现省内成果转化的新范例。除高校外，科研院所、科技企业在促进科技成果转化方面也取得了较为突出的成绩。例如，2023年，北方自动控制技术研究所在计算机研制、北斗应用方面成果产值有望突破5亿元；百信信息技术有限公司产品营销收入连续3年平均涨幅63%，已成为国内金融行业国产服务器主要供应商之一；山西科达自控股份有限公司近两年在"智能矿山"方面的业务收入增长额累计达1.5亿元以上，平均增长幅度超37%。[④] 同时，

① 李林霞：《聚力"双一流"建设　迈入高质量发展》，《山西日报》2023年10月2日。
② 王佳：《山西：聚力高校人才建设　赋能高质量发展》，《山西经济日报》2023年9月28日。
③ 李林霞：《聚力"双一流"建设　迈入高质量发展》，《山西日报》2023年10月2日。
④ 《"山西加快转型发展"系列丨推动数字经济发展壮大专场新闻发布会举行（第六场）》，山西省人民政府网，https://www.shanxi.gov.cn/ywdt/xwfbh/szfxwbxwfbh/202309/t20230904_9257595.shtml。

山西省举办大型路演活动加速推进科技成果落地转化。2023 年 7 月，聚焦"转型发展""能源革命"，举行了高校科技成果路演及签约仪式，10 项科技成果进行了现场签约，4 项科技成果进行了路演和现场答疑。同年 9 月，山西科技部火炬科技成果直通车暨环渤海技术转移联盟年会以及多场科技成果路演活动举办，推动优质科技成果合作双方进行现场签约。2017 年以来，山西省技术合同交易总额从 256.35 亿元提升到 561.84 亿元，实现五年翻番。①

（三）人才集聚力不断增强

人才是第一资源，国家与区域的发展归根到底要靠人才实力。山西围绕重要发展领域与创新方向，完善各类战略人才、领军人才和创新团队的引进和培育机制，并取得了实质性的进步。从全省范围看，2022 年，山西享受国务院政府特殊津贴人员累计 2127 名，"百千万人才工程"国家级人选 55 名，全国杰出专业技术人才 8 名，全国杰出专业技术人才先进集体 5 个。全年举办国家级高级研修项目 2 期、省级高级研修项目 29 期，累计培训高层次和急需紧缺专业技术人才 2300 人。全省共有博士后科研工作站 45 个，博士后科研流动站 51 个，累计招收或培养博士后 1338 名。② 截至 2023 年 5 月，全省人才资源总量为 413.2 万人。其中，党政人才 17.27 万人，企业经营管理人才 88.68 万人，专业技术人才 208.74 万人，高技能人才 163.08 万人，农村实用人才 55.34 万人，社会工作人才 1.57 万人。

高等院校是拔尖创新型人才的集聚地。2022 年，全省普通本科高校、职业高校共有专任教师 42613 人，其中具有中级及以上职称 33458 人，占比 78.52%；具有高级职称 15230 人，占比 35.74%。具有研究生学历 29731

---

① 《"山西加快转型发展"系列｜打造科技成果转化高地专场新闻发布会举行（第十四场）》，山西省人民政府网，https：//www.shanxi.gov.cn/ywdt/xwfbh/szfxwbxwfbh/202309/t20230927_9358872.shtml。

② 《2022 年度山西省人力资源和社会保障事业发展统计公报》，山西省人力资源和社会保障厅官网，https：//rst.shanxi.gov.cn/zwyw/tzgg/202309/t20230901_9241335.shtml。

人，占比 69.77%。具有博士学历 11031 人，占比 25.89%；具有硕士学历 18700 人，占比 43.88%。[①] 近年来，山西高校引育院士、杰青等高端人才 50 余人次，学科、平台人才集聚效应初显。[②] 高校拥有 6 名两院院士、25 名"国家杰出青年科学基金"获得者、44 名"百千万人才工程"国家级人选；拥有 6 个国家部委创新团队和群体。山西的国家级创新团队全部分布在高校，高校两院院士占全省总数的 75%，高校承担国家杰青项目的人员、长江学者等国家级科技领军人才占全省总数的 50%，优青、青年长江学者等国家级青年拔尖人才占全省总数的 76%，国家层面创新人才占全省的六成左右，具有博士学位的创新人才占比达到 92.28%。[③]

二 山西推进教育科技人才发展的主要举措

山西准确把握教育优先发展、科技自立自强、人才引领驱动的相互关系，统筹谋划、协同推进，明方向、成体系、促改革，主动适应全面贯彻新发展理念，推动构建新发展格局，汇聚新发展动能，充分发挥教育科技人才基础性战略性支撑作用。

（一）创新教育科技人才政策举措

教育科技人才潜能的激发，关键要通过深化体制改革，以改革创新激活力、增动力。山西加快建设保障高质量教育发展、高水平科技自立自强、高效力人才驱动的制度体系，创新举措办法，及时研究解决发展中的重大问题，为教育科技人才发展建立良好的制度环境。

2023 年，山西在推进教育科技人才发展方面出台一系列相关政策，着力深化创新改革，形成三者合力，助推区域高质量发展。例如，实施高等教

---

① 《山西省 2022 年教育事业发展统计公报》，山西省教育厅官网，http：//jyt.shanxi.gov.cn/bsfw_15686/wxzl/jytj/202304/t20230404_8287868.html。
② 李林霞：《聚力"双一流"建设 迈入高质量发展》，《山西日报》2023 年 10 月 2 日。
③ 根据《山西教育年鉴（2022）》相关数据整理得出。

育"百亿工程",不断提升高等教育内涵建设水平。按照省委部署,计划用3年时间,安排100亿元左右专项经费,通过实施6大工程20项行动,支持高等教育内涵式发展,力争打造成为中西部高等教育新高地、理想求学目的地。持续提升企业创新主体地位,出台《强化市场主体倍增科技创新支撑的若干措施》《省高新技术企业认定管理实施办法》等政策,精准施策赋能企业科技创新。持续打造科技创新人才团队,基础研究项目支持青年科学家比例一次性上调到60%,设置"杰青优青"专项,支持"杰青优青"人才培育38人。探索实行"双主持人"制,在28个科技重大专项中设立11个青年技术挂帅人。① 柔性引才赋能企业创新,聘用多家高校专家教授赴企业担任"科技副总",推动产学研深度融合,加快科技成果转移转化。持续发挥"12大基地"积极作用,探索多渠道多平台多方位人才引育工作。启动山西首个基础研究计划联合资助项目(太重),探索科技前沿同省域重大战略需求紧密结合。引导外商投资投向科技创新领域,鼓励外商投资设立研发中心。② 完善金融政策支持措施,提升融资工具综合运用能力。截至2023年8月末,全省银行机构为科技型企业提供贷款余额787.3亿元,在银行间债券市场发行科创票据182亿元。高新技术企业贷款加权平均利率同比下降0.27个百分点,科技型中小企业贷款加权平均利率同比下降0.51个百分点。③

(二)加强科技创新平台建设

科技创新平台是优化配置创新资源、实现科技攻关、推动高水平科教融汇、吸引集聚人才的重要综合载体。山西着力聚焦科技创新平台建设,释放

---

① 《山西科技创新体系基本形成》,山西省人民政府网,https://www.shanxi.gov.cn/ywdt/sxyw/202303/t20230314_8147308.shtml。

② 《最高奖补500万元,山西出台举措鼓励外商投资设立研发中心》,山西省商务厅官网,http://swt.shanxi.gov.cn/ztzl/mtxx/202310/t20231019_9406460.shtml。

③ 《"山西加快转型发展"系列|打造科技成果转化高地专场新闻发布会举行(第十四场)》,山西省人民政府网,https://www.shanxi.gov.cn/ywdt/xwfbh/szfxwbxwfbh/202309/t20230927_9358872.shtml。

科技创新平台的最大效力，加快促进教育科技人才工作一体化推进，形成互融共促的组合拳。

推动高校高水平科技创新平台建设。2022年以来，全省新增4个教育部重点实验室，2个教育部工程研究中心。山西医科大学获批1个全国首批医药基础研究创新中心（共36个）。全省获批国家部委重大科技创新平台增量超过过去十年总和。2022年，山西大学的哲学、物理学，太原理工大学的化学工程与技术3个学科成功入选第二轮国家"双一流"建设名单。高校把加强专业、学科建设作为提升科技创新平台建设水平的关键抓手。"双一流"建设以来，全省高校共增列博士学位授权一级学科24个，增幅达52%；共增列博士专业学位授权点7个。新增国家级一流专业68个，总量达到195个。全省23个学科入选ESI全球前1%。中北大学入选首批国家卓越工程师培养改革试点。山西医科大学获批国家级高水平公共卫生学院。山西中医药大学研发的国家I类新药获批进入临床研究，获批国家级创新创业学院2个、国家级创新创业教育实践基地2个、国家中医临床教学培训示范中心1个，均为该领域山西"0"的突破。新增教育部重点实验室4个，一次性增量是过去20年的近一半。①

加快布局国家级重点实验室体系。2021年，太原理工大学、中北大学相继获批"煤基能源清洁高效利用国家省部共建重点实验室""动态测试技术省部共建国家重点实验室"，这对全省提高区域自主创新能力、提升创新驱动区域经济社会发展能级、为相关行业贡献山西科技创新力量具有重要意义。同时，企业在发挥科技创新主体作用中也充当重要角色。2023年7月，太重集团与中国矿业大学、太原理工大学联合重组的"智能采矿装备技术全国重点实验室"正式揭牌。这是山西首个重组成功的全国重点实验室，标志着山西建设国家级科技创新平台、打造国家战略科技力量迈出了重要步伐。

---

① 李林霞：《聚力"双一流"建设　迈入高质量发展》，《山西日报》2023年10月2日。

（三）强化企业科技创新主体地位

企业是融合创新链产业链资金链人才链的综合体。山西大力培育发展企业的科技创新主导力，鼓励和支持企业进行研发活动，通过集合优化政府引导作用和市场资源配置作用，强化企业科技创新主体地位，增强科技创新发展动能，推动实现从科技强到产业强、经济强的创新发展道路。

壮大科技成果产业化主体。截至 2023 年 6 月，山西省于 2023 年先后公布 2 批 728 家创新型中小企业，公布 564 家"专精特新"中小企业①，更名 4 批 98 家高新技术企业。截至 2023 年 7 月，山西于 2023 年认定 2 批 7 家新型研发机构，其中 5 家研发机构主体为企业。同时，2022 年全省共建成国家级大学科技园 2 家，省级及以上众创空间 301 家（其中，国家备案众创空间 53 家），省级及以上科技企业孵化器 79 家（其中，国家级孵化器 16 家），国家级农业科技园区 4 家，省级农业科技园区 13 家，国家级星创天地 48 家，省级星创天地 36 家。②

激发地市创新发展的积极性和主动性。从省内各区域对比来看，晋城市培育发展科技型中小企业效果显著。2023 年第六批国家科技型中小企业入库公告中，晋城市入评价库数量已达 196 家，超过晋城市上年全年入库数量，创晋城市科技型中小企业评价入库数新高。入库企业涉及光机电、高端装备制造、煤层气、生物医药、新能源、新材料、现代陶瓷、信息软件、现代农业、高技术服务业等多个领域。2023 年上半年，196 家科技型中小企业销售收入达 37.13 亿元，纳税总额 1.66 亿元，投入研发费用共计 2.8 亿元，企业拥有发明专利等一类知识产权 69 项，实用新型专利等二类知识产权 1421 项。③

---

① 《关于公布 2023 年专精特新中小企业名单的通知》，山西省中小企业局官网，http：//xqyj. shanxi. gov. cn/gzdt/tzgg/202307/t20230725_9002655. shtml。

② 《2022 年度山西省科学技术厅政府信息公开工作年度报告》，山西省科技厅官网，http：//kjt. shanxi. gov. cn/xxgk/xxgknb/202302/t20230201_7900947. shtml。

③ 《晋城市科技型中小企业数突破新高》，山西省科学技术厅官网，https：//kjt. shanxi. gov. cn/kjdt/dfdt_ 67612/jc_ 69231/202308/t20230828_9215493. shtml。

（四）开展各类科学普及活动

科学普及与科技创新同等重要。科普活动的开展，有利于调动各类社会力量，关注和投身科技创新。创新科普内容和科普方式，积极构建优质科普资源共享机制，及时向公众普及前沿科学知识、科学新成果，有针对性地传授科技知识与技能、培养科学素养、传播科学文化，有利于在全社会形成普及科学知识、树立科学思想、倡导科学方法、弘扬科学精神的良好局面，促进尊重创造、崇尚科学的理念深入人心。

山西加强建设科普基地，目前全省有 230 余家单位被认定为"山西省科普教育基地（2023～2027 年）"。同时，山西广泛开展各类科学普及活动。2023 年，山西先后举行主题为"热爱科学　崇尚科学"山西省科技活动周、主题为"提升全民科学素质　助力科技自立自强"山西省全国科普日活动、主题为"山西杂粮种质资源多样性与人民美好生活"的种质资源科普开放日活动。

三　山西推进教育科技人才振兴仍需关注的重点内容

在肯定山西教育科技人才发展成绩的同时，也要清醒地认识到，山西现处于经济社会高质量发展的阶段，在以教育科技人才为动力，着力构建现代产业体系，保障和改善民生，加快推动区域转型发展方面，还面临较大的挑战，还存在短板和弱项。

（一）教育服务经济社会发展能力仍需提升

进入高质量发展阶段，教育与经济社会发展的结合更加紧密，如何构建现代教育体系，如何培养大批符合时代发展、区域发展的创新型人才，已然成为山西加快转型发展的重大课题。目前，山西在促进教育发展与区域发展同频共振，把教育"软实力"打造成为社会发展的"硬支撑"的能力仍需显著增强。

一是人才培养的针对性有待进一步加强。当前，山西对创新型人才的需求比以往任何时候都更为迫切。但创新型人才结构性矛盾仍较为突出，聚力培养拔尖创新人才的能力仍显不足；人才培养同生产和实践仍存在一定脱节，推动经济转型升级的创新型、实用性以及复合型人才供给有待量质提升。同时，近几年以高校毕业生为主体的青年群体就业问题也需要特别关注。高等教育人才供给与劳动力市场需求需要紧密对接，且人才培养需要做好适度超前，既要有效适应、有力促进，充分支撑经济社会发展，又要引领、带动经济社会发展。

二是学科体系有待进一步优化。加强学科体系建设是一项长期工程、基础工程、战略工程。目前，山西高校学科体系建设中仍面临基础学科在全国范围影响力不强，优势学科数量不足，应用学科应用性不高，新兴学科、交叉学科优势尚未充分显现等问题。行业类办学占比较低，师范类、财经类学校办学同质化问题突出。全省高校近半数的学科专业主要集中于煤、焦、冶、电等传统优势产业和公共服务领域，直接对接十大重点产业链、十大特色专业镇的学科专业数量不足。

三是服务建设学习型社会能力有待进一步增强。在推动全民学习、建设学习型国家和学习型社会的进程中，高等教育扮演着重要角色。但从目前来看，山西高校仍存在服务主动性仍需提高、培训针对性和应用性仍需增强、培训科目多样化程度有待提升、培训方式方法创新性不足、线上培训有待进一步开放等问题。同时，高等教育与职业教育、中小学教育的融合贯通力不足，互促共进的协同力有待进一步增强。

（二）基础研究能力与科技成果转化能力均亟待增强

山西在基础研究方面以国家战略需求为导向、以前沿科技发展为引领、以学科优势为基础，开展集成性、系统性的有组织科研攻关仍有待进一步加强。同时，进一步提高科技成果转化和产业化水平，把论文写到祖国大地上，实现从科学到技术、从技术到经济，也是山西加快实施创新驱动发展战略的重要内容。

一是基础研究仍需面向战略导向，聚焦解决国家及区域重大战略需求。高校要从经济社会发展和国家安全面临的实际问题中凝练科学问题，瞄准"大科学""大工程"中体系化的难题，开展"任务导向"的重大基础研究，实现自主创新能力的跃升和有组织基础研究的组织形式创新，致力于提出原创性的概念、原理、方法，开辟未来产业新赛道，突破关键核心技术。

二是基础研究仍需面向前沿导向，建设原始创新探索的"自由区域"。前沿领域的自由探索是揭示自然奥秘、拓展人类认知边界的重要途径。高校要聚焦世界科技前沿，凝练科学第一性问题，加快布局前瞻性基础研究，以颠覆性技术和前沿技术催生新产业、新模式、新动能，发展新质生产力。强化原始创新自主布局能力与学科交叉，打造新型的科技创新平台，致力于发现新现象、认识新规律、获得新知识、创立新理论，产出具有前瞻性、颠覆性的原始性成果，努力建设有影响力的科学中心和创新高地。

三是基础研究仍需面向市场导向，建设产学研用开放合作的"融合区域"。"卡脖子"技术及问题，往往是在市场与产业发展中最先显现的。聚焦重点产业和新兴产业升级发展中前瞻性、先导性、探索性的技术问题，推动中长期科研攻关，加快提升区域创新体系整体效能。作为科技供给方的高校、科研院所更有组织、更加主动地加强与区域经济社会发展和行业、产业需求的对接，通过与企业共建校企联合研发平台、共同设立产学研前沿探索基金等方式，探索企业出题、高校"揭榜挂帅"的产学研深度融合的组织新范式。

四是"重研发、轻转化""重基础、轻应用""重论文、轻专利"的现象仍不容忽视。鼓励和支持科技转化的创新性举措仍需优化。精准促进高校、科研院所科技成果研发供给与市场、企业需求对接、合作平台尚需健全。推动科技成果转化的专业化人才队伍建设仍需进一步加强。以财政为引导、多主体参与的科技成果转化投入机制有待进一步完善。科学技术成果转化过程中，知识产权保护相关服务意识、措施较为缺乏。新型研究机构建设存在数量不足、覆盖市场业务需求不多的问题。具有示范性专业化技术转移机构需探索建设。2021 年，山西辖区内高校院所以转让、许可、作价投资方式转化科技成果的合同金额处于 5000 万 ~10000 万元区间，与中部五省相比仍存在一定差距。山西辖区高校院所科技成果转化奖励个人先进和股权金额处于 2000 万 ~ 5000 万元区间，从全国范围内看，与部分省份存在较大差距。

（三）人才队伍建设仍需加强

无论是探索性还是应用性基础研究，实现"从 0 到 1"的原创性突破，高水平人才是关键。支持优秀人才挑大梁、担重任，强化一流人才队伍和创新团队建设，全面释放人才创新活力，仍是山西推进教育科技人才振兴的关键任务。

一是仍需打造和建设高端创新平台，聚力吸引人才。平台是人才干事创业的基础。前瞻性、战略性、系统性地布局和打造具有国际国内影响力的高端基础研究平台，有助于吸引和汇聚全球高层次人才，形成建制化、有组织的战略科技力量。当今世界已经进入大科学时代，基础研究组织化程度越来越高，要搭建高端基础研究平台，探索科研组织模式的重构与职能优化，提升科技资源配置效能，为吸引全球人才提供重要的组织保障。但目前山西省国家重点实验室数量不足全国国家重点实验室总量的 1%。

二是仍需全面改良科技创新土壤，不拘一格用人才。科学研究、科技创新的探索过程与结果往往具有很大的不确定性，因此营造宽容失败、鼓励坐冷板凳的科研环境至关重要。要充分尊重科学研究科学规律，针对科学研究人才成长特点，构筑鼓励探索、宽容失败的学术文化和科研生态体系，选拔并长期支持一批优秀科学家"提出真问题、真解决问题"，鼓励科研人员勇闯无人区、敢啃硬骨头，长期稳定支持创新思维活跃的优秀人才团队，力争形成高水平、标志性、有影响力的成果。

三是多样化人才引领发展的作用力仍需加强。与国内外人才发展环境较好的地区相比，山西仍需将更加积极、更加开放、更加有效的人才政策落到实处，继续坚持尊重劳动、尊重知识、尊重人才、尊重创造的方针，更加重视自主培养多层次多样化人才，着力造就拔尖创新人才，使人才担当起民族复兴大任。加快建设国家战略人才力量，在努力培养造就更多大师、战略科学家、一流科技领军人才和创新团队、青年科技人才、卓越工程师、大国工匠、高技能人才上开创新局，加快建设世界重要人才中心和创新高地，加快形成战略支点和雁阵格局，促进人才区域合理布局和协调发展，加强人才国际交流，用好用活各类人才，聚天下英才而用之。

四　山西推进教育科技人才振兴的对策建议

山西推进教育科技人才振兴，重在夯实人力资源深度开发基础，坚持既要独立自主开拓创新，又要有机融合衔接先进科技创新力量，通过人才引领驱动巩固发展优势，赢得高质量发展主动权。

（一）着力提高教育人才自主培养质量

一是树立正确的人才培养观念。以人的发展、人的全面发展为基点和目标，构建德智体美劳协同发展的教育体系。依照人人皆可成才的培养观念，因材施教，不拘一格营造有教无类的教育氛围和学习氛围。要树立终身学习的观念、持续发展的观念，系统推进各级各类教育有机衔接、有效融合，将大教育的概念落实在具体的教育实践中。

二是创新教育教学方法。注重传统教学与借助信息技术更新的教育方法的融合与促进，变革教学方式。注重教育资源开放互通、借鉴促进，加强学校教育与实践教学、社会教育的融合，办学主体与人才需求主体的融合，加强学校间、校地间、校企间等多方面多形式的联合培养，创新培养模式，丰富教学方法，拓展教学课堂。加强理论联系实践。注重实践是检验真理的唯一标准，加强理论学习指导实践，同时要在实践中检验学习效果，保障人才供给与人才需求相匹配，让教育不与外在环境相脱节。

三是深化教育评价体系。以立德树人为培养目标，变"学历为本"为"能力为本"。树立大教育观，健全基础教育学生综合素质评价指标，优化评价权重及考评办法。完善"双一流"大学和学科建设评价体系和评价办法，提升高等院校人才培养的质量和水平，增强教育服务经济社会发展的能力。

四是营造良好的社会支持氛围。引导广大学生和家庭转变传统"学而优则仕"的观念，树立"行行出状元"的正确理念，积极缓解过度"稳就业""慢就业"的就业现象，促进以高校毕业生为主的青年群体更快、更好地进行就业。逐步消解用人单位要求"第一学历"以及片面追求高学历的用人导向，引导建设开放、包容的劳动力市场，搭建好从人才培养到人才需求的有效桥梁。

五是加强中小学科学教育及大众科学普及。优化完善中小学科学教育体系。通过健全中小学科学课程教材体系、深化学校教学改革、拓展科学实践活动、加强师资队伍建设等方面，提高学生科学素质，培育具备科学家潜质、愿意献身科学研究事业的青少年群体。开展高质量、高水平的科普工作。通过强化全社会科普责任，加强科普能力建设，推动科普与科技创新协同发展，营造热爱科学、崇尚创新的社会氛围，促进公民科学素质快速提高。

（二）进一步提升高等教育社会服务引领能力

一是推动高等教育资源共享。支持山西高校在物理空间利用、基础设施使用、文化文明鉴赏以及科学普及等方面科学有序面向大众开放，发挥高等教育在满足人民群众享有多样化教育资源和提升自身素养能力需求方面的积极作用。依据《教育部办公厅关于加强高等学校科研基础设施和科研仪器开放共享的指导意见》，按照加强开放共享、服务创新，合理配置资源、提高效率的目标和原则，加快推进高校科研设施与仪器在保障本校教学科研基本需求的前提下向其他高校、科研院所、企业、社会研发组织等社会用户开放共享，并提供专业化服务，实现资源共享，充分释放服务潜能，支持中小型企业发展，为实施创新驱动发展战略和创新创业提供有效支撑。

二是推动高等教育与不同层次、不同类型教育的融汇贯通。引导高等教育面向基础教育和高中阶段教育，在基础学科人才培养、专业与工作领域认知、科学知识和技术普及等方面发挥自身优势，加强人才培养的接续性和连贯性。支持高等教育与职业教育的互促共进，一方面充分发挥技术技能人才培养过程中高等教育在基础学科学习、科学研究引领的比较优势，推动职业教育高质量发展；另一方面在增强高等教育人才培养适应性和针对性方面，充分发挥职业教育在提升毕业生就业能力、产教融合、科技创新链延伸的比较优势，提高高等教育服务经济社会发展的能力。

三是推动高等教育促进社会教育的高质量发展。加大高等教育资源向社区教育、老年教育等在教学资源、教师队伍等方面的倾斜支持力度。支持高等院校精准参与社会培训、企业继续教育等方面的教学工作。基于以高等院校为主体，带动其他社会参与力量协同推进的现状和规律，健全优化在学习领域、管理领域、利益分配领域中各主体的需求激励保障体制机制，畅通终身学习立交桥，激发各参与主体的积极性，保障各方基本利益，实现高等教育服务经济社会发展的最大效应。

（三）持续优化科学研究整体布局

一是夯实基础学科建设。以山西大学、太原理工大学、中北大学为依托，建强数理化生等基础理科学科专业。以山西医科大学、山西中医药大学为主体，精准推动基础医学（含药学）学科专业建设，推进基础与临床融通的整合式 8 年制临床医学教育改革。系统推进哲学、历史学等基础文科学科专业建设，推动形成具有山西特色的哲学社会科学研究力量，构建区域基础学科建设和基础研究共同体。促进基础研究与应用研究交叉融通，适应"强化基础、重视应用、特色培养"要求，分类推进基础和应用人才培养。高等院校要加大基础研究人才培养力度，拓宽基础学科应用面向，构建"基础+应用"复合培养体系，探索设置"基础学科+"辅修学士学位和双学士学位项目。加大对基础学科的支持建设力度，设立基础学科建设专项和基础研究人才专项，深化科研经费管理改革，给予基础学科长期稳定、可预期、充足的经费支持和配套措施，推动基础学科服务国家战略、地方发展需求和自由探索相结合、相促进。深入实施省级基础学科拔尖学生培养计划。加强建设省级基础学科拔尖学生培养基地，对接国家"基础学科深化建设行动"，扎实推进基础学科本硕博贯通培养。

二是推动新兴学科、交叉学科研究。基于新文科、新工科、新医科、新农科等发展和建设理念，扶持文理渗透、理工交融的学科交叉融合，以高校重点骨干学科建设为依托，整合多学科资源，建立开放、共享、交叉、融合的通识教育课程体系。在高校本科专业达标评估指标体系中，明确通识教育在课程体系、实践教学等指标中的占比。以解决重大科学问题为导向，面向重大科学前沿和国家战略重大需求，推进学科前沿布局和机制创新，不断建立健全适应新兴学科发展的评价体系，激发新兴学科主体的内在活力。优化新兴学科、交叉学科科研模式。聚焦"四个面向"，推动交叉学科组织创新，打破学科壁垒，破除思维惯性，优化调整学科专业甚至院系组织体系，塑造学科交叉研究的良好氛围，引导和鼓励文理医工农深度交叉、基础与应用深度融合、横向与纵向深度互鉴、科研成果与咨政智库深度转化、国内国际深度合作，不断促进交叉学科成长。创新搭建新兴学科、交叉学科研究平台，以专业点、学科点以及交叉学科研究院为主体，培育建设发展多学科交叉融合的新兴学科、交叉学科。

三是加强应用研究。按照省委省政府对特色专业镇、乡村e镇、重点产业链、战略性新兴产业等的布局和建设要求，完善科技创新需求图谱，立足优势学科专业，集聚高等院校科技创新资源，优化科技创新供给，加快产业转型升级，促进经济高质量发展。鼓励和支持高校与企业、科研机构等建设重点实验室、企业技术中心、产业技术研究院、产业技术创新联盟等各类创新平台，共同打造科技创新与产业发展资金池、专利池和人才团队，加强战略性、前瞻性和基础性技术问题的研究，引领产业高端化发展。扎实推进"双创"工作，打造一批高质量创新创业载体。以链主企业、链核企业为主体，针对企业科技创新需求，鼓励高等院校、科研院所开展面向产业链和产业集群的订单式培养，加强技能型人才、急需紧缺人才培训，着力解决产业转型升级过程中的人才缺乏问题。用好省科技成果转化引导基金，引导产业发展项目与高等院校、科研院所开展战略合作，建设科技成果中试基地，推动科技企业孵化器在产业发展领域落地，完善孵化育成机制，促进科技成果在产业强链、补链和延链的过程中形成现实生产力。

（四）加快推进科技成果落地转化

一是加强顶层设计。通过探索出台科技成果供给方"技术转移服务机构管理办法""技术经纪人管理办法"及实施细则，完善法规政策体系，明确不同类型技术转移机构转化职能、组织制度和权责利关系等，规范技术转移各环节运行标准，加强技术转移人员队伍建设与管理。

二是建立健全体制机制。鼓励高校、科研院所设立专职技术转移机构，明确成果转化职能，推进高水平和专业化人才队伍建设，完善机构运行和专项培育资金保障机制，完善机构运行机制等。提升应用研究成果在职称评审中的权重，调整收益分配，最大限度地给予研发团队收益分配。探索技术入股形式的技术转移机制，将技术获取方的企业和技术转让方的大学、科研机构及科技人员紧密地联系在一起，形成最牢固、最有效的技术联盟。探索建立高校科技成果转化中试环节的风险分担机制，逐步形成以政府投入为引导、以企业投入为主体、以银行贷款为支撑、以社会集资和引进外资为补充的多主体参与的风险投资体系。

三是深化产教融合。聚焦山西重点产业链的创新需求和人才需求，分层分类布局建设卓越工程师学院和现代产业学院，培养适应和引领现代产业发展的高素质应用型、复合型、创新型人才；填补空白，组建省级技师学院，培养打造先进制造业基地急需短缺的现代化高技能人才。将一流大学和一流学科建设与推动经济社会发展紧密结合，探索开展高校"第二课堂""第三学期"，邀请学科领域优秀学者、行业企业专家进校园、进课堂，构建"通识+专业+实践"多元育人模式。持续开展送技进企，从高校、科研院所选派优秀科技人员赴企业担任科技副总、科技特派员等，开展技术咨询、技术开发、技术转让、技术服务。

四是进行标准化试点建设探索。探索推动在山西大学、太原理工大学进行标准化试点建设，予以重大项目倾斜，对标国际国内知名高校技术转移机构，形成体系化、全链条高校技术转移管理体系，通过示范带动作用，为其他高校技术转移机构规范建设提供参考范本。

（五）改革创新人才发展制度与环境

一是创新人才集聚模式。通过推动校企深度合作，共同构建优化人才联合培养模式，促进企业、科研院所高层次工程科技人才到高校任职，创造有利于教师掌握新技术的条件，引导更多顶尖人才对"卡脖子"问题开展跨学科研究。以平台建设为依托，推动人才引育。以国家实验室布局、全国重点实验室重组为契机，以怀柔实验室山西基地为样板，以建设高校、科研院所、企业共建重大科技创新平台为依托，推动人才引育；借鉴国家实验室模式，高标准谋划布局建设省实验室，优化调整省重点实验室，形成层级多样、品类完整、布局合理的实验室体系；加大财政投入力度，建立省级以上创新平台长期稳定支持政策，扩大开放合作，推动关键核心技术攻关和科技成果转化。

二是优化人才评价体制机制。针对当前各类人才"帽子"过多的现象，通过积极推进评价改革，注重培养人才的科学家精神，通过内涵式发展，促进优秀科技人才担负起科技兴省的新时代新使命。以更科学的导向和标准体系培养人才、评价人才。制定符合不同类型人才成长发展规律的培养体系和评价标准，创新培养方式方法，提高人才培养培训绩效管理水平；避免"一把尺子量全部"，实现"干什么、育什么、评什么"。为高层次人才、急需紧缺人才、新兴产业人才搭建绿色通道，给予更具实际性、多样化、全方位的肯定和支持。

三是营造人才科技创新氛围。聚焦授权松绑、激发活力，进一步深化人才引育用留等方面的体制机制改革。提升人才服务水平，为高层次人才配偶工作安排、子女入学、住房、医疗等方面提供保障，开发推广"晋才卡+晋才码"，实现人才计划申报、人才服务事项"网上办、码上办、限时办"。狠抓人才政策落实，提高政策知晓度，采取专题调研、专项督查、飞行检查、专项考核等方式，强化政策落实跟踪问效。

参考文献

［1］ 中国科技评估与成果管理研究会、科技部科技评估中心、中国科学院信息研究所编著《中国科技成果转化年度报告（2022）》（高等院校与科研院所篇），科学技术文献出版社，2023。

［2］ 科学技术编写组编著《深入学习习近平关于科技创新的重要论述》，人民出版社，2023。

［3］ 苏长青、王承哲、刘新勇主编《河南人才发展报告（2023）》，社会科学文献出版社，2023。

［4］ 张志刚、陈宝明：《教育、科技、人才三者比较研究及协同机制构建——基于人才培养机制的视角》，《山东师范大学学报》（自然科学版）2023年第2期。

［5］ 郑金洲：《教育、科技、人才一体化发展：内在逻辑与困境突破》，《南京师范大学学报》（社会科学版）2023年第3期。

B.15
太原发挥山西中部城市群龙头作用研究

刘志育　焦　弘*

摘　要： 太原市在山西中部城市群协同发展中具有核心地位，推动太原率先发展，是统筹城乡区域发展，引领带动山西中部城市群协同发展的内在要求和必然选择。发挥太原的龙头作用，要率先做大做强省会城市，提升城市发展能级，增强城市发展活力和竞争力，提升城市治理水平和开放水平，着力发展现代化都市圈，形成辐射牵引山西中部城市群一体化发展的核心区和增长极。

关键词： 太原　山西中部城市群　龙头作用　都市圈

党的二十大报告提出"以城市群、都市圈为依托构建大中小城市协调发展格局"，城市群、都市圈成为我国优化城市发展格局的重要载体。山西中部城市群是全省"一群两区三圈"城乡区域发展新布局的核心组成部分。截至2022年底，山西中部城市群5个市的常住人口数量为1617万人，地区生产总值为1.26万亿元，国土面积为7.41万平方公里，分别占全省的46.4%、49.2%、47.3%。① 太原市2022年常住人口数量在山西中部城市群占比达到33.6%，地区生产总值在山西中部城市群占比高达44.2%，发挥着不可替代的龙头引领作用。

---

* 刘志育，山西省社会科学院（山西省人民政府发展研究中心）咨询委办公室秘书处副处长，研究员，研究方向为产业经济、区域经济；焦弘，山西省社会科学院（山西省人民政府发展研究中心）咨询委办公室秘书处研究实习员，研究方向为宏观经济、法律。
① 山西省和各市《2022年国民经济和社会发展统计公报》。

一 发挥太原龙头作用对山西中部城市群发展意义重大

以中心城市引领城市群发展是新形势下"集中力量办大事"在区域格局优化的实践模式。[①] 太原是山西的省会城市，也是引领带动山西中部城市群协同发展的龙头城市。推动太原率先发展，建好太原都市圈，有利于统筹城乡区域发展，引领带动山西中部城市群大中小城市协调发展，激活区域发展新动能。

太原是引领山西中部城市群高质量发展的核心引擎。万山磅礴，必有主峰。研究表明，对于大多数内陆欠发达省份，省会城市强全省才能强。一个地方没有集聚效应大、发展能级高的中心城市，很难吸引要素资源，也难以引领带动地区高质量发展。[②] 太原是山西人口和经济高度集聚的区域，是全省唯一一个地区生产总值超过 5000 亿元、常住人口超过 500 万人的城市，科技创新资源密集，产业发展基础良好，具有较强的引领辐射带动功能。通过进一步壮大太原市的经济体量和人口规模，把省会城市率先发展起来，提升城市发展质量，增强城市吸引力、辐射力、竞争力，有利于吸引集聚更多先进要素，引领带动山西中部城市群高质量发展。

太原是通过都市圈和城市群重构山西经济版图的关键载体。建设现代化都市圈，形成以城市群为主体形态的增长动力源，对于优化空间结构、增强发展动能、激活消费需求具有积极作用，是近年来我国新一轮城镇化的重点发展方向。国家发展改革委在"十四五"以来先后批复了南京、重庆、武汉、成都、西安等多个都市圈发展规划，都市圈正在发展成为促进城镇化布局优化，增强区域整体竞争力的重要载体。实际表明，都市圈是城市群发展

---

① 胡明远、龚璞等：《"十四五"时期我国城市群高质量发展的关键：培育现代化都市圈》，《行政管理改革》2020 年第 12 期。
② 《专家学者做客云端会客厅：都市圈发展一定是由中心城市引领的》，《长江日报》2022 年 11 月 2 日。

的核心动力源，没有都市圈的辐射带动就很难形成高水平的城市群。① 太原盆地区位优越，地势平坦，城市相对集中，交通联系紧密，太原是全国性综合交通枢纽和国家综合货运枢纽补链强链城市，以太原市为核心，以点带面建设太原都市圈，高质量发展山西中部城市群，切实做大做强山西省的中心区域，对于提升全省城乡协调发展水平，增强区域发展竞争力，推动山西在新发展格局中奋力争先、提质进位具有重要意义。

太原是带动大中小城市协同发展的重要抓手。推动山西中部城市群乃至山西高质量发展，必须妥善处理好区域内大中小城市协同发展的关系。这需要正确认识做强省会城市和发展省会都市圈的关系，客观看待太原市与中部其他省会城市的发展差距，以更大力度更实举措支持太原市率先发展、做大做强。研究表明，实施强省会战略和建设现代化都市圈不矛盾也不冲突，二者是不同地方面对不同情况所提出的有区别的战略思维。② 强有力的省会城市是国内多数省域经济发展的主引擎，在角逐高端要素配置、打造高价值产业链、引领区域经济转型发展方面所发挥的作用越来越大。培育发展都市圈也能促进强省会发展，通过交通设施互联互通、产业分工协同协作，促进省会中心城市疏解不必要的城市功能，实现更加专业化的分工。横向比较，省会太原发展规模还不够大、经济实力还不够强，支持太原率先发展，符合当前的现实情况。通过率先做大做强中心城市，建立中心城市带动都市圈建设、都市圈引领城市群发展、城市群支撑区域高质量协调发展的城镇化发展动力机制，③ 可以推动省会中心城市和周边相邻的中小城市实现协调共赢发展，为全省奋力"两个基本实现"提供科学高效的空间和动力支撑。

---

① 张学良：《以都市圈建设推动城市群的高质量发展》，长三角与长江经济带研究中心网，https：//cyrdebr. sass. org. cn/_ s20/2020/1120/c5533a99266/page. psp.

② 《专家学者做客云端会客厅：都市圈发展一定是由中心城市引领的》，《长江日报》2022年11月2日。

③ 《推进新型超大特大城市建设　提高城市能级和核心竞争力》，《21世纪经济报道》2022年11月12日。

二 太原与中部地区其他省会城市发展比较

近年来，太原加快建设国家区域中心城市，率先转型发展，奋力赶超先进，在中部崛起中发挥着重要的作用。与此同时，与中部地区其他省会城市相比，太原市在人口、地区生产总值（GDP）、科技创新能力等多个方面还有不小的差距，有的差距随着时间的推移还在不断拉大。

一是太原的追赶速度明显加快，但经济规模绝对差距仍在扩大。数据表明，太原在经济发展方面近年来的追赶速度在明显加快。以 2015 年的地区生产总值为基数，太原市 2022 年的地区生产总值增长幅度仅次于合肥，远高于同期的武汉、长沙、郑州、南昌；经济体量方面，太原的地区生产总值占中部省会城市的比重也由 2015 年的 7% 上升到约 8%。

受基数较小的影响，太原与中部地区其他省会城市的绝对差距仍在加大。从经济体量看，太原和南昌是中部六省省会城市仅有的两个没有达到 1 万亿元的城市，其中太原在中部六省省会城市中经济规模最小。从经济规模所占比重情况看，武汉的地区生产总值在中部六省省会城市中占比最大，达到 27%，长沙、郑州、合肥三个城市的地区生产总值占比均约为 20%。太原最小，占比仅为 8%（见图 1）。

从地区生产总值的绝对差距看，与合肥、武汉、郑州、长沙等城市相比，太原与后者的绝对差距还在不断扩大。对 2015 年和 2022 年的地区生产总值进行比较，太原与中部地区其他 5 个省会城市的地区生产总值绝对差距敞口均在不断扩大（见图 2），特别是与武汉、合肥等地发展相比，2015 年太原与武汉的 GDP 绝对值差距为 8170 亿元，而 2022 年这一差值达到 13295 亿元；与合肥的 GDP 绝对值差距 2015 年为 2925 亿元，而到 2022 年这一差值扩大到 6442 亿元。总体来看，在一线城市、新一线城市发展头部效应愈加突出的形势下，加快做大省会太原的经济体量，增强太原的辐射力迫在眉睫。

二是太原的人口集聚效应逐渐显现，但人口规模偏小的状况未发生实质

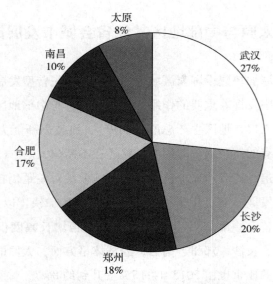

图1 2022年中部地区各省会城市GDP占比情况

资料来源：太原等六市《2022年国民经济和社会发展统计公报》。

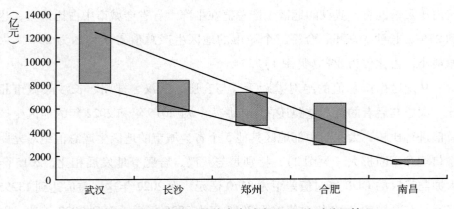

图2 太原与中部地区其他省会城市GDP绝对差距情况

资料来源：太原等六市2015年统计年鉴和《2022年国民经济和社会发展统计公报》。

改变。整体来看，各省会城市的人口在"十三五"时期以来均保持较快速度的正增长。其中长沙、武汉、郑州等城市的常住人口数量从"十三五"

时期至今一直以快于中部六省平均速度保持增长，太原、南昌、合肥3个城市的常住人口增速相对低于平均水平。与南昌、合肥相比，太原的常住人口数量相对增速近年来实现了反超，与2015年相比，太原市的常住人口数量增速达到25.8%，而合肥市同期常住人口数量的增速为23.7%，南昌市为23.3%。太原作为省会城市的人口集聚效应在不断增强。

横向比较看，太原仍然是中部六省中人口最少的省会城市。在常住人口数量方面，武汉、郑州、长沙3个城市已经突破1000万人，合肥紧随其后，人口数量直逼1000万。南昌、太原则数量相对偏少，特别是太原，常住人口数量在中部地区六省省会中最少，与2015年常住人口数量相比，2022年的常住人口绝对增加数也最少（见图3）。在消费成为拉动经济增长的主力因素背景下，人口对于区域发展具有基础性、全局性和战略性意义，作用不容忽视。太原通过完善人才政策，优化发展环境，留住本地高素质人才，吸引更多外地优秀人才，为山西"两个基本实现"提供高质量的人口支撑，显然十分必要。

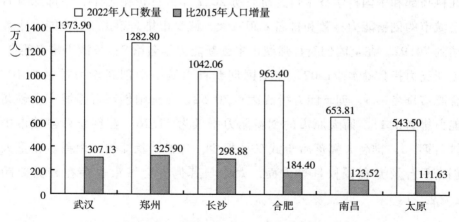

图3　中部地区省会城市2022年与2015年人口变化情况

资料来源：太原等六市2015年统计年鉴和《2022年国民经济和社会发展统计公报》。

三是太原的创新能力纵向比加速提升，但横向比差距仍然较大。截至2022年底，全国共有103个国家创新型城市，其人口数量、R&D经费投入、高新技术企业、地区生产总值分别占到全国的 51%、85%、85%、67%，在创新型国家建设中发挥了重要作用。^① 太原作为国家创新型城市，近年来科技创新发展正在加速赶超。2022 年，太原市有省级以上（含国家级）重点实验室、工程技术研究中心（技术创新中心）208 家，占全省总数的 68%，其中国家级重点实验室数量占全省总数的 88%；国家级企业技术中心、省级以上（含国家级）众创空间和科技企业孵化器、入库科技型中小企业数量分别为 17 家、181 家、3284 家，占全省总数的比例分别为 54.8%、52%、62%，在全省 11 个地级城市中具有绝对优势。太原市的研究与试验发展经费突破 100 亿元，占全省的比重为 45.5%，对全省 R&D 经费增长的实际贡献达到 57.6%。^② 中科院山西先进计算中心、怀柔实验室山西研究院、太原第一实验室等一批重大创新载体落地运行，填补国内空白的重大新产品不断涌现，太原正在加快成为山西省的"科技创新策源地"。

与此同时，太原与中部地区其他省会城市的创新能力差距仍然较大。在科技部和中国科学技术信息研究所 2022 年的评价排名中，中部六省省会城市的创新能力指数和排名差距较大，武汉市排名第 1，创新能力指数达到 74.92，在全国创新百强城市中创新能力排名第 7；长沙市排名第 2，创新能力指数达到 71.07，在全国创新百强城市中创新能力排名第 10；合肥市排名第 3，创新能力指数达到 70.52，在全国创新百强城市中创新能力排名第 11。而太原市的创新能力指数为 57.26，在创新百强城市中排名第 36，排名大幅落后于武汉、长沙、合肥以及郑州、南昌。在重大创新平台及专利授权量等方面，太原与其他省会城市也存在较大差距（见表 1）。

---

① 《全国城市创新能力百强榜出炉》，百家号，https：//baijiahao.baidu.com/s？id=1758401331470975584&wfr=spider&for=pc。

② 《2021 年山西省科技经费投入统计公报》，山西省统计信息网，http：//tjj.shanxi.gov.cn/tjsj/tjgb/202210/t20221017_ 7267016.shtml。

表 1　2022 年中部六省省会城市创新能力指数情况

地　区	创新能力指数	全国排名
武　汉	74.92	7
长　沙	71.07	10
合　肥	70.52	11
郑　州	61.20	24
南　昌	60.83	25
太　原	57.26	36

资料来源：《国家创新型城市创新能力监测报告 2022》和《国家创新型城市创新能力评价报告 2022》。

四是太原在省内的龙头地位突出，但横向比经济首位度排名依然滞后。从经济规模看，太原是山西省典型的龙头城市，是全省唯一的地区生产总值过 5000 亿元的城市，与排名第 2 的长治市相比差距甚大，优势地位更加突出，战略意义尤为重大。以地区生产总值 3000 亿元为限，对中部六省的城市进行分析可以发现，河南省有 9 个地区生产总值在 3000 亿元以上的城市，数量排中部六省第 1 位，其中地区生产总值 1 万亿元以上城市 1 个；湖南省和江西省各有 5 个地区生产总值在 3000 亿元以上的城市，数量并排中部六省第 2 位，湖南有地区生产总值 1 万亿元以上城市 1 个；湖北省和安徽省各有 4 个地区生产总值在 3000 亿元以上的城市，数量并排中部六省第 3 位，两省均有地区生产总值 1 万亿元以上城市 1 个；山西省只有一个地区生产总值在 3000 亿元以上的城市，没有地区生产总值 1 万亿元以上的城市（见图 4）。数据表明，中部六省没有一个省形成了发展实力相当的"双子星"城市格局，强有力的省会城市在引领带动区域发展中发挥了重要作用。

从经济首位度来看，2022 年，中部六省省会城市的经济首位度从高到低依次为，武汉经济首位度为 35.1%，在六省省会城市中排名第 1；长沙经济首位度为 28.7%，排名第 2；合肥经济首位度为 26.7%，排名第 3；南昌经济首位度为 22.5%，排名第 4；太原经济首位度为 21.7%，排名第 5；郑

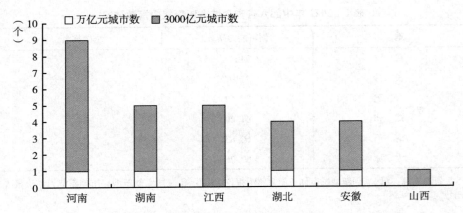

图4 2022年中部六省地区生产总值3000亿元以上城市分布情况

资料来源：山西等中部六省和六省各城市《2022年国民经济和社会发展统计公报》。

州经济首位度为21.1%，排名最后（见图5）。整体而言，山西既缺乏一个经济体量大、引领带动作用强的万亿元级别省会城市，也没有形成与太原实力相当的副中心城市，推进山西中部城市群高质量转型发展，太原的地位和作用更加重要，发展任务尤为迫切。

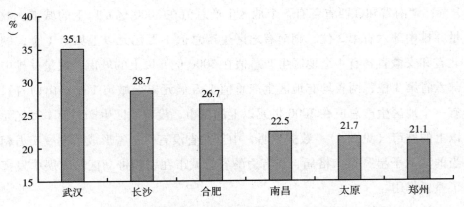

图5 2022年中部六省省会城市经济首位度情况

资料来源：根据山西等中部六省和太原等中部地区六个省会城市《2022年国民经济和社会发展统计公报》数据测算而得。

三　国内部分城市发挥龙头引领作用的实践

为了统筹推动区域协调发展，实现经济质的有效提升和量的合理增长，近年来各地因地制宜出台政策举措，有的明确提出要实施强省会战略，有的提出要全力建设现代化都市圈，充分发挥中心城市的辐射引领作用，有效带动区域协调协同发展。

（一）明确实施强省会战略，引领区域高质量发展

总体来看，除东部部分沿海发达省份有发展实力较强的"双子星"城市外，其他多数省份，尤其是经济和人口首位度较低的省份省会城市，如济南、石家庄、长沙、呼和浩特、南昌等，选择了强省会战略。

山东省在 2019 年将地级市莱芜并入济南的基础上，2020 年正式提出实施强省会战略，加快推进省会经济圈同城化。济南市充分发挥区域龙头作用，以"六个现代化强省会"建设为目标，从十个方面靶向发力，大力实施创新驱动发展战略，深入推进新旧动能转换，引领济南都市圈协调发展，提升城市功能品质，全面推进乡村振兴，持续推进改革开放，促进文化繁荣兴盛，推进特大城市现代化治理，全方位增强济南市的经济实力、内生动力和城市竞争力。

河北省在 2021 年出台《关于大力支持省会建设和高质量发展的意见》，明确提出实施强省会战略，从全局的高度抓好省会建设。石家庄市抢抓机遇，出台《中国式现代化石家庄场景行动方案》，积极融入京津冀协同发展大局，瞄准"经济总量过万亿"的奋斗目标，着力做优传统产业，做强主导产业，做大新兴产业，聚力打造 5 个以上千亿级产业集群，实施"6+2+2"城市更新重点项目，强力推动经济总量实现新跃升。

湖南省 2022 年印发《关于实施强省会战略支持长沙市高质量发展的若干意见》，把强省会作为全省重大战略和全省共同责任，推动长沙大发展，持续增强长沙市的辐射力、竞争力、影响力。采取以点带圈、以圈带面、圈

动全省，带动全省高质量发展上台阶，在国之战略中彰显湖南作为。为实现这一目标，该意见针对性出台 20 项含金量很高的政策举措，支持长沙实施制造强市、创新引领、数字赋能、开放融通、全龄友好等 10 大战略工程，建设湘江新区、湖南自贸试验区长沙片区、长株潭都市圈等 6 大战略平台，对省级审批权限应放尽放，全力推动长沙市提升城市综合能级，建设国家中心城市。

江西省 2022 年印发《关于深入实施强省会战略推动南昌高质量跨越式发展的若干政策措施》，提出将"省会引领战略"作为全省 5 大战略之一，举全省之力、集全省之智，推动南昌高质量跨越式发展，实现南昌经济首位度大幅提升、经济体量在全国省会城市排名大幅提升。科技创新方面，南昌市加力打造重要区域科技创新中心，积极争取布局国家实验室和国家大科学装置等国家级重大创新平台。产业发展方面，发力打造具有核心竞争力的产业集群，建设高端服务业集聚区，建设全国数字经济强市。综合交通方面，打造全国重要综合交通枢纽，建设南昌"米"字形高铁网。同时，加快完善城市功能，提升公共服务水平，增强区域中心城市功能。

内蒙古自治区 2022 年正式提出支持呼和浩特实施强首府工程，全力支持呼和浩特市强实力、提品质、增后劲，全面建设现代化区域中心城市。交通方面，加快建设呼和浩特都市圈，构建以呼和浩特为中心的城际铁路交通网络，打造呼包鄂乌 1 小时经济圈，全面提高城市首位度。产业发展方面，加力发展清洁能源、现代化工、绿色农畜产品加工、新材料和现代装备制造、生物医药、电子信息技术"六大产业集群"，建设"世界乳都"，打造"中国云谷"，培育一批千亿级优势产业。

（二）大力发展省会都市圈，打造区域竞争新优势

与前述实施强省会战略的城市不同，那些拥有经济体量较大、发展实力较强省会中心城市的省市，则依托省会中心城市的辐射带动加快发展现代化都市圈，进一步加快建设强省会，在更高层级上统筹区域协同发展，提升区

域竞争力。

江苏省早在 2018 年提出提升南京城市首位度，辐射带动全省和周边地区发展。由于江苏省具有南京和苏州"一省双核"的城市格局，为了推动南京快速发展，缩小与苏州的差距，江苏省发挥南京区域中心和交通枢纽的地缘优势，通过实施都市圈发展规划，在一个新的赛道上赶超苏州，加快提质进位。2021 年国家发改委批复《南京都市圈发展规划》。规划提出，坚持极核带动，发挥南京作为我国东部地区重要中心城市的龙头作用，提升南京都市圈整体实力和竞争力，健全同城化发展机制，促进中心城市与周边城市同城化发展，在基础设施、创新体系、产业分工、公共服务、生态环境、城乡融合等方面协同协作、共建共享，引领带动南京都市圈建设成为长三角强劲活跃增长极的重要支撑。①

四川省的 21 个地市经济发展差距很大，2022 年成都市的经济首位度达到 36.7%，地区生产总值超过 2 万亿元，但有 12 个地市的地区生产总值不足 2000 亿元，有的甚至不到 500 亿元。为了强化成都中心城市的辐射带动作用，带动全省高质量发展，国家发改委批复发展成都都市圈。《成都都市圈发展规划》明确提出，成都优化提升中心城区功能，充分利用主城发展能级较高的优势，高标准建设四川天府新区、成都东部新区、成都高新区、西部（成都）科学城，打造全国重要的经济中心、科技创新中心、世界文化名城和国际门户枢纽，提升国家中心城市国际竞争力和区域辐射力。统筹实施成都、德阳、眉山、资阳同城化一体发展战略，加速打造"轨道上的都市圈"，实施的城市轨道交通线网规划共计包括 36 条线路，总长度达到 1666 公里，② 通过龙头城市引领带动建设现代化都市圈，实现区域高质量协调发展目标。

湖北省的武汉市是全省经济第一大市，经济首位度达到 35.1%，在中

---

① 《江苏省人民政府安徽省人民政府关于印发南京都市圈发展规划的通知》，江苏省人民政府网，http://www.jiangsu.gov.cn/art/2021/4/16/art_46143_9750343.html。
② 《四川省人民政府关于印发〈成都都市圈发展规划〉的通知》，四川省人民政府网，https://www.sc.gov.cn/10462/zfwjts/2021/11/29/40678782564141e68f4d1d27180befb9.shtml。

部地区具有重要地位。为了更好地发挥武汉中心城市的辐射引领带动作用，湖北省在积极争取国家发改委批复《武汉都市圈发展规划》的基础上，制定实施《武汉城市圈同城化发展实施意见》等系列政策文件，支持做强武汉市龙头地位，加快建成武汉国家中心城市，推动武汉市经济总量争先进位，通过规划同编、交通同网、科技同兴、产业同链、民生同保，带动武汉城市圈协同发展，[①] 打造全国重要增长极。

陕西省西安市 2022 年经济首位度达到 35%，是全国 9 个国家中心城市之一。国家发改委 2022 年批复的《西安都市圈发展规划》中提出，放眼全国区域发展大局，全面提升西安国家中心城市辐射带动能力，充分发挥西安龙头作用，以建设"三中心两高地一枢纽"（西部经济中心、对外交往中心、丝路科创中心，丝路文化高地、内陆开放高地和国家综合交通枢纽）为路径，建强国家中心城市功能体系，全面增强城市吸引力、创造力、竞争力，推动西安与都市圈内各城市在基础设施、产业分工、公共服务、生态环境等方面协同发力，健全同城化协调发展和成本共担利益共享机制，[②] 全面提升区域发展竞争力。

四　进一步发挥太原龙头作用的政策建议

推动山西中部城市群高质量发展，需要太原率先做大做强；充分发挥太原的龙头引领带动作用，需要以都市圈、城市群为载体，加快与山西中部城市群其他城市分工协作、协同联动、共赢发展。进一步推动太原在山西中部城市群发挥龙头作用，一方面，要围绕"六地"战略定位，全力推动太原加快建设国家区域中心城市，形成辐射牵引山西中部城市群一体化发展的核

---

① 《武汉都市圈发展三年行动方案（2023~2025 年）》，武汉都市圈官网，http：//oa.ctyh.cn/?m=home&c=View&a=index&aid=2259。

② 《陕西省人民政府关于印发西安都市圈发展规划的通知》，陕西省人民政府网，http：//www.shaanxi.gov.cn/zfxxgk/fdzdgknr/zcwj/nszfwj/szf/202208/t20220808_2238133.html。

心区和增长极；另一方面，要在"五个方面"当好龙头，① 加快构建山西中部城市群一体化发展新格局，充分发挥不同城市的功能作用，全面提升城市群一体化发展水平。

（一）做大做强省会城市，着力发展现代化都市圈

太原是山西中部城市群的核心，实施强省会战略，创建国家区域中心城市，建设太原都市圈是事关全省发展的大事，是顺应区域协调发展规律、引领带动全省高质量发展的战略选择。建好山西中部城市群需要太原加强引领带动，做大做强太原需要山西中部城市群其他城市协作。

加快提升太原城市发展能级。支持太原全面做大做强省会经济，率先打造产业发展高地，对标发达城市实现争先进位，增强太原龙头引领能力。要将发展壮大工业经济放在首位，坚持把制造业振兴升级作为产业转型的主攻方向，打造引领中部城市群高质量发展的先进制造业基地、国家能源技术革命策源地，持续做好"传统产业改造提升""新兴产业培育壮大"两篇大文章。依托产业链和特色专业镇两大抓手，实施工业高质量发展"百千万亿"工程，加快培育一批千亿级、百亿级营收的骨干企业，依托特种金属材料、新一代信息技术、新型化工材料、高端装备制造、新能源、生物基新材料等优势产业，打造一批千亿级产业链，力争发展若干在国际产业分工格局中具有较强影响力的万亿级产业集群，支撑太原经济总量持续增长、提质进位。更好发挥比较优势，围绕高端装备制造、特钢材料、氢能、第三代半导体、风电装备等重点产业链发展，实施"政府+链主+园区"招商，做好产业链强链补链延链，推动产业链向价值链中高端延伸。加大特色专业镇培育发展力度，支持清徐老陈醋专业镇聚焦"双百"目标，实施"特色专业镇+经营

---

① 山西省委省政府《关于支持太原市建设国家区域中心城市更好发挥龙头带动作用的意见》明确，太原市发挥龙头作用的定位是打造"六地"，即国家先进制造业重要承载地、国家能源技术革命策源地、国内外重要文化旅游目的地、内陆地区高水平对外开放新高地、区域现代服务业集聚地、全省民生幸福首善地。太原市要在"山西中部城市群建设、构建现代化产业体系、构建高水平创新体系、服务融入新发展格局、建设宜居宜业城市"五个方面当龙头。

主体"培育模式,加快国家级食醋产品检验研究中心建设,因地制宜、梯次培育建设中北高新区不锈钢、晋源花卉、小店电机、阳曲碳纤维等市级专业镇。打造区域现代服务业集聚地,大力发展现代服务业,聚焦现代物流、现代金融、科技服务、高端商务、健康养老、体育休闲等重点领域,推动服务业更大范围、更宽领域、更深层次对内对外开放,稳步扩大以规则、管理、标准等为重点的制度型开放,营造更加开放、透明、包容的行业发展环境,为经济转型升级提供更有力的支撑和动力。高水平建设全国重要文化旅游目的地,重点发展西山、汾河、太原府城、晋阳古城四大旅游板块,培育"锦绣太原"旅游品牌体系,持续推动改革创新,丰富旅游产品供给,构建高质量的服务体系,大力提升综合治理能力,全面推进国家全域旅游示范区创建。

高质量建设一体化发展的都市圈。坚持城市群、都市圈作为山西新型城镇化的主体形态,依托太原区域中心城市,引领带动忻州、吕梁、晋中、阳泉协同联动发展。以太原为中心,以1小时通勤圈为基本范围,以规划全面衔接、产业布局协同耦合、基础设施互联互通、生态治理同保联治、公共服务共建共享、要素配置自由流动"六个一体化"为重点,发挥好市际联席会议制度的作用,全面提升太原与山西中部城市群其他四市协同发展水平。创新都市圈一体化协调机制,聚焦科技创新、产业发展、要素流通等关键领域,搭建高水平区域分工协作体系,打造区域创新共同体,共建现代高端产业集聚区。借鉴南京都市圈做法,建立重点制度规则和重大政策沟通协调机制,提高政策制定统一性、规则一致性和执行协同性。建立成本共担利益共享机制,探索建立联合招商、共同开发、利税共享的产业合作发展机制,①根据有关规定建立产业转移承接地间经济指标分算机制,合力打造支撑全省经济社会发展的增长极,建设促进区域协调发展、参与国际竞争合作的重要平台,强势拉动山西在中部地区争先崛起、在全国版图彰显地位。

---

① 《江苏省人民政府安徽省人民政府关于印发南京都市圈发展规划的通知》,江苏省人民政府网,http://www.jiangsu.gov.cn/art/2021/4//16/art_46143_9750343.html。

（二）提升城市治理水平，全力建设宜居宜业都市

增强城市的宜居度、舒适度，是国内外中心城市发展经济、吸引人才的通行做法。增强太原的城市吸引力，需要着力在提升城市宜居宜业水平上下功夫。

建设民生幸福的"首善之地"。坚持"人民城市人民建，人民城市为人民"的理念，聚焦群众衣食住行、生老病死、安居乐业等"急难愁盼"问题，更好发挥政府作用，打造高品质生活空间，营造更加充分、更高质量的就业环境，打造更高水平的国家区域医疗中心，提供更加普惠均衡优质的教育服务，发展高品质、多样化的养老服务，实行统一衔接高效便利的社保制度，推动房地产平稳健康发展，把太原建设成为人民群众的幸福之城。推动山西中部城市群以及城乡之间基础设施和基本公共服务均等化，强化城乡教育、医疗以及劳动就业等基本公共服务的统筹布局，促进城乡社会保障体系的有效衔接，让改革发展成果更多更公平惠及全体人民。

大力提升城市现代化治理水平。持续推动城市更新，把城市更新作为提升城市竞争力、实现高质量发展的必由之路，作为稳投资、扩内需、增福祉的重要发力点全面推进。增强城市发展韧性，把生态和安全放在更加突出的位置，统筹城市布局的经济需要、生活需要、生态需要、安全需要，推进综合防灾体系建设，有效提升城市安全风险防控能力。加大城市的宜居性改造，加快补齐地下基础设施短板，提升居住品质、提高住房建设标准、打造好房子样板，加快老房子、旧小区改造提升，增强群众的获得感和满意度。推动城市治理体系和治理能力现代化，以增进人民群众的获得感、幸福感、安全感为导向，优化城市治理，倾听民众呼声，增进群众参与，营建包容审慎、更富人性化的城市治理体系。加快建设智慧城市、智慧社区，打造智慧城市大脑，推进基于数字化、网络化、智能化的新型城市基础设施建设，用大数据、云计算、区块链、人工智能等前沿技术推动城市管理手段、管理模式、管理理念创新，有效破解由人口集聚带来的"大城市病"，提升城市治理水平。

（三）提升科技创新能力，奋力打造一流创新城市

聚焦短板弱项，以人才引育和科技创新为重点，依靠创新驱动城市高质量发展，推动创新成为太原发展的不竭动力，成为优化经济结构、转换增长方式的澎湃动能。

高质量打造人才高地。坚持人才是第一资源，用一流政策引进一流人才，不求数量，但求质量，提升战略人才政策吸引力，实施顶尖人才筑峰计划，实行"一事一议"引进的个性化支持机制，量身创设发展平台，努力争取依托一名人才，落地一个项目，带动一个产业。全面提升柔性引才水平，加快建设专业化的人才综合服务平台，打造一批高质量引才载体平台，通过顾问指导、项目合作、联合攻关、成果转化、人才租赁、兼职服务、退休返聘、人才飞地等形式，引进高水平人才为全省经济社会发展提供服务和支持。加大本土人才的培育力度，优化晋才晋育格局，锚定高质量发展，打造一流人才方阵。优化产业人才培养布局，通过完善的产业链条拉动全省人才产业快速发展。完善人才成长选育管用全链条工作机制，聚焦高素质提升，坚持产教融合育人，注重合作交流育人，突出继续教育育人，强化技能竞赛育人，拓宽人才培养渠道。完善人才评价体系和激励机制，推动差别化人才价值体现，让每一位人才都能人尽其用、尽展其才。

高水平建设创新高地。坚持创新是第一动力，企业主体、人才主力、市场主导、政府主推，打造一批具有鲜明特色和更强竞争力的创新驱动发展平台，立足建设立体联动"孵化器"、科技成果产业化"加速器"和两链融合"促进器"三大目标，找准创新链"堵点"、产业链"痛点"，加强创新资源开放集聚和优化配置，集聚创新要素、打造创新动能、构建创新生态，形成全方位、全链条支持科技创新和成果转化的服务体系，构建从研发到孵化再到产业化的科创系统。打造一批旗舰型创新平台，从源头上推动产业链和创新链的深度融合，构建由国家实验室、国家重点实验室、省实验室、省重点实验室等组成的新型实验室体系。打造区域创新共同体，提升科技创新开放水平，大力引进科研院所，支持科研院所通过建设新型研发机构等方式加

强协作，对接区域产业发展需求。把推进科技成果转化作为工作的重中之重，畅通科技成果转化通道，促进更多京津冀高校、科研院所和科技型企业高水平科技成果在太原产业化。大力培育本土创新型企业，积极发展龙头企业牵头的高水平创新联合体，推进产学研用一体化。

（四）增强城市发展活力，强力打造消费中心城市

消费不仅为城市经济发展提供"真金白银"的硬支撑，还为城市的营商环境优化助力，推动城市软实力快速提升。① 太原要把激活和扩大消费摆在优先位置，发挥城市文化底蕴优势，打造商业繁华的消费中心城市。

打造国际消费中心城市。激发群众消费需求，深挖城市文化底蕴，持续挖掘打造城市消费热点。大力拓展新模式、新业态、新场景消费，发展体育消费、数字消费、文化创意消费、电子商务直播、绿色低碳消费、国潮国货消费。巩固提升传统消费，稳定扩大汽车消费，升级繁荣文旅消费，推动特色农产品消费，促进合理住房消费。提质扩容服务消费，提升养老育幼消费，促进家政服务消费，丰富餐饮消费。打造高品质消费场景，建设高品质消费地标，建设全国示范步行街，大力发展夜间经济、首店经济、流量经济。优化消费环境，聚焦品质消费、放心消费、亲民消费、主题消费、便利消费等重点领域，着力补齐消费基础设施短板，全力营造"高高兴兴来打卡，心甘情愿去刷卡"的消费场景，吸引更多人在太原消费。

建设全龄友好型发展城市。充裕的人口是扩大消费的必要条件，也是现代服务业发展和升级的基础要件。要坚持以人为核心，以满足全龄阶段居民的多层次需求为导向，建设儿童友好、青年向往、老年关爱城市，让每一个生活在太原的人都能感受到城市的关怀和社会的温暖。建设青年发展型活力城市，围绕年轻人、大学生、"新市民"等重点群体，聚焦他们"宜游、宜养、宜学、宜娱"等关切，优化城市治理制度设计，切实满足青年发展的所想所盼，帮助他们融入城市、服务发展、共享成果，真正做到"留得下"

---

① 李少星：《把消费提质作为城市发展的新动能》，《济南日报》2022 年 5 月 12 日。

"留得住""留得好"，为城市发展凝聚更多新生力量。实施儿童友好城市创建行动，推进未成年人救助保护机构转型升级，加强留守儿童和困境儿童关爱服务。建设老年关爱型城市，优化养老服务设施布局，健全多层次、多支柱养老保险体系，推动公共设施适老化改造，实现社区（村）养老服务设施全覆盖。要加快营造更加包容、诚信、友善、热情的城市环境，吸引更多的人来到太原、留在太原、发展太原，以总量充裕、结构优化、素质提高、分布合理、均衡发展的人口格局，为中国式现代化提供支撑。

（五）提升开放发展水平，大力打造对外开放高地

开放是城市发展之钥，开放是城市进步之光。解决新时代的新矛盾新问题，必须坚定不移地全面深化改革开放。推动太原建设国际化现代中心城市，需要加快改革开放，提升开放的质量和水平。

依托高水平开放促进城市发展大跃升。以开放倒逼改革，加快建成高标准市场体系，打造市场化、法治化、国际化营商环境，大力推进首创性、差异化、集成式创新，破解阻碍经济顺畅循环的堵点、卡点、脆弱点，构建更高水平开放型经济新体制。以开放推动发展，更加善于从开放中寻求和发现机遇，从"全国一盘棋"推动产业链整合、扩容与提质，打造开放高效、合作共赢的产业链、价值链、创新链竞争优势，挖掘全球产业链重塑中的战略新机遇，增强参与国际国内分工体系的融合度、重要性、竞争力，提高整体经济效率。以开放增进安全，更好发挥太原的比较优势，吸引更多国际资源要素集聚，把握高质量发展的主动权，增强经济发展的安全性。以开放促进合作，积极提升开放平台能级，以国家跨境电商综合试验区、二手车出口试点城市、国家加工贸易产业园建设等为突破，推动太原开放型经济取得新进展。稳步扩大制度型开放，建设制度创新高地，提高贸易投资便利化程度，以更大范围、更宽领域、更深层次的对外开放格局，服务国家重大发展战略。

主动融入国家区域发展战略和"一带一路"大商圈。加强与京津冀地区深度合作，依托太原—雄安—北京高铁新通道，搭建融入京津冀和雄安新

区的合作平台，提升与京津冀地区在科技、能源、教育、医疗、生态等领域的战略合作水平。主动承接京津地区和雄安新区科技资源外溢，推动建设京津冀—太忻科创走廊，鼓励"链主""链核"企业加强与京津地区合作，共建创新联盟或开放式实验室。建设承接京津冀产业转移集聚区，提升各类开发区产业承载能力，主动承接京津冀产业转移，发展"飞地经济"，引进京津冀知名企业在太原设立区域总部、研发机构和制造基地，打造山西承接京津冀和雄安新区产业要素转移的首善地。积极参与雄安新区建设，做好能源、工业和特色优质农产品保障供应合作。加强与长三角、粤港澳地区开放合作，差异化承接长三角、珠三角等地区产业梯度转移，全力融入粤港澳大湾区产业链延伸。积极融入黄河流域生态保护和高质量发展战略，促进各类要素合理流动和高效集聚，以区域功能协同为引领构建黄河流域现代产业体系，以加强区域联动治理为抓手完善协同治理体系，以保护传承弘扬黄河文化为主线大力推进文化和旅游业发展，形成优势互补、高质量发展的沿黄区域经济新格局。精准对接"一带一路"建设，加强与"一带一路"沿线国家主要口岸基础设施互联互通，促进中欧（中亚）班列双向常态化运营，深化国际产能合作，支持重点企业与"一带一路"沿线国家共建一批产业合作区，显著提升对外经贸的合作层次和水平。

参考文献

［1］习近平：《推动形成优势互补高质量发展的区域经济布局》，《求是》2019年第24期。

［2］王新涛：《中心城市引领都市圈高质量发展的内在机理和推进路径研究》，《黄河科技学院学报》2023年第7期。

［3］赵弘：《以现代化都市圈建设推动京津冀城市群高质量发展》，《城市问题》2022年第12期。

［4］李红玉：《兰州在兰西城市群建设中发挥龙头作用的策略研究》，《辽宁经济管理干部学院学报》2022年第4期。

［5］刘西忠：《从城市群到都市圈：跨区域协同治理格局演化与机制创新研究》，《秘

书》2022 年第 3 期。

［6］高国力：《增强城市群都市圈综合承载能力　培育高质量发展增长极和动力源》，《宏观经济管理》2021 年第 11 期。

［7］王元亮：《中国东中西部城市群高质量发展评价及比较研究》，《区域经济评论》2021 年第 6 期。

［8］胡明远、龚璞等：《"十四五"时期我国城市群高质量发展的关键：培育现代化都市圈》，《行政管理改革》2020 年第 12 期。

［9］方创琳：《以都市圈为鼎支撑中国城市群高质量发展》，《张江科技评论》2020 年第 6 期。

［10］姜长云：《培育发展现代化都市圈的若干理论和政策问题》，《区域经济评论》2020 年第 1 期。

［11］陆大道：《关于"十四五"规划：领域与认识》，《地理科学》2020 年第 1 期。

［12］肖金成、马燕坤等：《都市圈科学界定与现代化都市圈规划研究》，《经济纵横》2019 年第 11 期。

［13］安树伟、孙文迁：《都市圈内中小城市功能及其提升策略》，《改革》2019 年第 5 期。

［14］李瑞鹏：《都市圈核心城市带动作用研究》，硕士学位论文，首都经济贸易大学，2019。

B.16
大同对接京津冀协同发展研究

郭泰岳　王爱民　高　燕　白小利*

摘　要：　2023年5月召开的深入推进京津冀协同发展座谈会上，习近平总书记强调，"要处理好同周边地区的关系，带动周边交界地区高质量发展"，"积极同国内外其他地区沟通对接，打造全国对外开放高地"。大同作为国家区域重点城市，紧邻京津冀，有独特的区位优势，主动对接融入京津冀、承接京津冀协同发展溢出效应，既是大同在全省高质量发展全局中肩负的重大历史使命，也是大同高质量发展面临的重大历史机遇。大同应当用好用足京津冀协同发展、推动中部地区高质量发展等国家战略以及山西省委省政府出台的一系列政策，从全国、京津冀、山西、晋北城镇圈、乌大张乃至大同自身视角，找准在与京津冀互动协同中的坐标定位。科学把握制度变迁规律和经济地理发展规律，从更高层面、更长周期、更大视野上统筹协调，厘清大同与京津冀对接融入的基础和比较优势。学习借鉴典型地区对接京津冀、长三角、粤港澳大湾区的先进经验，以承接北京非首都功能为核心，加快产业转移承接和基础设施对接，推进生态环境保护和文旅康养融合，深化体制机制改革和民生领域合作，同步加强大同与山西中部城市群的联动发展，促进京津冀协同发展溢出效应更好地流向全省。

关键词：　区域协同发展　京津冀　产业转移　山西中部城市群

---

* 郭泰岳，山西省社会科学院（山西省人民政府发展研究中心）创新工程办公室负责人，主要研究方向为区域经济、社会信用体系；王爱民，大同市政府发展研究中心主任，主要研究方向为区域规划、县域经济、乡村振兴；高燕，山西省社会科学院（山西省人民政府发展研究中心）创新工程办公室助理研究员，主要研究方向为宏观经济统计分析、科技创新；白小利，山西省生态环境监测和应急保障中心（山西省生态环境科学研究院）经济师，主要研究方向为生态环境经济、社会治理。

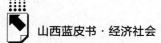
在 2023 年 5 月召开的深入推进京津冀协同发展座谈会上，习近平总书记强调，"要处理好同周边地区的关系，带动周边交界地区高质量发展"，"积极同国内外其他地区沟通对接，打造全国对外开放高地"。京津冀、长三角、粤港澳大湾区是我国区域重大战略、经济发展的增长极，也是高质量发展的重要动力源。山西紧邻京津冀，地缘相近、文缘相承、商缘相连，互补依存、发展关联，有独特的区位、交通、康养、网络、能源优势，与京津冀协同发展受到国家层面的明确支持。大同作为山西离首都北京最近的城市，处于京津冀国家战略经济圈辐射的前沿阵地，着力提升大同在新发展格局中的地位作用，承接京津冀协同发展的溢出效应，机遇难得、大有可为，疏解北京非首都功能大有潜力可挖。关键是要把握区域差异，找准坐标，发挥比较优势，加大与北京非首都功能的对接，精准有效与京津冀协同联动，进而更好地发挥大同在全省高质量发展中的带动作用。

一　对接融入区域协同发展战略的理论逻辑

进入新发展阶段，对接融入区域协同发展战略已经成为地方提高发展效率、提升发展质量、推动动能转换的有效手段。精准有效对接则是高质量融入区域协同发展的基础，需要厘清相关内涵逻辑，把握发展规律和内在联系，为对接区域一体化战略提供理论支撑。

（一）溢出效应是区域经济协同发展的重要牵引

随着全球化、一体化的深入，利用"内生动力"对区域发展差距进行解释已愈加乏力。研究发现，经济增长并不仅仅是人力资本、物质投入、技术水平、政策支持和产业结构等内在要素作用的结果，周边地区经济增长的关联带动及其空间溢出效应的"外部性"在区域发展中也发挥着重要作用。区域经济非均衡增长理论认为，地区经济的发展也依赖于邻近区域产生的溢出效应，即由经济发展不均衡而导致的区域经济差异及其引发的要素流动，如创新活动与知识生产所产生的知识、技术溢出效应，基础设施建设带来邻近区域通达便利性改善，公共支出影响地方政府间的战略性行为，投资活动对区域经济活动的渗透，劳动力的集聚扩散对区域经济产生差异化溢出效应等。在新发展格局下，区域分布、合作模式和溢出效应作用机理正发生重大变化，各类经济要素的空间流动和各类经济活动的空间扩散更加频繁，不断打破区域市场间和市场内部的壁垒，加深区域间和区域内部的经济活动与联系，"区域溢出效应"愈发明显。这种由技术溢出、要素流动、结构变迁之间相互作用导致经济增长的跨区域相关，为区域一体化周边地区对接融入提供了动能支撑。

（二）产业转移是区域经济协同发展的有效抓手

产业转移是指由于资源供给或者产品需求条件等因素的变化，某些产业从某个地区转移到另一个地区的经济行为，具有时间和空间维度的动态调整特性，客观上是产业空间地理布局在不同区域间进行移动的经济现象，本质上是区域产业结构调整、技术和产业创新升级的过程。由区域发展不平衡而形成的地理空间成长差异以及市场主体间的利益差异是产业转移的基础，因此产业转移应遵循不同地区经济基础、科学技术、劳动力素质等方面的梯度差异，由高梯度地区引进资金和先进技术向低梯度地区转移，通过经济技术、生产力的空间推移逐步缩小地区间差距。同时，对于欠发达的低梯度地方而言，只要政策得当、措施有效，也可以引入先进技术发展高新产业，实现反向超越式发展，完成向高梯度地区的产业反向推移。在区域承接产业转移的过程中应注重引进与提升双向发力，把产业转移、产业集聚、产业升级与比较优势有效结合起来，通过承接产业转移实现资源有效配置整合、产品附加值增加、产业做大做强，避免由产业转移导致"产业空心化"、产业转移"空间分割"、产业结构"锁定"、产业升级受阻等问题。

（三）协调发展是区域经济协同发展的基础支撑

区域协调发展一般认为是区域经济、社会、环境等因素的协调发展。

区域间通过良性和谐竞争、分工合作和优势互补，构建合理健康有序的产业分工体系，形成融洽的合作利益共同体，使得区域系统中诸要素之间科学合理、和谐共生、效益最佳。区域协调发展的核心是区域经济协调发展，是区域之间在经济交往上日益密切、相互依赖日益加深、发展上关联互动，从而实现各区域经济持续发展的过程。区域经济协调发展强调各区域内部的和谐性和区域间经济的共生性，对于带动欠发达地区经济发展、缓解区域经济差异具有重要意义，同时也为发达区域经济发展提供了支撑保障。经济非均衡地区的协调发展，强调边增长、边协调的效率与平等目标统一，需要产业布局的适度倾斜和错位发展，否则有可能把欠发达地区拖入比较优势陷阱。为此，欠发达地区要客观分析自身比较优势，在产业转移、联动发展、基础设施、公共服务、环境营造等方面找准切入点，在战略布局、功能定位、发展重点、政策导向等重大问题上防止掉入比较优势陷阱。

（四）开放发展是区域经济协同发展的有力保障

区域对外开放是区域内商品、服务、要素等跨区域自由流动的行为，具有区域渐进特点，包含从商品贸易开放到多样的服务贸易开放，从投资的单向开放到多元开放，从区域性开放到全面开放，从政策性开放到体制或制度性开放等方面的跨越。区域对外开放通过促进专业化分工、推动技术进步、加快人力资本积累、产业结构转型升级、体制机制创新，不断提高劳动生产率，实现经济的持续发展。随着沿海地区市场增长动力的减弱，内陆地区在国民经济增长格局中的作用日益凸显，推动内陆地区对外开放，打造内陆对外开放型经济发展高地，对于构建全面开放新格局、提升开放水平具有重要的战略意义。内陆地区对外开放，是将沿海开放向内陆开放延伸，促进内陆地区形成新的经济增长动力源，充分释放内陆地区的发展潜能。内陆地区对外开放的关键是，创新开放机制，形成区域功能完备、创新要素集聚、区域互联互通、营商环境良好的开放发展新局面；推进平台建设，提升开放平台的要素流动和资源配置功能，加快打造能级高、辐射强、范围广的创新平台；增强产业链韧性，围绕重点产业链布局现代化产业体系，形成产业备份系统，提升在产业链价值链中的位置。

二　大同对接京津冀的坐标和基础

京津冀协同发展过程中，北京从要素吸附向辐射带动转型释放出巨大能量，京津冀间的功能重构产生大量的资源要素需求，对周边城市将产生巨大的带动作用。大同融入京津冀，需要从全国、京津冀、山西、晋北城镇圈、乌大张乃至大同自身视角，找准在与京津冀互动协同中的坐标和对接方向，厘清大同与京津冀对接融入的基础和优势。

（一）立足全国的大同坐标

近年来，国家出台的多个文件中，均把大同纳入重点支持发展的城市，如陆港型国家物流枢纽、中西部连接京津冀城市群的枢纽城市、区域重点城市、国家现代流通战略支点城市等（见表1）。这些文件均体现出大同在国家战略布局中的重要性，为大同发挥枢纽网络集成组织对分散供应链的集并整合、流通新技术新业态新模式聚集应用、重要资源和产品骨干流通走廊作用，加快产业与物流体系高度融合提供重要支撑。

表1　近年来将大同纳入国家战略发展布局的相关文件

政策文件	发布机构	文号/时间	主要内容
中共中央国务院关于新时代推动中部地区高质量发展的意见	中共中央、国务院	2021年4月23日	在"坚持协调发展，增强城乡区域发展协同性"之（八）促进城乡融合发展"中，提出促进洛阳、襄阳、阜阳、赣州、衡阳、大同等区域重点城市经济发展和人口集聚
"十四五"旅游业发展规划	国务院	国发〔2021〕32号	在"优化旅游空间布局"之"（二）优化旅游城市和旅游目的地布局"中，大同被列入25个重点旅游城市建设名单

续表

政策文件	发布机构	文号/时间	主要内容
现代综合交通枢纽体系"十四五"发展规划	交通运输部、国家铁路局、中国民用航空局、国家邮政局、中国国家铁路集团有限公司	交规划发〔2021〕113号	在"着力推进综合交通枢纽多层级一体化发展"之"(二)强化综合交通枢纽城市内畅外联"中,大同作为80个全国性综合交通枢纽城市之一,被纳入国家交通枢纽建设计划
关于做好2022年国家物流枢纽建设工作的通知	国家发展改革委	发改经贸〔2022〕1745号	大同陆港型国家物流枢纽作为全国25个国家物流枢纽之一被纳入建设名单
国家物流枢纽布局和建设规划	国家发展改革委、交通运输部	发改经贸〔2018〕1886号	在"合理布局国家物流枢纽,优化基础设施供给结构"之"(二)国家物流枢纽布局和规划建设要求"中,大同被列入41个国家物流枢纽承载城市名单
关于布局建设现代流通战略支点城市的通知	国家发展改革委、自然资源部、交通运输部、商务部、市场监管总局	2023年8月30日	综合考虑城市资源禀赋、发展基础、比较优势、未来潜力,将102个城市纳入现代流通战略支点城市布局建设名单,分别为综合型流通支点城市、复合型流通支点城市、功能型流通支点城市。其中,大同为49家功能型流通支点城市之一

资料来源:根据公开资料整理。

  大同市位于晋冀蒙三省区交界处,距北京、省会太原、呼和浩特、雄安新区公路里程均在300公里左右,处在"六轴七廊八通道"国家综合立体交通网主骨架,作为沟通京津冀与西北省份的桥梁和枢纽,境内有大运、德大等国家干线高速公路,以及108、109、208、209四条国道;在铁路方面,京包、同蒲、大秦、大准等线路,以及云冈、口泉支线等均在大同交会。此外,大同连接"中蒙俄经济走廊",具有北向进蒙、俄通欧洲,东到韩、日等地的地缘枢纽价值。作为"一带一路"大商圈的重要组成部分，大同已开行大同—白俄罗斯明斯克、大同—莫斯科—白俄罗斯明斯克、大同—乌兹别克斯坦塔什干3列中欧班列，为大同汇聚"一带一路"共建国家优势资源和先进技术创造了条件。规划建设的大同市陆港型国家物流枢纽，汇集了经国家市场监督管理总局批准建设的进口肉类指定查验场、北肉冷链加工产业园、电子口岸"单一窗口"等功能区和冷链仓储及铁路卸货区（包括堆场）、铁路保税区、综合服务区等功能区，将有效提高国家物流节点基础设施建设和物流现代化水平，促进晋北地区国内外贸易，助力区域经济全面高质量发展。

（二）京津冀协同发展中的大同坐标

根据《京津冀协同发展规划纲要》，京津冀协同发展战略的核心是疏解北京非首都功能，交通、生态环保和产业是三个率先突破的重点领域，其中，产业协同发展是京津冀协同发展的实体内容和关键支撑。2023年5月，习近平总书记在河北考察并主持召开深入推进京津冀协同发展座谈会，再次强调"要牢牢牵住疏解北京非首都功能这个'牛鼻子'""着力抓好标志性项目向外疏解，接续谋划第二批启动疏解的在京央企总部及二、三级子公司或创新业务板块等"。目前，京津冀围绕产业、园区、项目制定了《京津冀产业协同发展实施方案》《京津冀协同发展产业转移对接企业税收收入分享办法》等指导性政策文件，产业结构调整、产业转移承接、产业互补"链动"步伐加快。

从区域经济发展实践看，区域经济密度达到一定程度后，会产生明显的空间溢出效应，产业从中心城市向周边扩散，从而对区域周边的市县乃至省份经济发展产生溢出带动作用。京津冀战略性新兴产业、高新技术产业主要集中于京津两地，大同正处于工业化中期向工业化后期过渡阶段，与京津相比，产业发展落后一两个档次，缺少优势产业集群和高新产业园区，在人力资源、公共服务、薪酬待遇等方面与京津两地差距较大。大同承接京津冀协同发展的溢出效应，要把"京津需要什么""大同能为京津做什么"作为重大课题深入研究，瞄准疏解北京非首都功能，在产业协同上精准发力，靶向对接、主动服务、高效融入，培育新的发展动能，促进经济转型升级。

（三）山西融入京津冀的大同坐标

2018年8月，国家发展改革委出台《关于支持山西省与京津冀地区加强协作实现联动发展的意见》（发改地区〔2018〕1248号），推动山西与京津冀地区深度融合，让山西在服务国家重大战略中进一步享受协同发展的政策支持。按照规划布局，山西将紧紧依靠京津"双核心"，建设高端科技成果转化地、公共服务共享示范区，推进山西与京津地区在信创、半导体、大数据、光电、新材料等领域深度合作，增强战略性新兴产业集聚效应；打造轨道交通、煤机智能制造、通用航空等国家级先进制造业产业集群，构建现代制造业产业体系；推进京津先进生产性服务业与山西制造业融合发展；携手畅通京津冀晋物流通道，建立区域物流联动机制，打造联结京津冀和西部的现代物流关键节点与集散地。

无论是从历史还是从现在看，大同与京津冀的经济社会联系一直较为紧密，在与京津冀协同发展上，除有空间接近的区位特点外，在水土、生态等自然地理特征上具有更加明显的同一性，在重大基础设施布局、生态环境保护等方面具有更强的共同需求，尤其是在先天形成的地理内聚性基础上，大同与京津冀地区具有更为类似的文化习俗。为此，大同需在山西与京津冀协同发展中找准定位，加强区域能源、农产品、旅游休闲等重点产业融合，布局信息基础设施建设，共建创新平台，加快公共服务领域合作，一体化生态环境保护与治理，持续释放山西对接京津冀的"西引力"，有效承接京津冀协同发展的溢出效应，把京津冀的消费和要素更多地引过来，把山西的产品和服务更多地送过去，引领带动山西深度融入京津冀。

（四）晋北城镇圈的大同坐标

晋北城镇圈是山西省第十二次党代会提出的"一群两区三圈"的其中一圈。省委对晋北城镇圈的定位是与山西中部城市群及京津冀、呼包鄂榆城市群内外联动，全面提升交流合作的紧密度和协同性，打造引领晋北互动发展的增长极。省委对大同和朔州的要求是，"大同要提升城市综合承载力和辐射带动力，建设全国性交通枢纽和陆港型国家物流枢纽，打造蒙晋冀长城金三角中心城市和对接京津冀、融入环渤海门户城市"，"朔州要打造右玉精神实践高地、能源革命创新高地、农牧融合发展高地，在资源型经济转型中建设现代化的塞上绿都"。

大同要提升城市综合承载力和辐射带动力，引领带动晋北城镇圈与京津冀紧密联动。加强铁路、高速公路、陆港、空港等物流设施联网协同。联动朔州与忻州加强现代农业和畜牧业生产合作，共同建设雁门关农牧交错带示范区。加快大数据、农牧业、文旅康养等产业对接交流。进一步强化与朔州在煤炭、风电、光伏发电等能源领域的合作，加快建设能源合作体系，发挥各自产业和区位优势，建设绿电送京、晋电外送通道，服务京津冀发展，保障国家能源安全。

（五）"乌大张"融入京津冀的大同坐标

"乌大张"是乌兰察布、大同、张家口的简称。乌大张都具有紧邻京津冀的区位优势，都与"一带一路"、京津冀协同发展战略相关联。《京津冀协同发展规划纲要》明确提出"支持蒙晋冀毗邻地区（乌大张）开展区域合作"。2014 年签署的《蒙晋冀（乌大张）长城金三角合作区建设协议》中约定，乌大张将主要在基础设施相联相通、产业发展互补互促、资源要素对接对流、公共服务共建共享、生态环境联防联控、区域旅游一体化等方面开展实质性合作。2016 年京津冀协同发展领导小组办公室印发的《"十三五"时期京津冀国民经济和社会发展规划》，再次提出支持乌兰察布、大同等周边毗邻地区融入京津冀协同发展国家战略。

目前，乌大张长城金三角协同发展还处于浅层合作阶段，区域规划布局、基础设施共建、资源优化配置、产业错位发展等方面尚未成型成势。大同、张家口、乌兰察布 2022 年的 GDP 分别为 1842.5 亿元、1775.2 亿元、1017.86 亿元，且分产业看大同第二产业为 827.5 亿元，远超张家口的

466.8 亿元和乌兰察布的 447.41 亿元，第三产业则为 907.7 亿元，与张家口的 991 亿元相近（见表 2）。从数据看，相比较京津冀，乌大张的经济体量均比较小，单个城市均无法高效承接京津冀溢出效应。因此，大同需要进一步深化蒙晋冀长城金三角区域、呼包鄂榆城市群合作，通过"金三角"合作机制，放大区域的空间、产业、人口、环境、基础设施，充分发挥能源和农牧业资源优势、特色文化旅游优势、向西商贸物流优势，整合资源、协同开发，构建承接京津城市功能疏解的大平台。

表 2 2022 年"乌大张"地区生产总值分产业比较

单位：亿元，%

		大同市	张家口市	乌兰察布市
2022 年		1842.50	1775.20	1017.86
2021 年		1686.00	1727.80	903.60
第一产业	2022 年	107.30	317.40	177.24
	2022 年占比	5.82	17.88	17.41
	2021 年	102.20	278.30	149.20
	2021 年占比	6.06	16.11	16.51
第二产业	2022 年	827.50	466.80	447.41
	2022 年占比	44.91	26.30	43.96
	2021 年	716.20	478.70	375.10
	2021 年占比	42.48	27.71	41.51
第三产业	2022 年	907.70	991.00	393.21
	2022 年占比	49.26	55.82	38.63
	2021 年	867.70	970.80	379.40
	2021 年占比	51.47	56.19	41.99

资料来源：大同市、张家口市、乌兰察布市统计局。

（六）大同融入京津冀的自身坐标

在区位交通优势上，大同处于京津冀、山西中部、呼包鄂榆三个国家级城市群辐射圈的交汇点。在文化旅游优势上，大同有 2300 多年建置史、1700 多年城市发展史、412 年都城史，是秦汉名郡、北魏京华、辽金西京、明清重镇，曾作为北魏都城 97 年之久，是国务院 1982 年公布的首批 24 座国家历史文化名城之一，国务院 1984 年公布的首批 13 个较大的市之一，中国古都学会认定的中国十大古都之一，国务院"十四五"旅游业发展规划确定的 25 个重点旅游城市之一，也是国家支持建设的与北京、西安、南京齐名的四大"博物馆之城"之一。在综合能源优势上，大同是全国最大的煤炭能源和电力基地之一，已探明煤炭储量 312 亿吨，每年外输煤炭 1 亿多吨，外输电量 300 多亿千瓦时，新能源装机容量全省第一，是华北地区最大的绿电基地之一。在生态环境优势上，大同是国家园林城市，空气质量综合指数、优良天气数、优良比率多年位居全省第一，夏季平均温度 20 度、相对湿度 50%，有"清凉夏都"之称。在产业发展优势上，大同有较为扎实的工业基础，初步形成了以能源、数字经济、装备制造、现代医药、新材料、通用航空等为重点发展方向的产业格局。近年来，依托京津冀算力服务市场，大同数字经济迅猛发展，已落地 8 家数据龙头企业，初步形成了涵盖上游服务器生产，下游呼叫、标注、清洗的全产业链。

大同市梳理出对接京津冀的 12 大比较优势，分别是可以巩固拓展的 5 个方面已有比较优势"政策相通、地缘相接、文缘相近、生态相享、产业相融"，能够培育壮大的 4 个方面潜在比较优势"清洁能源、装备制造、数字经济、物流枢纽"，需要积极打造的 3 个方面新比较优势"科技成果转化应用场景建设、营商环境 3.0 版改革全省先行先试、人才培育和柔性人才引进机制创新"。大同首先要用好已有比较优势，坚持"以一域服务全局"，将自己的特色发挥好，充分挖掘、培育壮大潜在比较优势，动态把握、积极打造新的比较优势。国家和山西出台的一系列支持大同高质量发展的政策，要用活用足，不断将政策优势转化为发展优势，在能源创新、数字服务、流量消费、产品制造、特优农业、枢纽流通、要素配置、生态共建等方面同向发力，持续做强绿色能源供应、数据服务、旅游康养、产业转移、农产品供给、交通枢纽、劳务输出、生态涵养等优势，以点带面推动省委重大战略不断走向纵深。

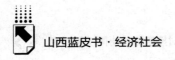

三 国内典型城市对接区域一体化的经验

近年来，德州、九江、马鞍山等市分别积极对接京津冀协同发展、粤港澳大湾区建设、长三角一体化发展，在跨地区要素流动和新型治理模式、区域协同发展和一体化分工合作体制机制等方面进行了有效探索，形成了不少可供参考借鉴的经验。

（一）德州市对接京津冀协同发展的经验

德州作为山东融入京津冀协同发展的"桥头堡"，依托其比较优势，围绕京津冀产业承接、科技成果转化、优质农产品供应、劳动力输送基地和京津冀南部重要生态功能区功能定位，不断拓展区域融合发展的广度和深度，在融入京津冀、对接省会经济圈等方面成效显著。

深化农业供需互融。德州利用农产品供应基地优势，把实现供需互融作为全面融入京津冀的内生动力，竭力加强京津冀鲁优质农产品供应基地、食品名市建设，中国（德州）农业食品创新产业园区建设，提升重要农产品稳产保供能力，打造面向京津冀的"中央厨房"。配备专项资金支持"吨半粮"创建，积极引导土地流转，建设高标准农田，培育种植大户、家庭农场、合作社、龙头企业、农业产业化联合体等新型经营主体，构建覆盖产前、产中、产后的"吨半粮"服务体系。

创新协同发展机制。围绕新能源新材料、高端装备、集成电路等主导产业纵深出击，全面招商、"带土移植"、精准服务，促进优质项目落地。加强与京津高校院所深度合作，不断放大"京津冀鲁资本技术交易大会"品牌效应，探索"双向飞地""园区共管"跨区合作模式，形成了"研发在京津、智造在德州"的科技协作模式。以新一代信息技术等标志性产业链和高能级科创平台为依托，组建科教产协同创新共同体，与京津冀国家技术创新中心共建德州产业创新中心，推动科技成果转化落地，推进产业转型升级。

打造人才集聚高地。发挥人力资源协同发展的桥梁纽带作用，启动实施人才工作"北接南融"专项行动，打造承接京津冀人才资源外溢辐射的主阵地。围绕建设"德州连接北京人才创新的桥头堡和信息枢纽"总体定位，高标准建设德州驻京"人才飞地"，设置产业孵化器、专家工作站、生态服务平台三项功能，推动引才、引智、引技、引资"引育用留"协作。以1小时交通圈为基础，支持京津冀济人才以假日专家、离岗创业、双向挂职等方式不变身份、不限时间、自由便捷赴德州合作。引进落地专业化机构，帮助企业推荐引进驻外高层次人才。积极推进创业安心、住房安居、配偶安置、子女安顿、身体安康"五安工程"，建立产权型住房、租赁型公寓、市场化酒店、货币化补贴"四位一体"人才安居体系，推行"人才贷""人才保""人才券"等一揽子金融支持措施，用资源、环境和服务吸引人才。

（二）九江市对接粤港澳大湾区建设的经验

九江作为江西的开放门户，充分发挥长江经济带高标准建设的重要节点城市作用，结合区位特点和基础优势，以建设现代新型工业重地、培育壮大新兴产业、建设内陆双向开放高地和宜居宜商宜游胜地为目标，精准对接粤港澳大湾区。

打造新型工业重镇。瞄准粤港澳大湾区产业外溢，实施传统产业优化升级行动、工业强市三年行动、重点产业创新倍增行动、数字经济引领产业升级行动，推进工业制造业转型升级。争创国家级"5G+工业互联网"融合应用先导区，提升数字产业规模和能级，推动数字化管理、平台化设计、网络化协同、智能化制造、个性化定制、服务化延伸等模式应用，催生新的发展业态，使九江成为产业转移承接地、产业链延伸区和产业集群配套基地。积极推动重点领域、重点行业实施绿色升级行动，培育绿色制造示范项目，加强绿色关键工艺研发攻关，安排专项奖励资金，支持绿色制造项目创建。

培育壮大新兴产业。以特色产业集群高质量发展为重点，运用高新技术、先进实用技术和现代信息技术提高新兴产业的附加值。推进有机硅等特色产业集群与粤港澳大湾区的新兴产业联动发展，重点打造院士工作站、工程技术研究中心等研发平台，共同构建科技管理信息数据库，全面对接粤港澳大湾区科技创新基础平台共享体系。围绕航空汽车、新能源新材料、中医药等重点产业关键技术，加强与粤港澳等地院校和科研机构产学研合作，共建重点产业技术创新联盟。大力发展设计、技术、检测、中试基地等公共服务平台，抓大扶小、培优促精，梯次培育高新技术企业。对于新兴产业项目采取"轻资产"形式入驻，降低非生产性经营投入，成立现代产业引导基金，支撑成长性好、前沿性强、潜力大的项目发展。积极鼓励外来资本并购、参股、控股，以可股可债的形式参与新兴产业发展。

扩大开放深化交流。鼓励企业拓展与粤港澳大湾区的经贸合作，积极参加赣港、赣深重大经贸和招商活动。推进跨境电商产业园建设，通关一体化建设，实现与粤港澳大湾区主要城市货物一次通关、一次查验、一次放行。鼓励粤港澳大湾区高等院校、职业学校、技工院校与九江市开展合作办学，促进教育资源、教师队伍互动交流。开展青少年研学游合作，共建研学游示范基地。加强与粤港澳大湾区非遗交流合作，举办传统工艺、民俗节庆等跨省专题性非遗活动。建立与粤港澳大湾区就业合作机制，搭建高校毕业生就业见习平台，共享就业信息，吸引更多毕业生到九江就业创业。

（三）马鞍山市对接长三角一体化发展的经验

马鞍山位于苏皖交会地区，是合肥都市圈、南京都市圈的核心城市，长三角城市群的中心城市。马鞍山在科技创新、生态环保、公共服务等重点领域与上海、苏浙地区紧密融合、嵌入、衔接，探索出一条以"一体化"引擎驱动"高质量"发展的新路径。

整体布局一体化推进。自长三角一体化发展正式上升为国家战略以来，马鞍山统筹规划构建起市级层面的"1131"一体化推进体系，相继出台《关于做强"桥头堡"当好"排头兵"加快推进长三角更高质量一体化发展的实施意见》《马鞍山市加快推进长三角更高质量一体化发展实施方案》，排出重点任务、重大平台项目和重点改革创新举措"三套清单"，建立起对外合作工作机制和内部调度推进机制。以发展规划对接为引领，利用毗邻南京边界、一体化发展基础好的优势，不断提升同城化水平。发挥产业基础与生态环境优势，统筹推进高水平生态环境保护和高质量产业发展，打造长三角宜游宜商宜居精品城市。

交通基础设施互联互通。构建公路、铁路、港口、空港等一体化的现代综合交通运输体系。贯通宁马城际铁路、宁马高速"四改八"等骨干通道交通干线。推动国省干线全面连通长三角，陆续打通一批省际"断头路"。对接南京浦口"1+1+5"交通项目，基本形成"两纵两横"高速公路网、"七纵七横"普通国省干线网络。发挥多区域重大战略叠加汇聚的区位优势，谋划推进通用航空机场建设，推进陆上通道、空中航线、港口码头等立体化交通网络建设，服务于现代流通体系和全国统一市场建设。

区域合作治理共谋发展。合作共建马鞍山青浦工业园，重点发展高端装备制造、新能源汽车、绿色食品加工、光电子等产业，打造长三角绿色生态工业合作园区。成立宁马省际毗邻地区新型功能区管委会，设置苏皖"两省一街"丹阳警务室政务服务窗口，提供政务服务"跨省通办"，实现两省群众"进一扇门，办两省事"。宁马两地签订合作办学协议，挂牌合作共建分校；成立跨界医联体，建立绿色转诊通道，把部分指定医院纳入全国异地就医联网结算范围，实现两地参保群众异地就医直接结算。

四　加快推动大同融入京津冀的对策建议

大同承接京津冀溢出效应，需要在国家战略布局下，把握制度变迁规律和经济地理发展规律，从更高层面、更长周期、更大视野上统筹协调，以承接北京非首都功能为核心，深化产业分工合作，精准对接项目，同步加强大同与山西中部城市群的联动发展，促进京津冀协同发展溢出效应更好地流向全省。

（一）打造产业转移承接转化地，创新区域经济增长发展模式

完善产业承接平台体系。主动参与区域分工，构建定位明确、错位承

接、融合发展的产业承接集聚区。加强两地空间载体对接和技术密集型产业链的协同布局，全面提升开发区承载能力，提升科技成果转移转化能力，积极引进与大同产业发展相配套、创新能力强的重大平台。发挥大同产业基础优势，新建一批中试基地，把握技术落地、产品定型生产的前置环节。探索"京津冀总部+大同基地""京津冀研发+大同智造+配套服务"等创新合作模式，整合现有产业园搭建产业有序转移主平台，将大同打造成京津冀高质量产业转移承接地。深挖产业配套能力，促进大中小企业产学研融通发展，提高与京津冀地区产业链、供应链、创新链的融合度。积极与京津高校、科研院所开展重大科技项目跨区合作，推进北京知名科研机构在大同建设分支机构，争取京津冀优质研发类功能型平台落地。

加快新兴产业集群发展。积极推进特色专业镇培育，为优化产业结构、加快经济转型提供强有力的支撑。把"山西省特色专业镇投资贸易博览会"打造成促进投资、引进项目的平台，提升大同市工业消费品产业集中程度、专业化配套协作程度，打造北方地区特色制造产业和消费品工业集聚区。聚焦重点产业对接，建链延链补链，拉长制造业长板，充分发挥"链主"企业引领带动作用，加快做大做强高端装备制造、新能源汽车、现代医药、合成生物、光伏、风电装备、氢能等重点产业链，形成链长统筹主抓、链主企业自建、职能部门助推、开发区重点承载的产业链发展新格局，深化基础前沿和重大战略领域对接协作。

大力促进协同创新与成果转化。找准大同产业链与京津创新链融合互补的结合点，利用京津科技创新要素密集优势，带动大同科技创新能力提升和产业转型升级。创新科技成果异地转化机制和模式，选择重点区域作为京津科技成果异地转化的示范区，共建一批集科技研发、中试、应用、转化于一体的科技产业园区和成果孵化转化基地。抢抓新能源轻量化产业机遇，打造镁合金新材料、精密铸件、轻量化部件等高精密部件制造产业集群，构建"装备制造+新材料"创新产业发展模式，打造全国领先的轻量化研发、设计、生产基地。充分考虑区域交通条件和要素配置，谋划建设一批产业集群特色鲜明、公共服务水平高、城市功能特色突出的微中心，提高功能上的互补性和特色领域的辐射力。

加快集聚高端要素。积极推动"飞地经济"2.0版，主动出击，在京津冀相关科技园区设立"反向飞地"，直插京津冀产业圈层，常态化开展推介、路演、对接活动，通过租赁办公楼宇、设置园中园、建设孵化器、打造招商展示平台等方式有效对接京津冀要素资源。支持大同依托"飞地"打造高水平科技创新平台和区域创新中心，精准对接中关村国家自主创新示范区、军民融合产业园等，为大同引入上下游相关企业及创新主体"流量"，将京津冀的创新人才、前沿信息、高新技术、产业化潜力项目及创投资本，与大同的龙头企业、潜在市场、创新需求和政策支持有效对接。聚焦大同比较优势，围绕绿色能源、数字经济、装备制造、现代医药等产业，以"飞地"为平台系统布局科创载体，联合开展引领性原创性科技攻关。

（二）打造基础设施供应服务地，厚植区域经济发展比较优势

加强区域交通枢纽建设。加快与京津冀高速公路衔接，推进跨界通道互联互通。积极争取国家和省级部门支持，优化交通网络布局。谋划一批提升大同交通节点地位的重大项目，加快天黎高速大同段等高速公路建设，推动与北京、天津、雄安新区等交通圈格局的形成。加强与京津冀铁路、民航等发展规划的衔接，推进大同支线机场改扩建工程，加快实现航运通达。

加强信息网络基础设施建设。把握国家发展数字经济战略契机，统筹规划建设京津冀和山西连接的数字化、智能化、一体化信息基础设施节点，推动与京津冀新技术基础设施、算力基础设施建设布局衔接和互联互通，将大同建设成为京津冀信息网络向中西部地区辐射的战略支撑带。推动秦淮、中联、京东灵丘数据中心和天镇秦云零碳数基超级能源综合体、抖音数据中心建设。建设冶金、装备、化工等领域企业级工业互联网平台，完善工业互联网标识解析体系建设，加快二级节点应用推广。借助北京在科技创新、数字技术、高端人才上的优势，推动大同先进制造业进一步高端化、集群化、智能化发展，提高先进制造业比重。

加快数据存储经济带建设。对接京津冀大数据外溢资源，引进京津冀相

关龙头企业和国家级、行业级数据库，在煤矿电力、空间地理等领域形成一批国家级专业数据资源集。向国家争取"东数西备"政策，打造数据灾备的示范基地、示范项目，吸引对网络时延要求不高的数据灾备中心优先向大同节点转移，打造面向全国的异地灾备中心。依托山西区位适中、气候冷凉、能源充足、电价优惠等方面的独特优势，全力打造首都数据存储中心，吸引存储硬件厂商和第三方软件企业以及数据复制软件厂商来大同投资建设，带动服务器、机柜、存储设备以及云计算、云服务等上下游产业发展。

（三）打造康养旅游首选消费地，推动生态文化旅游协同发展

持续推进生态保护和修复。落实"两山"理论，实行"山水林田湖草沙"系统治理，一体推进治山治水治气治城，构建区域一体化的生态环境保护格局。强化与京津冀、朔州、张家口、乌兰察布的区域协作联动，研究完善跨区域的大气、水、土壤污染联防联控机制，在重污染应对、应急响应、执法督察、流域综合治理等方面开展务实高效合作。推进桑干河流域和大清河流域的生态综合治理，加快建设完善的生态环境分区管控体系。持续开展夏季臭氧污染治理和秋冬季大气污染治理攻坚行动，加大挥发性有机物和氮氧化物协同减排力度，整体提升大气污染防治水平。

推进生态旅游消费综合发展。充分利用大同生态环境良好、文化遗产资源丰富优势，大力发展自然景观旅游、历史文化旅游，打造京津冀重要休闲旅游首选目的地和区域消费中心。以云冈、恒山、古城、长城、平型关为主体，加快推动主题博物馆、文创产品开发，全面提升大同旅游国际影响力。加强与张家口、乌兰察布、朔州文旅资源的协作开发，打造生态和文化旅游廊道，谋划国际黄金旅游线路。积极推进工业设施旅游、商务考察旅游等创新旅游业态发展。加快建设博物馆之城，统筹推进历史文化街区保护、院落修缮、古城沿街建筑风貌整治、市政基础设施配套、社区公共服务提升。进一步摸清老字号品牌发展现状，筛选出一批具有历史文化传承和独特工艺技术的品牌，不断壮大老字号队伍。

推动康养产业融合发展。用好用足《国务院关于支持山西省进一步深

化改革促进资源型经济转型发展的意见》提出的"支持大同市建设综合康养产业区"政策，依托风景名胜、绿色生态、温泉湿地、恒山黄芪等优势，发展集文旅康养、生态康养、中医康养于一体的复合型康养产业，打造特色康养产业集聚区、综合体。以"文旅+康养+研学+医疗"模式，积极承接京津冀的康养外溢群体，特别是专家人才群体，打造具有全国影响力的专家人才国情研修基地和疗养基地。依托京津冀外溢医疗专家人才资源，推动医工交叉创新产品的原型产生、概念验证和升级迭代，打造具有影响力的医疗康养产业策源地，赋能基础研究、临床研究和产品智能化研发、展示和应用推广。

（四）打造公共服务要素集聚地，深化民生服务领域合作共享

推动人才智力资源深度合作。加强与京津冀人才良性互动，加快专业人才资质互认和高层次人才协同管理，开展人力资源错位招引，完善人才柔性流动机制。开展与大同高质量发展相关的科研课题研究，建立与京津高校的常态化合作联系，推进创新人才集聚，搭建职业教育一体化协同发展平台。扶持大同高等教育发展，培育优质技能人才，打造京津冀优质劳务输出地。

推动文体合作互惠共享。加强与京津冀各类博物馆、图书馆和群众文化馆的联动，加快各项服务功能联通，实现文化生活与京津冀"一卡通"。搭建大同文化展示窗口，在保护好、传承好大同丰富的物质文化遗产、非物质文化遗产和历史人文资源基础上，加强与京津冀文化演艺、艺术创作等的合作，积极引进各类文化会展，争取高规格体育赛事，推动大同文化体育事业提档升级。

提升优质教育合作水平。对接京津优质教育机构，引进教育品牌和优质资源，联合开展师资培训和课程建设。积极争取与京津中小学名校常态化互动，通过结对帮扶、委托管理、开办分校等方式推进教育协同发展，深化区域内师资队伍、学科建设、成果转化等方面的合作，逐步提升大同教育在全省格局中的战略地位。推动大同高校与京津冀知名院校建立紧密合作机制，选派优秀骨干教师到京津冀知名高校学习培训。积极争取京津冀一流大学在

大同设立分院分校、科研院所、实训基地，加快推进大同大学"双一流"建设。支持事业单位及其主管部门到高层次人才集聚地区或单位进行专项招聘。推动云冈学向数字化、智能化方向发展，进一步扩大云冈学传播力和影响力。

加快区域医疗中心建设。主动对接京津冀高水平医院，积极承接优质医疗资源，建设与区域中心城市配套的区域医疗中心。支持基础较好的医院与京津冀医院共建医疗联合体，通过协作管理、开办分院、远程会诊、技术帮扶、柔性引才等方式，建设一批学科综合实力强、品牌影响力广的重点专科医院，同时开展临床检验结果互认、医学影像检查数据共享、异地就医门诊费用直接结算等试点。加强医疗专家队伍建设，配齐配全先进医疗设备，全面提升医疗服务和重大疾病救治能力，全面提升医疗服务水平。抢抓北京减量发展战略和医疗疏解任务，加快承接北京溢出养老服务需求，引进培育健康管理与医疗康复、养老服务品牌性重点企业。

（五）打造体制机制协同配套地，消除各类要素资源流动壁垒

全面对接高标准市场体系。加大重点领域和关键环节改革力度，破除地方保护主义与区域壁垒，清理对域外企业设立的隐形门槛，实现资源要素自由流动、自主配置，促进区域一体化市场形成。推动相关领域加快与国际接轨，打造政策洼地、投资高地、创业福地，着力提升制度供给、服务供给、要素供给质量，营造稳定、公平、透明、可预期的法治化、国际化、便利化营商环境。完善知识产权保护制度、市场准入负面清单制度、公平竞争制度，深化土地管理制度改革。加快数据要素市场培育，完善质量管理政策措施，构建制度型开放平台。加强"放管服"改革联动，加快政府数字化转型，进一步规范审批事项，精简审批要素，推进审批权层级配置合理化，扩大改革领域和范围，实现政务服务跨省通办、注册登记无差别。

对标京津冀制度体系。主动参与推动重点区域、重点领域跨区域合作机制。配合建立各类市场主体协同联动机制，鼓励不同所有制形式的企业参与跨区域合作，形成协同推进一体化发展合力。探索建立跨区域产业转移、重

大基础设施建设、园区合作的成本分担和利益共享机制、税收征管协调机制、利益争端处理机制。完善区域一体化标准体系，在农产品冷链物流、环境联防联治、生态补偿、基本公共服务等领域，先行开展区域统一标准试点。

加快推进社会信用体系建设。积极参与京津冀晋公共信用信息平台建设，实现各类红黑名单信息的跨部门归集和跨区域应用，拓展信用信息覆盖范围，推动信用信息系统互联互通。以旅游行业为试点开展信用合作，引入京津冀旅游行业社会信用体系标准，鼓励和支持旅游企业建立健全质量管理体系。推进环境保护、食品药品、产品质量等重点领域信用信息归集力度，并与信用京津冀平台共享。依托信用合作平台，建立环保领域跨区域联合惩戒机制，推动京津冀晋认定的环保领域严重失信主体实施联合惩戒。围绕危险品运输车辆、出租车等重点，探索建立信用动态评价制度和分级分类监管机制。

参考文献

［1］杨文俊：《对接京津冀　打造桥头堡　在全省高质量发展中更好发挥引领带动作用》，《山西日报》2023 年 2 月 18 日。
［2］潘文卿：《中国区域经济发展：基于空间溢出效应的分析》，《世界经济》2015 年第7 期。
［3］周文通、孙铁山：《京津冀区域经济面临的空间溢出效应》，《首都经济贸易大学学报》2016 年第 3 期。
［4］潘文卿：《中国的区域关联与经济增长的空间溢出效应》，《经济研究》2012 年第1 期。
［5］王博、赵森杨、罗荣华：《地方政府债务、空间溢出效应与区域经济增长》，《金融研究》2022 年第 8 期。
［6］林毅夫：《新结构经济学的理论基础和发展方向》，《经济评论》2017 年第 3 期。
［7］范振锐：《区域协调发展理论研究》，《湖北工程学院学报》2017 年第 1 期。
［8］赵霄伟：《新时期区域协调发展的科学内涵、框架体系与政策举措：基于国家发展规划演变的研究视角》，《经济问题》2021 年第 5 期。

［9］刘秉镰、张伟静：《新发展格局下中国高水平对外开放与区域协调发展：历史演进、理论逻辑与实现路径》，《经济与管理研究》2023 年第 3 期。

［10］张占仓：《河南：如何建设内陆开放高地》，《开放导报》2020 年第 5 期。

［11］马健瑞、胡国良、麻鑫鑫：《推动我国内陆开放的思路与建议》，《中国经贸导刊》2022 年第 2 期。

［12］《支持太原大同更好发挥在全省高质量发展中引领带动作用》，山西省人民政府网，http：//www. shanxi. gov. cn/ywdt/sxyw/202309/t20230921_ 9342681. shtml。

［13］《省政府新闻办举行新闻发布会深入解读〈关于支持太原市建设国家区域中心城市更好发挥龙头带动作用的意见〉〈关于支持大同市打造对接京津冀协同发展桥头堡的意见〉》，山西省人民政府网，http：//www. shanxi. gov. cn/ywdt/xwfbh/szfxwbx wfbh/202309/t20230920_ 9341767. shtml。

［14］《九江市人民政府办公室关于印发对接粤港澳大湾区建设工作方案的通知》，《九江市人民政府公报》2019 年 5 月 15 日。

［15］王春蕊：《深入推进京津冀协同创新共同体建设》，《河北日报》2023 年 4 月 21 日。

［16］王永霞：《促进区域协调发展　融入长三角一体化——我市社会各界学习贯彻党的二十大精神》，《马鞍山日报》2022 年 12 月 12 日。

［17］《江西省人民政府办公厅关于印发江西对接粤港澳大湾区建设行动方案的通知》，《江西省人民政府公报》2019 年 1 月 23 日。

［18］《九江市人民政府办公室关于印发对接粤港澳大湾区建设工作方案的通知》，《九江市人民政府公报》2019 年 5 月 23 日。

［19］王永霞：《快马加鞭　长三角一体化崛起“马鞍山力量”》，《马鞍山日报》2023 年 6 月 5 日。

B.17
山西全面深化改革开放研究

黄桦　张婷*

摘　要： 近年来，山西坚定不移地推动改革、扩大开放，以改革促转型，向改革要动力，重点领域改革持续深化，增强经济发展新动力的改革成效不断显现，开放型经济规模不断扩大，开放平台和开放通道建设取得突破性进展。山西改革开放的探索不断持续，也取得了一定成效，但在一些重点领域和关键环节还存在着束缚生产力解放、创造力释放的因素，开放型经济质量不高、开放体制机制不够健全等问题也愈发凸显。新时代山西要加快经济发展和提升发展水平，必须放眼全国新一轮改革再深化的全局，认识新机遇，抢抓新机遇，抢占发展先机，持续深化国资国企改革、财税金融领域改革，纵深推进营商环境改革试点，不断推动重点领域改革取得新突破，形成更高层次改革开放新格局。

关键词： 改革开放　国资国企改革　营商环境　山西

　　改革创新增动力，开放合作添活力。改革开放40多年来，山西经济发展在改革开放的进程中发生了历史性巨变，取得了辉煌成就，走过了一段极其不平凡的历程，积累了丰富经验。山西省第十二次党代会提出，优化布局、提升能级，以改革开放助力经济高质量发展。展望未来，在新时代改革开放再出发的新征程中，山西必将在破解资源型经济转型难题和实现高水平对外开放的进程中实现后发崛起。

---

　*　黄桦，山西省社会科学院（山西省人民政府发展研究中心）对外开放研究副所长（主持工作），研究员，研究方向为区域经济；张婷，山西省社会科学院（山西省人民政府发展研究中心）对外开放研究所副所长，副研究员，研究方向为财政经济、区域经济。

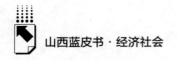

一 山西省改革开放的成效

过去的几年，"改革"与"开放"已成为贯穿山西经济高质量发展的两条主线。目前，山西全省已经进入"改革高峰期"，制度机制不断完善，布局结构持续优化，增强经济发展新动力的改革成效不断显现，活力效率有效提升。

（一）重点领域改革不断深化

山西是典型的资源型经济省份，在改革开放的历程当中，山西找准自身定位，紧紧围绕建设国家资源型经济转型综合配套改革试验区的改革任务，坚持先行先试，不断优化国有资本布局，扎实推进财税、金融领域基础性改革，不断深化"放管服"改革，以改革促转型，向改革要动力，在重点领域、关键环节不断取得突破，极大地激发了市场活力和经济发展的内生动力。

1. 国资国企改革纵深推进

国有企业在山西经济发展中占据着极为重要的地位，国企改革对保证国有资产的保值增值、推动国有企业提升自身核心竞争力、实现国有经济布局和结构的优化调整具有重要意义。2020年，山西启动国企改革三年行动，并结合自身实际制定了本省推动落实国企改革三年行动的实施方案和分工方案，明确任务、全面发力、多点突破，推动全省国资国企发生了根本性、变革性、全局性重大变化。2022年，国企改革三年行动圆满收官，国有资本布局不断优化，国有经济效益大幅提高，省属企业保值增值，经济效益和运行效率均实现大幅增长和提升。

一是深入推进国有企业战略性重组和专业化整合。山西通过联合重组、整合新设、吸收合并等方式，对省属国企实施改革重组，经过三轮整合，省属企业数量从35家整合至18家；高效完成煤炭企业战略重组，省属煤企数量从7家整合为晋能控股和山西焦煤2家能源航母；推动太钢集团与中国宝武的联合重组，并改组组建了一批引领转型的旗舰企业，全省国有资本布局结构不断优化。

二是推动国有企业建立现代企业制度。全省加强国有企业董事会建设，在省属企业集团层面，率先实现外部董事占多数，董事会应建尽建、外部董事应配尽配；建立董事会向经理层授权制度，省属企业全面建立董事会向经理层授权管理、经理层负责企业协调运转的工作机制；先行先试推进"六定"改革，在省属企业全面开展定职数、定员额、定机构、定机制、定薪酬、定任期的重塑性革命，在人员选聘、薪酬分配、考核激励等方面与市场全面接轨，有效提升了企业活力和效率。

三是突出国资国企系统主责主业提升竞争力。山西全面核定省属国有企业全级次主辅业目录，引导省属国有企业不断做强做优主业，加快提升企业核心竞争力；推进非主业、非优势业务的"两非"剥离，开展无效资产、低效资产的"两资"处置工作，加快清退"两非""两资"，累计压减207户省属企业法人及分支机构。经过改革，全省国有企业分离办社会职能、厂办大集体改革、管理层级法人机构压减、"僵尸企业"处置、重点亏损子企业治理、退休人员社会化管理等工作基本完成，"三供一业"分离移交全面完成，混合所有制改革取得实质性进展。

四是加强对国资国企的专业化、体系化、法治化监管。推进经营性国有资产集中统一监管，在全国率先实现省属企业财务等重大信息公开，省级经营性国有资产统一监管比例达到99.6%；加快建设国资监管大数据平台，将其作为提升监管效能的重要抓手，实施横向覆盖"人财物"、纵向穿透"全级次"的穿透式监管，国资监管效能有效提升。

2.财税体制改革全面发力

山西持续深化财税体制改革，聚焦突出矛盾和薄弱环节，作出了一些积极的改革探索，着力推动预算管理更加规范，地方税体系改革持续深入，省以下财政体制更加完善，全省财政治理和服务效能得到稳步提升。

一是加快推动预算管理改革。2021年12月，山西出台《山西省人民政府关于进一步深化预算管理制度改革的实施意见》，从"收、支、管、防"

四方面提出改革任务。收，即加强预算收入统筹力度；支，即深入推进预算支出改革；管，即强化全流程预算管理；防，即加强财政风险防控。在加强收入统筹方面，全省加大"四本预算"的有机衔接，将政府性基金结余超过当年收入30%的部分调入一般公共预算，国有资本收益调入一般公共预算比例提高至30%，将省市县国有大中型企业股权的10%划转到社保基金；在预算支出改革方面，山西全面实施"零基预算"改革，制定出台26项支出标准，进一步健全预算支出标准体系，预算编制的精准度持续提高；在加强预算管理方面，山西建立健全全链条绩效管理体系，建立大事要事保障清单制度，构建起财政专项资金管理"1+1+N"制度体系，推动形成"制度+技术"的预算管理新机制；在风险防控方面，全省持续强化政府债务风险管理，健全专项债券项目全生命周期绩效管理机制，强化动态监督，牢牢坚守风险底线。

二是持续深化税制改革。全省全面实施"营改增"试点，持续深化增值税改革，加快健全地方税体系，完成资源税、环境保护税、契税、城市维护建设税等地方立法工作，明确了省与市县税收收入分享比例。同时，认真落实各项普惠性和结构性减税政策，充分发挥了税收的调节作用。在2018年国税、地税机构合并、职责调整的背景下，省税务局制订了《国家税务总局 山西省税务局进一步优化税收营商环境行动方案（2018年~2020年）》，大力推进办税缴费便利化改革，推动申报简并、流程精简、时间压缩，推行"承诺制容缺办理"和税务注销免办、即办服务，税费业务办理事项持续精简，办税缴费效率不断提升，创优税收营商环境的机制不断完善。

三是深化省以下财政体制改革。作为深化财税体制改革的重要环节，省以下财政体制改革涉及省、市、县三个级次政府间的事权与支出责任的划分、财政收入的划分和转移支付等内容。首先，针对省以下财政事权和支出责任划分，山西在基本公共服务、医疗卫生、科技等10个领域，陆续出台省以下财政事权和支出责任划分改革方案，厘清相关领域省级与市县事权范围和支出责任，规范了省与市县支出责任分担方式。其次，进一步深化省直管县财政体制改革，选择襄垣县等6个县（市）作为改革试点，实行统一的省直接管理财政体制，6个县（市）财政收入（包括一般公共预算收入和政府性基金收入），除上划中央及省级外，全部留归本县（市），市级不再参与分享，试点县（市）与所在市在财政管理体制上相互独立。另外，将63个县（市）纳入资金型省直管县范围，主要涵盖国家重点扶贫开发县、扩权试点县、产粮大县等，对于资金型省直管县，在补助资金分配和资金调度等方面实行省对县的直接管理。最后，对于省以下转移支付制度的完善，山西通过健全一般性转移支付增长机制，推动全省一般性转移支付比例持续提高，省级一般性转移支付比例由2018的60.1%提升至2022年的74.4%。

3. 营商环境改革锐意创新

山西以商事制度改革为主线，以"承诺制+标准地+全代办"为重要抓手，持续优化全省营商环境。

一是全力推进商事制度改革。聚焦市场主体准入，山西先后推行注册资本制度改革、"多证合一"改革、取消企业名称预先核准、市场主体住所申报承诺制以及企业登记全程电子化，多措并举提升市场主体准入便利度。从注册资本制度改革看，全省通过采取实缴改认缴、取消最低注册资本限制等举措，有效降低了企业准入门槛；"多证合一"改革通过整合涉企证照事项，节约了企业办证成本，提高了办证效率，实现"一照一码走天下"；通过取消企业名称预先核准，全面推行企业名称自主申报；实行市场主体住所或经营场所登记自主申报承诺制，有效释放了住所资源；开展企业登记全程电子化，"照、章、税、金、保、医、银"数据一次采集，集成办理，拓宽企业办事通道，实现线上"一网"线下"一窗"同标准办理，企业开办时间由原先的28.5天缩减至0.5天。此外，聚焦企业"准入"后的"准营难"问题，山西全面推行"证照分离"改革全覆盖，进一步降低企业制度性交易成本。"7×24小时不打烊"政务服务超市覆盖省、市两级及30%左右的县（市、区），全省1276个乡镇（街道）成立便民服务中心。聚焦事中事后监管，全省建成"互联网+监管"系统，智慧监管进入全国第一方阵。

二是推行"承诺制+标准地+全代办"改革。2017年，山西在全国率先开展企业投资项目承诺制改革，改革经验在全国推广，已实现省域全覆盖，达到"承诺即批复"水平。通过承诺制改革，企业自行办理事项大幅减少，审批时间明显缩短，审批环节大幅减少，项目报建手续办理更加便捷简单。2020年1月，全省实施"标准地"改革，此项改革对做好土地要素保障、提高土地供应效率、减轻企业负担具有重要作用。2021年6月，全省启动投资项目建设"全代办"改革，各地开发区管委会为开发区内所有招商引资项目、区内企业符合国家产业政策及开发区产业发展规划的各类项目，无偿提供从立项到施工许可证发放的所有行政审批事项等内容的领办代办服务。2022年，将"承诺制""标准地""代办制"等改革内容系统集成为"承诺制+标准地+全代办"的一体化改革，助力打造最优营商环境，改革集成效应正在不断显现，不仅项目落地时间大幅缩短至之前的一半以上，而且，企业办理成本也得到显著降低，有效节省了企业办理审批备案等事项的人力、物力、财力、精力。

（二）对外开放迈出坚实步伐

近年来，山西省认真落实习近平总书记考察调研山西时提出的"打造内陆地区对外开放新高地"的重要指示精神，扎实推进对外开放各项工作，开放型经济规模不断扩大，开放平台和开放通道建设取得突破性进展，对外开放迈出坚实步伐。

1. 开放型经济总量持续增长

"十三五"以来，全省紧抓打造内陆地区对外开放新高地发展机遇，对外贸易总量不断增长，贸易结构持续优化。从货物贸易看，全省货物贸易规模从2015年的911.86亿元增长至2022年的1845.6亿元，年均增长10.6%（见表1）。

从服务贸易来看，服务贸易进出口额从2015年的42.1亿美元增长到2019年的55.4亿美元，受疫情影响，逐步回落至2022年的26亿美元。其中，出口额从2015年的6.3亿美元增长到2022年的11.86亿美元，年均增长9.5%（见表2）。太原特玛茹电子科技有限公司、山西出版传媒集团有限责任公司先后被国家五部委评定为国家文化出口重点企业，山西果然传媒有限公司的纪录片电影《中国故事》被认定为国家文化出口重点项目。

表 1 2015~2022 年山西省进出口总值及在全国排位

单位：亿元，%

年度	进出口			出口			进口		
	金额	同比增长	绝对额在全国排位	金额	同比增长	绝对额在全国排位	金额	同比增长	绝对额在全国排位
2015	911.86	-8.57	24	523.3	-4.72	23	388.5	-13.29	25
2016	1099.0	20.5	23	655.3	25.2	22	443.6	14.2	25
2017	1161.9	5.6	24	690.3	5.3	22	471.5	6.0	24
2018	1369.09	17.7	22	810.49	17.4	22	558.60	18.2	24
2019	1446.89	5.7	23	806.87	-0.4	22	640.02	14.6	24
2020	1505.82	4	22	877.01	8.7	22	628.81	-1.9	25
2021	2230.25	48.3	21	1365.93	56.3	21	864.32	37.1	24
2022	1845.6	-16.7	24	1211.4	-10.3	22	634.2	-26.6	25

资料来源：历年《山西统计年鉴》。

表 2 2015~2022 年山西省服务进出口额（商务部口径）

单位：亿美元，%

年度	进出口总额	同比增长	出口额	同比增长	进口额	同比增长
2015	42.1	—	6.3	—	35.7	—
2016	36.22	-14	2.95	-53.2	33.27	-6.8
2017	42.5	17.3	9.2	211.9	33.3	0.09
2018	53.2	25.2	21.1	129.3	32.1	-3.6
2019	55.40	4.1	27.24	29.1	28.17	-12.3
2020	29.12	-47.4	15.59	-42.8	13.53	-52.0
2021	26.08	-10.4	14.20	-8.9	11.88	-12.2
2022	26.00	-0.3	11.86	-16.5	14.13	19

资料来源：山西省商务厅。

从外贸主体来看，2022年全省有进出口实绩的企业1752家，比2015年增加547家，年均增长78.1家；全省有出口实绩的企业1464家，比2015年增加485家，年均增长69.3家；全省有进口实绩的企业562家，比2015年增加156家，年均增长22.3家，外贸主体不断壮大（见表3）。

表3 2015~2022年山西省外贸企业统计

单位：家

年度	进出口实绩企业	出口实绩企业	进口实绩企业
2015	1205	979	406
2016	1262	1028	429
2017	1309	1053	447
2018	1493	1166	524
2019	1555	1271	543
2020	1600	1293	569
2021	1671	1366	603
2022	1752	1464	562

资料来源：山西省商务厅。

从贸易结构来看，自2015年起，加工贸易一直占据全省进出口额的50%以上，主要原因是山西外贸第一大龙头企业富士康主要采取进料加工的方式。但2018年以来加工贸易占比下降，一般贸易占比上升，外贸内生动力增强（见表4）。外商投资企业、民营企业超越国有企业成为外贸主力军。国有企业进出口额占全省进出口总额的比重由2015年的27.88%下降到2022年的22.50%，外资企业占比由51.77%下降到45.34%，民营企业占比大幅上升，由2015年的20.35%上升到2022年的32.03%（见表5）。机电、高新技术产品替代矿产品成为进出口商品的主力。机电产品及高新技术产品（机电、高新技术产品海关统计有交叉）的进出口占比有了较大提升，外贸进出口商品结构明显改观。

表4　2015~2022 年山西省贸易方式进出口趋势

单位：亿美元，%

年份	一般贸易		加工贸易		其他贸易	
	金额	占比	金额	占比	金额	占比
2015	58.89	40.02	86.97	59.1	0.13	0.88
2016	51.22	30.77	114.04	68.52	1.18	0.71
2017	51.25	29.85	119.52	69.60	0.95	0.55
2018	64.58	31.09	140.81	67.78	2.35	1.13
2019	74.75	35.65	125.60	59.91	9.31	4.44
2020	76.61	35.02	123.26	56.34	18.91	8.64
2021	114.71	33.24	197.91	57.35	32.50	9.42
2022	120.68	43.52	151.08	54.48	5.57	2.01

资料来源：山西省商务厅。

表5　2015~2022 年山西省企业性质进出口趋势

单位：亿美元，%

年份	外资企业			国有企业			民营企业		
	金额	同比增长	占比	金额	同比增长	占比	金额	同比增长	占比
2015	76.18	10.23	51.77	41.03	−14.03	27.88	29.94	−34.21	20.35
2016	102.44	34.7	61.65	38.43	−6.1	23.09	25.57	−14.2	15.36
2017	101.73	−0.7	59.24	43.61	13.0	25.39	26.39	3.0	15.37
2018	122.21	20.1	58.83	52.21	19.3	25.13	33.33	26.4	16.04
2019	119.25	−2.4	56.85	49.93	−4.1	23.82	40.19	20.6	19.17
2020	126.3	5.9	57.73	39.84	−20.5	18.21	52.52	30.8	24.01
2021	164.35	30.1	47.62	58.32	45.8	16.90	122.25	135.1	35.42
2022	125.75	−23.5	45.34	62.61	6.9	22.50	88.82	−25.7	32.03

资料来源：山西省商务厅。

从利用外资来看，2022 年，全省实际利用外资 8.26 亿美元，同比增长 239.8%（见表6），增速在全国排名第2，其中制造业利用外资 1.64 亿美元，同比增长 977.4%。全省累计实际利用外资 89.93 亿美元，累计吸引世界 500 强投资企业 103 个，全省利用外资显著提升。结合全省产业转型的需求，鼓励外商投资半导体、大数据融合创新等战略性新兴产业。根据国家外商投资负面清单开放领域，积极支持外商以独资方式投资非常规天然气勘探、开采，鼓励外商投资光电、光伏等战略性新兴产业，积极推进发展绿色能源产业。

表6 2018～2022年山西省利用外资情况

单位：亿美元，%

年份	实际利用外资额	全国排名	中部六省排名	同比增长
2018	11.71	17	5	419.6
2019	4.61	24	6	−60.64
2020	2.1	27	6	−54.88
2021	2.4	25	6	17
2022	8.26	21	6	239.8

资料来源：山西省商务厅。

从对外合作来看，截至2022年底，全省企业共备案设立境外投资企业267家，累计对外投资额25.46亿美元。对外承包工程完成营业额由2015年的7.38亿美元增长到2022年的15.6亿美元，年均增长11.3%；全国排名由第22上升到第16，对外合作质量效益显著提升。2015～2022年山西省对外投资情况如表7所示。

表7 2015～2022年山西省对外投资情况

单位：亿美元，%

年份	对外直接投资额	全国排名	占全国比重
2015	1.65	27	0.71
2016	1.95	28	0.68
2017	1.68	29	0.22
2018	3.34	27	0.4
2019	2.42	25	0.35
2020	2.03	25	0.25
2021	2.64	25	0.32
2022	1.34	26	0.14

资料来源：山西省商务厅。

2. 招商引资工作提质增效

全省统筹推进重点区域投资，强化小分队精准招商，组织相关开发区和市县（区），连同省政府驻北京办事处、山西环渤海招商局，强化驻外办事处投资促进职能，发挥驻外招商局"窗口""桥梁"和招商引资"尖兵"作用；通过以商招商、产业链招商、产业集群招商、产学研合作等方式，推动产业互补、要素互融、成果共享的协同发展联动，通过组织商务交流、专题论坛、经贸洽谈、企业考察等活动，提高商协会参与区域合作的积极性；成立外资工作专班，对全省外资新设和重大到资企业开展调度工作，实施台账管理，以稳定预期、保通保畅、助企纾困为重点，及时协调解决企业生产经营和项目建设中遇到的问题。制定了《外商投资政企交流圆桌对话会制度》《国外在华机构和外商企业拜访制度》，形成服务外资企业常态化机制；利用重点投资贸易洽谈会等会展和各类经贸活动时机，树立山西品牌，增强山西对外影响力，促进与京津冀的产业对接，努力实现全方位、深层次、多领域的对接合作。

3. 开放平台建设取得进展

第一，山西积极复制推广自贸区经验，对国务院发文要求集中复制推广制度创新成果 6 批 143 项任务中，共安排复制推广事项 118 项。对标一流自主安排复制推广前海经验两批 178 项，已完成 171 项，7 项正在推进中，完成率 96%。

第二，国家级开发区已经发展成为全省重要的产业集聚地、经济增长的重要引擎、对外开放的主要载体。山西借鉴国际先进管理体制与经验，积极与国际资本、市场、技术、管理、观念接轨，不断优化开发区营商环境，近 3 年 6 个国家级开发区进出口额占全省比重分别为 77.06%、72.84%、63.46%。推进国际合作园区建设，目前已设立了山西转型综合改革示范区 RCEP 国际合作产业园、长治高新区中德国际合作产业园和 RCEP 国际合作产业园。

第三，海关特殊监管区平台取得积极成效。太原武宿综保区开放度大幅提升，武宿综保区是山西省首个也是目前唯一一个综合保税区，总规划面积

2.45 平方公里。武宿综保区现有禧佑源航空科技再制造中心、太重轨道、潞安化机、华远陆港、特玛茹跨境电商产业园等重点产业项目。保税物流中心建设取得积极进展。大同国际陆港、侯马方略、兰花保税物流中心在全国84 个有统计数据的保税物流中心分别排名第 37、第 49 和第 78，发展取得了突破性进展。太原国际邮件互换局（交换站）成为开放重要平台，截至2022 年底，累计处理国际邮件 1254.75 万件。

第四，跨境电商综试区平台建设迈上新台阶。国务院分别批复山西设立太原、大同、运城 3 个跨境电商综试区。省商务厅报请省政府成立跨境电商综试区建设工作协调小组，牵头建立了跨境电商联席会议和工作专班机制，推动省级跨境电商公共服务平台实现全模式运营，协调太原武宿综保区跨境电商监管中心和大同跨境电商网购保税监管场所通过海关验收投入运营，推动晋城兰花保税物流中心建成了跨境电商网购保税监管场所。

4. 开放通道建设步伐加快

全省口岸布局进一步优化，太原机场成为山西省的空中门户，大同、运城航空口岸正式开放。2022 年，全省航空口岸出入境人员 3958 人次，出入境飞机 82 架次。中欧（中亚）班列质效齐升，截至 2023 年 4 月 9 日，累计开行中欧（中亚）班列 669 列，货重 71.26 万吨，货值 98.46 亿元。运营线路不断增加，常态化开行 10 条中欧中亚国际物流线路，通达 13 个国家 28个城市。货物种类不断丰富，承运货物涵盖了精密铸造、车辆轮对、玻璃器皿等百余种产品，多元化发展取得显著成效。客户群体不断拓宽，货代公司和制造企业有捷时特、太钢太重、中铁快运等 16 家，本省货代企业达到10 家。

5. 对外投资贸易更加便利

全省创新工作机制、优化工作流程，持续巩固压缩货物整体通关时间成效，不断提升货物通关效率、降低通关成本。2022 年，全省口岸进口整体通关时间 32.77 小时、出口整体通关时间 1.01 小时，较 2017 年分别压缩78.79%和 93.48%，总体优于全国平均水平。同时，发挥"单一窗口"平台作用和"一站式""零接触"服务优势，加强政策宣传和引导，全省"单一窗口"主要业务覆盖率大幅提高，小微企业投保出口信用保险、货物申报、空运舱单、运输工具持续保持 100%。出口信用保险有力保障了外贸企业收款安排，2022 年全省短期出口信用保险保障金额 22.93 亿美元，实现了有保障需求企业全覆盖。明确提出取消外资企业审批备案管理，实施外商投资信息报告制度。授权各设区的市、国家级经开区和省直管县（市、区）的市场监管部门作为辖区内外资企业登记注册机关，进一步优化程序，压缩登记注册时间不超过 3 个工作日。下放外资项目备案（或核准）权限到各市、省级以上开发区、省直管县（市、区）办理。省级以上开发区落实"领办代办"制度，为外商投资企业和项目提供优质服务。完善外商投资投诉受理协调机制，建立省、市两级投诉工作机构，切实保护外商合法权益，发挥好营造良好营商环境的保障作用。

二　存在的问题与短板

山西改革探索不断持续，也取得了一定成效，但在一些重点领域和关键环节还存在着束缚生产力解放、创造力释放的因素，改革的深度、广度和力度仍待加大。

（一）国资国企领域尚存遗留问题

山西国资国企改革至今已迈出了实质性一步，取得了可喜的成绩，但受多种因素的影响和局限，在国资国企领域仍然存在一些遗留问题，其主要体现，一是国有企业的公司治理机制尚不完善。虽然目前全省国有企业基本已按照现代企业制度要求建立了治理体系，但在部分国有企业中，仍存在董事会独立性无法得到有效保障的问题。同时，国企治理机制缺乏有效的权力制衡机制，内部控制有效性不足，内部监督作用有限。二是混合所有制改革存在形式化问题。国企混合所有制改革虽然取得不少突破，国企发展活力得到增强，但不可否认的是，在改革过程中，一些改革政策在部分企业中没有得到真正的落实，改革存在形式化、效率不高的问题。三是国有资产监管机制还不够完善。当前的国资监管仍主要采用财务绩效监管模式，而非结合不同性质国有企业的功能定位，将监管重点定位在更为精细化的管资本视角。而且，国有资产监管未能根据国企改革分层、分类的推进情况得到同步优化与完善，导致监管效率在一定程度上的降低。

（二）省以下财政体制改革相对滞后

山西财政体制改革虽已取得一定进展，但仍存在一些与新形势新要求不相适应的方面。一是财政事权和支出责任划分改革有待深入。在已出台的省以下财政事权和支出责任划分改革方案中，部分领域改革方案较为笼统，没有明确细化支出责任的具体划分，一些共同财政事权和支出责任划分不够完善，存在共同事权支出责任下移的问题。二是省以下转移支付体系仍需完善。在省对市县转移支付中，存在部分转移支付定位不清、转移支付分配方式有待优化的问题，一些转移支付资金在采取因素法分配时，未能充分考虑财政困难程度、支出成本差异等因素，量能负担、差异化分担的原则未能很好体现。

（三）营商环境改革障碍亟待打破

通过采取一系列改革举措，山西营商环境不断优化，但相较于先进地区仍存在一定差距，一些痛点、堵点问题亟待解决。一是妨碍市场主体进入的隐性壁垒尚存，如存在对招投标、政府采购和银行贷款设置附加条件，变相限制市场准入的情况。二是工程建设项目审批制度改革中，存在工程审批系统应用不充分、多个审批系统同时运行造成多头申报等问题，在一定程度上降低了工程建设项目审批效率。三是监管执法有待进一步规范，有的地方仍存在多头执法、"一刀切"执法等现象。这些问题的存在，严重破坏了公平竞争的市场环境。

（四）思想开放程度不够

解放思想是对外开放的必要前提，但是开放意识不足和能力不强，不愿走出去、走不出去依然是制约山西发展的重要因素。与先进地区相比，山西全社会开放理念不够先进，开放氛围不够浓厚，部分党员干部、企业仍然习惯以传统思维、传统路径、传统模式抓开放发展，对更高水平、更高层次的开放型经济理解不透、把握不准、思路不清。在开放的过程中没有做到理论与实践相结合，有的只是提出响亮的口号，没有落实到实际行动上。

（五）开放型经济质量不高

山西外贸结构高度集中，少数龙头企业、产品容易受到政策、市场环境等影响，对外贸总量冲击大。从地市分布看，2022 年太原市进出口额 1467.1 亿元，占全省的 79.5%。从企业结构看，富士康在晋公司和太钢集团为全省两大龙头外贸企业，2022 年进出口额 1285.2 亿元，占全省的 69.64%。从产品结构看，山西主要出口产品是手机、钢材，2022 年出口 832.95 亿元，占全省出口总额的 68.76%；全省进口产品主要是电子元件、铁矿砂等金属矿，2022 年进口 358.2 亿元，占全省进口总额的 56.48%。外贸主体数量少，2022 年，全省有进出口实绩的企业 1752 家，全国占比 0.29%。外贸经济贡献率低，2022 年全省进出口额占全国的比重为 0.44%，低于同期全省 GDP 占全国的比重 2.12% 的水平，利用外资规模偏小、集中度高，2022 年制造业利用外资 1.64 亿美元，占全省实际利用外资总额的 20%，但仍然远低于全国平均水平。对外投资发展缓慢，缺乏大项目。

（六）开放体制机制不够健全

目前，山西尚未成立对外开放工作领导小组，中部其他五省均成立了省级层面的对外开放工作领导小组；由于对外贸易、对外投资对当地税收没有当期贡献，山西各市普遍存在对开放型经济发展重视不够、投入不足的问题；全省国际贸易"单一窗口"（国家标准版）虽与银行、保险、民航、铁路进行了"总对总"对接，但省级层面通过山西"单一窗口"（地方版）平台有待进一步深化对接，省级各部门（机构）的特色服务主要通过各自平台办理，尚未通过"单一窗口"运行；贸易便利化受惠企业不多，2022年全省 1752 家外贸进出口实绩企业中，仅有 209 家企业在太原海关报关，通关效率提升受益的主要是富士康等龙头企业，广大中小外贸企业受益不明显。

三　深化改革开放的对策建议

做好经济工作，必须用好改革开放关键一招，以全新视野谋划事关山西长远发展的重大问题。新时期应以习近平新时代中国特色社会主义思想为指引，以改革开放再出发的新担当新作为，为全省加快推动高质量发展和现代化建设夯实经济基石，为全国其他资源型地区经济转型发展树立标杆。

（一）进一步深化改革

新时代山西要加快经济发展和提升发展水平，必须放眼全国新一轮改革再深化的全局，认识新机遇，抢抓新机遇，抢占发展先机，持续深化国资国企改革、财税金融领域改革，纵深推进营商环境改革试点，不断推动重点领域改革取得新突破，形成更高层次改革开放新格局。

1.持续深化国资国企改革，推动提质增效

针对国企改革中存在的问题，一方面需要强化国有资产监管部门的统筹规划和引导，另一方面也需增强国有企业自身的内在动力。对于国企现代治理机制不完善问题，国有资产监管部门应通过优化制度、设计绩效考核指标等途径，引导国有企业健全以董事会为核心的现代治理结构，确保在企业经营决策中董事会具有较高的独立性。加强内部控制体系的完善，强化国有企业内部牵制与监督，确保内部控制在企业经营决策中的合法合规性，以及在风险管控方面的有效性，构建有效制衡的现代企业治理机制。健全国有资产监管机制，应以管资本为导向，科学界定国有资产监管部门的职能，根据国企所属管理层级、企业功能定位、行业类型的差别，对监管机制进行分层、分类建设，提升改革与监管的同步性与协调性。

2.深化省以下财政体制改革，提升配置效率

山西应进一步推进省以下事权和支出责任划分改革，清晰界定省以下各

级财政事权和支出责任，增强改革方案的适应性。在跨市县重大基础设施规划建设、科研、教育等方面，适度强化省级财政事权，加大省级财政投入。根据不同区域的经济发展、财力状况、支出成本，差异化确定不同区域市县级财政支出责任。进一步推进省对市县转移支付改革，规范转移支付分类设置，厘清转移支付边界和功能定位。优化转移支付分配，采用因素法分配的转移支付，应充分考虑财政困难程度、支出成本差异等因素，通过系数加以调节。推动建立共同财政事权保障标准，按比例分担支出责任，同时实行差异化补助政策，确保基本公共服务水平更加均衡。

3. 纵深推进营商环境改革，破除隐性壁垒

全面清理市场准入隐性壁垒，完善公平竞争审查制度，建立公平竞争政策与产业政策协调保障机制，努力破除各类市场主体准入门槛，实现公平竞争。完善行业准营规则，推进准营制度的简约高效、公正透明，在更宽范围推动照后减证和简化审批。深化工程建设项目审批制度改革，针对多头申报问题，建立全省统一的一体化投资项目审批管理系统，真正实现项目审批"一网通办"，提升网上审批便捷度和工程建设项目审批效率。推进市场监管综合行政执法改革，创新企业分级分类监管模式，规范涉企执法方式，建立执法回访机制，强化对执法权的制约监督，实现涉企执法"闭环管理"。推行柔性执法和包容审慎监管，建立"预防为主、轻微免罚、事后回访、重违严惩"的市场监管服务型执法新模式，规范行政执法自由裁量权。

（二）进一步扩大开放

1. 注重解放思想，弘扬晋商精神

思想是行动的先导，只有思想上"破冰"，才会有行动上的"突围"。推进高水平对外开放要克服不良思想倾向，补齐认识上、能力上的短板弱项，切实跳出山西、跳出全国看山西，敢做思想解放"急先锋"，勇当改革开放"弄潮儿"；要打破条条框框、固有樊篱，做"没做过的事"，坚持实事求是和问题导向，进一步把握省情特征和发展趋势，进一步总揽全局和协调各方，进一步深化改革和创新制度，着力转变不适应不符合开放发展的思

想观念，着力解决影响和制约全方位开放的体制机制问题；要健全正向激励机制和容错纠错机制，让想干事者有机会、能干事者有舞台、干成事者有底气。以思想再解放、观念再更新、开放再出发的实际行动，推动全省高质量发展实现新的更大突破。进一步弘扬"诚实守信、开拓进取、和衷共济、务实经营、经世济民"的晋商精神，传承开放诚信、敢于走出去、敢为天下先的晋商精神内核，增强开放意识、提升开放素质、锻造开放能力，开展"百家商会走进山西""千名网红走进山西"等系列活动，促进晋商会与各市签订战略合作协议，培育具有开拓精神、前瞻眼光、国际视野的企业家和外向型人才队伍。进一步拓展合作空间，凝聚起广大晋商投身家乡现代化建设、助力山西高质量发展的强大动力。

2. 扩大开放规模，促进扩量提质

实施外贸集聚区培育，完善现有外贸转型升级基地培育机制，大力创建国家级基地。围绕基地主导和优势产业链，开展产品链补链延链，重点引进外向型产业链关键节点企业和产业链上下游配套企业，推动重大转型项目和产业链配套项目向基地集聚，提升全产业链的价值和竞争力，打造特色出口产业集群。实施外贸企业主体分级分类培育，对有进出口潜力或通过省外代理出口的企业理出清单，制定一对一帮扶方案和措施，引导企业开展自营进出口业务，实现外贸业务回归。支持中小外贸企业多元化开拓国际市场，鼓励在晋发展国际贸易总部经济。支持全省企业开展焦炭自营出口，并在出口增量、信保、融资等方面给予倾斜。立足山西产业优势，做好服务贸易发展规划，从财政、税收、金融、人才培训、知识产权保护等方面推进服务贸易高质量发展。实施社会领域对外扩大开放，深度参与共建"一带一路"教育行动，加强与"一带一路"共建国家在中医、康复、医养结合、疫苗研发等方面的合作。

3. 强化招商引资，实现制度型开放

引导外资投向全省特色优势产业，优化外商投资产业导向，完善配套政策和措施，鼓励外商投资半导体、大数据融合创新、光电、光伏、碳基新材料、生物基新材料、特种金属材料、先进轨道交通装备、煤机智能制造、智能网联新能源汽车、通用航空、现代生物医药和大健康、节能环保等战略性新兴产业。主动对接京津冀、长三角、粤港澳等发达地区，有效发挥区位优势、产业优势，重点在先进装备制造、新型材料、高效农业等方面加大承接产业转移力度，不断将政策机遇转化为竞争优势、发展优势。强化开发区招商引资，拓展外商投资合作交流渠道，深化拓展外资投向领域，将利用外资与开发区产业转型升级、数字化改造相结合，推进开发区国际合作园区建设，推动共建合作园区，着力提升开发区利用外资规模和质量。学习借鉴国内自贸试验区港制度型开放的政策措施，大胆借鉴，主动突破，优化复制推广路径模式。巩固提升中国（太原）国际能源产业博览会、中国（山西）特色农产品交易博览会、太原能源低碳发展论坛、山西文化产业博览交易会等展会的招商引资平台作用。实施准入前国民待遇加负面清单管理制度。推进山西外商投资权益保护法制建设。

4. 融入国家战略，拓展开放空间

积极融入"一带一路"建设。把握国家"一带一路"建设的发展机遇，以更加开放的姿态和勇气，发挥山西省在产能、装备、技术等方面的比较优势，建设"一带一路"新起点。打造"山西品牌丝路行"为山西省对接"一带一路"重要载体和对外开放新名片，政府搭台、企业唱戏，充分利用山西省历史人文、特色产品、产业优势，推动与沿线国家（省份）全面交流与合作。发挥各市区位和产业优势，主动融入中蒙俄经济走廊、新亚欧大陆桥经济走廊、中国—中亚—西亚经济走廊和海上战略支点等建设。深度融入京津冀协同发展。充分发挥山西省区位、能源等比较优势，建立与京津冀协同发展机制。构筑京津冀生态屏障，完善区域环境污染联防联控机制。加强与京津冀地区基础设施互联互通，增加向京津冀地区的清洁能源供应，构建京津冀晋协同创新共同体。加强与周边区域交流合作。加强山西省与周边区域的合作，提升产业融合发展水平。积极承接长三角产业转移，努力将山西打造成沿海地区制造业和服务业的承接地。全力参与粤港澳大湾区产业链延伸，积极谋划推进重点项目。积极深化与中原经济区合作，支持晋城、长治、运城与中原城市群联动发 展。建立更加紧密的沿黄经济协作区战略合

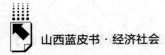
作关系。拓展与长江中游、成渝、关中平原等城市群的交流合作，积极开展多领域联动协作，实现共赢发展。

5. 强化政策支持，重塑开放氛围

健全开放工作推进机制，建议成立由省政府主要领导任组长的山西省加快建设内陆地区对外开放新高地建设工作领导小组，负责研究审议重大问题、协调重大政策、制定重大规划、安排重大项目。深入研究把握国家推进对外开放重大战略规划对山西的政策机遇，主动谋划、储备、申报重点项目，大力争取中央资金项目支持。加大促进对外开放投入力度，充分发挥政府投入引导带动作用，吸引集聚更多社会资本投向对外开放领域。提升对外开放服务能力。企业注册登记实行"一站式"服务，一次填报，集成办理。项目备案实行"一条龙"服务，推广企业优惠政策"免申即享"工作模式。用好政银企常态化对接机制，鼓励合作银行支持"首贷"外贸企业。推进跨境贸易投融资便利化，简化跨境人民币结算流程。为外贸企业提供"菜单式"政策宣传，现场设立"通关异常处置专窗"，为重点项目提供减免税办理、设备进口等政策咨询服务。对新业态实施"包容审慎"监管。

参考文献

［1］胡洪：《国企改革中国有资产监管问题及改进对策》，《投资与创业》2023年第5期。

［2］常国华：《进一步深化财税体制改革　为山西高质量发展提供坚强支撑》，《预算管理与会计》2023年第7期。

［3］常国华：《加力提效做好六方面工作　为山西加快推动高质量发展提供坚强支撑》，《山西财税》2023年第3期。

Abstract

In 2023, Shanxi's economy maintained a development trend of steady recovery and steady improvement, with production demand basically stable, employment prices generally stable, development quality steadily improved, and people's livelihood and well-being continuously improved. In the first three quarters of 2023, the province's GDP was 1, 804. 937 billion yuan, a year-on-year increase of 4. 5%. From the perspective of the three industries, the added value of the primary industry was 90. 762 billion yuan, an increase of 3. 5% year-on-year, driving economic growth of 0. 2 percentage points; the added value of the secondary industry was 872. 094 billion yuan, an increase of 4. 6% year-on-year, driving the economic growth of 2. 05 percentage points; the added value of the tertiary industry was 842. 082 billion yuan, up 4. 5% year-on-year, driving the economic growth of 2. 25 percentage points. On the demand side, the impact of exports and investment on economic growth has weakened, but consumption has continued to recover, and the fundamental role of consumption in driving economic growth has become prominent. In the first three quarters, the growth rate of fixed asset investment in the province decreased by 6. 8% year-on-year, but the decline narrowed by 0. 1 percentage points from January to August. The total retail sales of consumer goods reached 583. 62 billion yuan, up 3. 7% year-on-year, and the growth of new consumption accelerated. The province's imports and exports reached 121. 09 billion yuan, down 11. 6% year-on-year, but new energy vehicles, medical products, rail transit equipment and other new growth points accelerated, driving the decline in imports and exports narrowed. In September, the growth rate of import and export, export turned from negative to positive, with growth rates of 9. 9%, 9. 3% respectively. In terms of the social situation, employment has become stable and good, people's income has maintained growth, the ability to provide education and health services has been significantly enhanced, the ecological environment continued to improve, the level of social governance has improved significantly, and people's sense of well-being continued to grow.

Looking forward to 2024, opportunities and challenges coexist in Shanxi's economic and social development, and positive factors conducive to the improvement of the economy and society continue to gather. At the same time, it should be noted that problems such as insufficient demand and weak expectations are still prominent, the foundation for sustained recovery is not solid enough, and social development still faces many risks and challenges. Shanxi should fully implement the spirit of the Party's 20th National Congress and The Second Plenary Session of the 20th Central Committee, thoroughly implement the important speech and important instructions of the General Secretary Xi Jinping for Shanxi work, adhere to seeking progress while maintaining stability, promoting stability with progress, and establishing first and then breaking down focus on expanding domestic demand, boosting confidence, preventing risks, consolidating the foundation of economic stability and recovery, continue to consolidate and strengthen the good trend of economic recovery, and steadily promote high-quality development. At the same time, a number of measures should be taken to stabilize and expand employment, accelerate the improvement of the supply capacity and quality of basic public services, continue to strengthen the comprehensive management of the ecological environment, promote the modernization of social governance, continue to ensure and improve people's livelihood, and strive to write a chapter of Chinese-style modernization in Shanxi.

Keywords: Economic Operation; the Social Situation; High-quality Development; Shanxi

Contents

I General Reports

B.1 Analysis and Forecast of Economic Situation in Shanxi
2023−2024

    Zhang Jun, Zhang Wenli , Zhang Wenxia and Jiao Zichen / 001

  1. Analysis of the Characteristics in 2023 / 002

  2. Issues That Need to be Focused on / 013

  3. Economic Outlook and Policy Recommendations for 2024 / 018

Abstract: In 2023, in the face of complex and severe external environment and multiple domestic difficulties and challenges, Shanxi's economy continued to maintain a steady recovery and steady development trend, the three industries has grown steadily, effective demand gradually recovered, employment prices overall stable, and the quality of development has improved steadily. However, we must also see that the foundation for sustained recovery is not yet solid enough, and problems such as insufficient effective demand and weak social expectations are still prominent. Looking forward to 2024, the development environment at home and abroad is still complex and changeable, but with the effective implementation of the counter-cyclical and trans-cyclical adjustment policy, it will be conducive to the realization of stable growth, stable expectations, stable growth and stable employment. Shanxi should adhere to seeking progress while maintaining stability, promoting stability with progress, and establishing first and then breaking down,

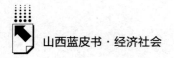
strive to expand domestic demand, boost confidence and prevent risks, constantly promote the csustained recovery of the economy, internal impetus and social expectations while risks and hidden dangers to be resolved, and steadily promote high-quality development, so as to make every effort to write a chapter of Chinese-style modernization in Shanxi.

Keywords: Economic Situation; Economic Operation; High-quality Development; Shanxi

B.2 Analysis and Forecast of Social Situation in Shanxi

2023-2024 *Bai Ting* / 024

1. Analysis of the Overall Situation in 2023 / 025

2. Difficulties and Challenges / 034

3. Social Development Situation and Policy Suggestions in 2024 / 038

Abstract: In 2023, Shanxi adhered to the guidance of the Xi Jinping thought of socialism with Chinese characteristics in the newera, comprehensively implemented the spirit of the 20th National Congress of the party, and thoroughly implemented the spirit of the important instructions given by General Secretary Xi Jinping to the work of Shanxi, adhered to the general tone of seeking progress while maintaining stability, took promoting high-quality development as the theme, and took multiple measures to stabilize and expand employment, made great efforts to promote the equity and quality of education, accelerated the construction of a medical and health service system with Shanxi characteristics, accelerated the improvement of a multi-level social security system, implemented ecological protection and environmental governance projects vigorously, explored a new model of modernization of social governance at the grass-roots level actively, and achieved remarkable results in the development of various social undertakings. However, faced with the profound and complex changes in the current international and domestic environment, Shanxi's social development is also facing many new risks and challenges, the employment situation of young people is relatively severe, the promotion of long-term balanced population development is imminent, the supply of basic public services is still insufficient, and the ecological environment management task is still arduous. In 2024, Shanxi should take multiple measures to expand jobs and provide excellent services, and highlight the employment of key groups; constantly improve the fertility support system and build a fertility friendly society; focus on improving the supply capacity and quality of basic public services, and enhance the balance and accessibility; continue to strengthen the comprehensive management of the ecological environment, vigorously promote green and low-carbon development, further do a good job in the construction of inclusive, basic and bottom-line livelihood, promote the development of Shanxi's livelihood undertakings effectively, and achieve overall social harmony and stability.

Keywords: Social Situation; People's Livelihood; Basic Public Services; Population Development

Ⅱ Operation Topics

B.3 Analysis on the Characteristics and Situation of Agricultural

and Rural Economic Development in Shanxi

Wu Jiafei, Liu Lingling / 048

Abstract: 2023 is the first year of the full implementation of the spirit of the Party's 20th National Congress and the beginning of the construction of an agricultural power. Shanxi fully implemented the spirit of the 20th National Congress of the Communist Party of China, thoroughly implemented the important exposition of General Secretary Xi Jinping on the "three rural" work and the important instructions of Shanxi's work, and conscientiously implemented the spirit of the Central Rural Work Conference, the 12th Provincial Party Congress, the Provincial Party Committee Economic Work Conference and the Provincial Party Committee's Rural Work Conference. At the same time, Shanxi took the "special" and "excellent" development of agriculture as the main line, tightly grasped the two key areas of arable land and seeds, played the three cards of characteristic advantages, organic dry farming, processing and transformation, and made every effort to ensure the safe and stable supply of important agricultural products such as grain, fruits and vegetables, and livestock, and the agricultural production situation shows a stable and good trend, which has made important contributions to the "two basic realization" goals. In the next step, Shanxi should give priority to the development of agriculture and rural areas, adhere to the integrated development of urban and rural areas, the coordinated development of regions, comprehensively consolidate the foundation of food security, vigorously promote the quality and efficiency of superior agriculture, continuously strengthen the support of agricultural science and technology and equipment, and take multiple measures to promote the continuous increase of farmers' income, strive to stabilize grain, develop industry, increase farmers' income, develop agriculture through science and technology, strengthen rural construction, promote reform, and accelerate the transformation of a large province with special agricultural characteristics into a strong province with special agricultural characteristics.

Keywords: Agricultural and Rural Economy; Stable Grain Supply; Preferential Development

B.4 Analysis on the Characteristics and Situation of Industrial Economy in Shanxi   *Cai Fei , Xie Xiufeng* / 070

Abstract: Since 2023, Shanxi has been focusing on the revitalization and upgrading of the manufacturing industry vigorously implementing the "229" project, which further strengthened the new industrial momentum, continuously optimized the structure, accelerated the speed of green transformation, and gradually stabilized the industrial economy. However, we must also see that the current investment, consumption and export of the three major demand is still insufficient, the price of coal, coke, steel and other major products has fallen sharply, growth rate of traditional advantageous industrial industries has slowed down, non-coal industry is running at a low level, industrial economy lacks the momentum for growth, and the foundation for growth is not yet solid. Judging from the future development trend, the international environment is complex and grim, the world economic recovery is weak, and the global economy still shows the trend of high inflation, tight monetary policy and tight credit conditions. Under the dual pressure of external demand and insufficient domestic economic demand, the low adjustment trend of the national economy is still prominent. With the gradual effectiveness of macro policy measures, the national economic boom will gradually recover. Shanxi is affected by the falling prices of energy raw materials and bulk commodities, and the pressure on stable industrial growth has increased. Taking into account the gradual emergence of a series of policies to promote stable industrial growth and cultivate new momentum, the province's industry will stimulate new growth points and new drivers. With the same period of the base fall, it is expected that the industrial growth rate will fluctuate slightly up trend. In the next step, we should deeply analyze the changes in domestic and foreign situations and the stage characteristics of our country's new industrialization, adhere to promoting the transformation and upgrading of traditional industries and cultivating and strengthening strategic emerging industries, stabilize the industrial base, stimulate new drivers of industrial growth, continue to improve the industrial ecology, upgrade the modernization of the industrial chain, work hard to shore up weak links, stretch long ones and forge new ones, and do our best to effectively upgrade the quality and increase the quantity of the industrial economy.

Keywords: Economic Operation; Industrial Economy; Industrial Upgrading; Shanxi

B . 5　Analysis and Forecast of Financial Operation in Shanxi

Zhang Ting, Wu Meiying / 084

Abstract: In the first three quarters of 2023, Shanxi's general public budget revenue declined slightly, tax revenue grew negatively, and non-tax revenue

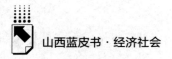

became an important support for fiscal revenue. Under the pressure of fiscal revenue, Shanxi persisted in optimizing the expenditure structure, ensuring people's livelihood while promoting transformation, which injected certainty into economic and social development. From the overall operating situation, the stability of fiscal revenue growth is insufficient, the revenue structure is not good, and the pressure on community-level fiscal revenue and expenditure is great. To solve these problems, we should strengthen the overall planning of capital, assets and resources, strengthen the potential of open source and expenditure, and improve the quality and efficiency of fiscal revenue and expenditure; properly allocate government funds to strengthen the economy and cultivate new strengths and drivers for high-quality economic development; continue to deepen reform of the fiscal and taxation systems, make all systems and mechanisms more mature and formalized on the whole, and improve the ability of public finance to hedge risks through governance; guard against the risks of the "three guarantees", debt risks, and financial risks, resolutely hold the bottom line that systemic risks do not occur, and strive to create a safe environment for development.

Keywords: Financial Operation; Financial Situation; Financial Revenue; Fiscal and Taxation System Reform

Ⅲ　Special Topics

B.6　Study on the Path of Promoting Transformation

and Development in Shanxi　　　*Sun Xiuling*, *Li Ting* / 103

Abstract: At present, the economy of Shanxi Province is accelerating the transformation to the stage of high-quality development. Overall, the transformation and development of the province has achieved remarkable results. Through continuous efforts in the construction of a modern industrial system, the pilot comprehensive reform of the energy revolution, the cultivation of an innovative ecology, and the improvement of people's well-being, Shanxi is on the road of industrial excellence, high quality, good efficiency, and sustainable transformation, and continuously promotes the high-quality economic development of the whole province. However, the transformation and development of the province is also facing a new time and space background. In the overall situation of national high-quality development and regional coordinated development, Shanxi's transformation and development opportunities and challenges coexist, facing a series of new environments, new characteristics and new requirements. Therefore, Shanxi should adhere to deepening supply-side structural reform, innovation-driven, creating a good business environment, comprehensively deepening the "four paths" of reform, and giving full play to its own comparative advantages. Shanxi should take multiple measures at the same time in accelerating the construction of modern industrial system, strengthening the construction of scientific and technological innovation ecology, creating a good business environment, comprehensively deepening reform and other aspects, and promote the practice of Chinese-style modernization by accelerating transformation development.

Keywords: Industrial System; Transformation Development; Business Environment, Shanxi

B.7 Study on Optimization of Income Distribution Mechanism of Energy Resources in Shanxi

Cao Haixia, Li Fei, Zhang Yanmei and Wang Xin / 123

Abstract: In order to fully implement the spirit of the Party's 20th National Congress, and the important speech and important instructions of General Secretary Xi Jinping for Shanxi work, Shanxi should focus on optimizing the income management and distribution system of energy resources, increase financial investment, strengthen the linkage of fiscal, tax and financial policies, strengthen support and guarantee for traction, landmark and breakthrough major projects, support such major events as "fostering new growth drivers for transformation, strengthening provincial actions in scientific and technological innovation and talents, improving people's livelihood and

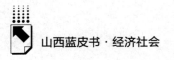

public services, and preventing and defusing major risks", and promote the high-quality transformation and development of the province's economy comprehensively.

Keywords: Energy Resources; Income Management; Income Distribution; Financial Expenditure

B . 8 Study on Increasing Coal Production and Ensuring Supply and Sustainable Development in Shanxi

Gao Jianfeng, Lu Xiaocui and Zheng Yue / 138

Abstract: Under the new situation of "double carbon" goal and energy supply guarantee, the role of coal in energy security is more prominent. In the process of increasing coal production and ensuring coal supply, Shanxi resolutely implemented the tasks of increasing coal production and ensuring coal supply issued by the state through measures such as optimal stock, expanding increment, paying close attention to continue, and security, which played an important role in maintaining the stability of coal supply and stabilizing the regional economic market. However, there are still difficult challenges in the aspects of coal resource renewal and ecological environment protection in mining areas. Under the new situation, efforts should be made to ensure the safe supply of national energy, adjust and optimize the layout of coal development, coordinate the development of coal and related downstream industrial chains, and actively promote the green and low-carbon transformation of mining areas, so as to orderly promote the increase in production and supply and sustainable development of the province's coal industry.

Keywords: Energy Security; Green Low-carbon Transformation; "Dual Carbon" Target; Coal Industry

B.9 Study on Building High Standard Market System in Shanxi

Liang Zhenghua, Li Feng and Wang Xin / 156

Abstract: Building a high-standard market system is an important support for promoting high-quality economic development. In recent years, Shanxi Province has continued to promote the construction of modern market system, and has made certain progress in cultivating and expanding market players, improving the market-oriented allocation of factors, improving the fairness of market infrastructure, and standardizing market operation order. The paper comprehensively explains the development status and main problems of the high-standard market system in Shanxi Province. On this basis, it is proposed to adapt to the requirements of building a national unified large market and the development trend of new technologies and new business forms, accelerate the construction of a high-standard market system, stimulate the vitality of various market players and various production factors, and provide internal impetus for Shanxi to achieve high-quality development and forge a new road of transformation development.

Keywords: Market System; Market Main Body; Market Reform; Shanxi

B.10 Study on Constructing Modern Comprehensive Transportation System in Shanxi

Guo Yong, Gong Ping and Chen Qizhi / 173

Abstract: The construction of modern comprehensive transportation system is the essential requirement of realizing the modernization of Chinese style, is the strategic choice of speeding up the construction of transportation power, and is an important task to lay the foundation and benefit long-term events. In recent years, Shanxi's modern comprehensive transportation system and mechanism have been continuously improved, the modern comprehensive three-dimensional transportation network has become increasingly perfect, the green intelligent modernization level of transportation has been greatly improved, the people's satisfaction with travel has been significantly increased, and the modernization level of transportation governance has been steadily improved, which better meets the economic and social development needs of the province. However, the unbalanced and inadequate development is still prominent, and there are still many shortcomings. Shanxi should further improve the facility network, expand service supply, cultivate development momentum, innovate development models, pay more attention to serving the overall situation, and continue to improve the comprehensive transportation support capacity; pay more attention to the people first, strive to build a satisfactory transportation system for the people; pay more attention to scientific and technological innovation to lead the high-quality development of transport; pay more attention to green development, and strive to promote green and low-carbon transformation of transport; pay more attention to ensuring factors of production and improve the total factor supply system for major projects. Accelerate the construction of three-dimensional networking, internal and external connectivity, multimodal transport, organic connection of the modern comprehensive transport system, in order to provide strategic support for further accelerating transformation development, and for advancing the "two basic realization" goal.

Keywords: Transportation; Modern Transportation System; Transformation Development

B.11 Study on the Implementation of Agriculture "Special" and "Excellent" Strategy in Shanxi

Zhao Xuqiang, Wang Zhong and Wang Na / 189

Abstract: Special and excellent agriculture is the inevitable choice to realize the high-quality development of agriculture. In recent years, Shanxi has vigorously promoted the "special" and "excellent" strategy of agriculture, and achieved obvious results. However, compared with developed agricultural areas, it is still in the initial stage, and problems such as imperfect logistics system, weak strength of leading enterprises, low industrial concentration, short industrial chain and insufficient scientific and technological innovation still exist, which become the pain points and blocking points of Shanxi's special agriculture development. Based on the actual development of Shanxi, the paper puts forward some suggestions: firstly, make overall planning for the layout of productivity and consolidate the foundation of food security in an all-round way; secondly, strengthen the construction of the whole industrial chain and promote the development of agricultural industry clusters; thirdly, stimulate the vitality of market entities and build a strong modern agricultural management system; fourthly, change the pattern of agricultural development and increase the supply of high-quality and safe agricultural products; fifthly, improve the scientific and technological innovation system and enable high-quality development of exceptional agriculture.

Keywords: Special and Excellent Agriculture; Food Security; Agricultural Industry; Shanxi

B.12　Study on the Problem of "Clear Water Flowing into the Yellow River" in Shanxi

Zhao Wenjiang, Wei Qiang and Li Weibin / 212

Abstract: When inspecting Shanxi, General Secretary Xi Jinping put forward the entrustment that "the Fenhe River should be protected and managed effectively, and the beautiful scenery of Jinyang and Fenhe River should be reproduced, so that a stream of clear water can flow into the Yellow River. " As one of the major events in Shanxi to lay the foundation for long-term benefits, "Clear water flowing into the Yellow River" is not only an important support to accelerate transformation development, but also the core task of building an important experimental area for ecological protection and high-quality development in the Yellow River Basin. In order to accelerate the ecological protection and restoration of the Fenhe River Basin, and ensure that all sections of the Yellow

River Basin in Shanxi will achieve excellent water quality in 2025, this paper describes the current situation of the harness of "clear water flowing into the Yellow River" in Shanxi, analyzes the existing problems and reasons, and proposes reform measures to promote the intensive and economical utilization of water resources, and further work on "abundant water volume"; make up for the shortcomings of water pollution prevention and control in the river basin with innovative mechanisms, and further work on "improving water quality"; improve the scientificity of ecological protection and restoration of the river basin through systematic governance, and further work on "making the scenery beautiful".

Keywords: Ecological Protection; Ecological Restoration; Water Pollution Control

B.13 Study on Promoting Urbanization Construction with County Seat as the Carrier in Shanxi

Jia Buyun, Wang Zhong and Lv Kai / 227

Abstract: The county seat is an important part of China's urban system, a key support for the integrated development of urban and rural areas, and is of great significance for promoting the construction of new urbanization and building a new type of urban-rural relationship between industry and agriculture. This paper objectively summarizes the main practices and remarkable achievements in recent years, and deeply analyzes the basic advantages and shortcomings of Shanxi's urbanization construction with county towns as important carriers. On the basis of fully absorbing and learning from the successful experience of advanced regions in China, it is proposed that in the future, Shanxi should fully respect the development law of the county, coordinate the needs of urban and rural production, life, ecology and security, and make every effort to create a number of new models of county urbanization with "high-quality development, high-level openness and high-quality life". Firstly, position the functions of the county scientifically and reasonably, and focus on the implementation of differentiated development strategies; secondly, enhance the support capacity of leading industries and steadily increase the number of jobs in the county; thirdly, improve the level of basic public services and enhance the comprehensive carrying capacity of the county; fourthly, innovate the system and mechanism of urban-rural integration and accelerate the two-way flow of elements between urban and rural areas; fifth, improve the efficiency of urban and rural community governance, and build a new pattern of co-construction, co-governance and sharing.

Keywords: New Urbanization; Urban-rural Integration; County Seat

B.14 Study on Education Talents Revitalization in Science and Technology in Shanxi

Zhang Xuelian, Wang Jingxin and Liang Pengwei / 249

Abstract: Education, technology and talent are closely related. The priority development of education, self-reliance and self-improvement in science and technology, and talent-led drive play an important role as a pioneer and innovation hub in promoting the process of Chinese-style modernization, which are the main power sources for technological disruptive innovation and leapfrog industrial development. Shanxi has achieved good results in promoting the development of educational and scientific and technological talents, with the scale of talent training growing steadily, the quantity and quality of scientific and technological achievements improving, and the talent concentration continuously increasing. This is due to the continuous deepening of Shanxi's reform of the institutional system, accelerating the construction of scientific and technological innovation platforms, strengthening the main position of enterprises in science and technology, and extensively carrying out scientific popularization activities. At the same time, it should also be recognized that Shanxi still needs to pay attention to the improvement of the development capacity of education and social services, the enhancement of the ability of basic research and the transformation of scientific and technological achievements, and the construction of

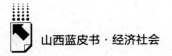

talent teams. By improving the quality of independent training of educational talents, enhancing the ability of education to serve economic and social development, optimizing the overall layout of scientific research, accelerating the implementation and transformation of scientific and technological achievements, and innovating the system and environment for talent development, give full play to the basic and strategic supporting role of the three and accelerate the transformation development of Shanxi.

Keywords: Education; Science and Technology; Talent; Shanxi

B.15 Study on Taiyuan Playing the Leading Role of Shanxi Central Urban Agglomeration

Liu Zhiyu , Jiao Hong / 270

Abstract: Taiyuan City has a core position in the coordinated development of the urban agglomeration in central Shanxi. Promoting Taiyuan to take the lead in development is an inherent requirement and inevitable choice to coordinate the development of urban and rural areas and lead the coordinated development of the urban agglomeration in central Shanxi. To give full play to the leading role of Taiyuan, it is necessary to take the lead in making the provincial capital city bigger and stronger, improve the energy level of urban development, enhance the vitality and competitiveness of urban development, improve the level of urban governance and openness, focus on the development of modern metropolitan areas, and form the core area and growth pole that radiates and drives the integrated development of urban agglomerations in central Shanxi.

Keywords: Taiyuan; Urban Agglomeration in Central Shanxi; Leading Role; Metropolitan Area

B. 16　Study on the Coordinated Development between

　　　Datong and Beijing-Tianjin-Hebei

Guo Taiyue, *Wang Aimin*, *Gao Yan and Bai Xiaoli* / 291

Abstract: At the symposium on in-depth promotion of the coordinated development of Beijing-Tianjin-Hebei held in May 2023, General Secretary Xi Jinping emphasized that "it is necessary to handle the relationship with the surrounding areas and promote the high-quality development of the surrounding border areas", "actively communicate with other regions at home and abroad to build a national high ground for opening up." As a key national regional city, Datong is close to the Beijing-Tianjin-Hebei region and has unique geographical advantages. Datong takes the initiative to integrate into the Beijing-Tianjin-Hebei region and undertake the spillover effects of the coordinated development of the Beijing-Tianjin-Hebei region, which are not only a major historical mission in the overall situation of high-quality development of the province, but also a major historical opportunity for Datong's high-quality development. Datong should make good use of the national strategies such as the coordinated development of Beijing-Tianjin-Hebei and the promotion of high-quality development in the central region, as well as a series of policies issued by the Shanxi Provincial Party Committee and provincial government, and find the coordinate positioning in the interaction and coordination with Beijing-Tianjin-Hebei from the perspective of the whole country, the Beijing-Tianjin-Hebei, Shanxi, northern Shanxi urban circle, Wudazhang and even Datong. Grasp the law of institutional change and the law of economic geography development scientifically , coordinate from a higher level, longer period and broader vision, and clarify the basis and comparative advantages of Datong's integration with the Beijing-Tianjin-Hebei region. Learn from the advanced experience of connecting typical regions with the Beijing-Tianjin-Hebei region, the Yangtze River Delta, and the Guangdong-Hong Kong-Macao Greater Bay Area. With Beijing's non-capital functions as the core, accelerate industrial transfer and infrastructure docking, promote the integration of ecological environmental protection and culture, tourism, health and wellness, deepen institutional reform

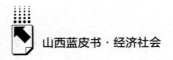
and cooperation in the field of people's livelihood, and simultaneously strengthen the linkage development of Datong and the urban agglomeration in central Shanxi, so as to promote the spillover effect of the coordinated development of Beijing-Tianjin-Hebei to better flow to the whole province.

Keywords: Regional Coordinated Development; Beijing-Tianjin-Hebei; Industrial Transfer; Central Shanxi Urban Agglomeration

B.17   Study on Deepening Reform and Opening up

Comprehensively in Shanxi   *Huang Hua, Zhang Ting* / 313

Abstract: In recent years, Shanxi has unswervingly promoted reform and expanded opening up, promoted transformation with reform, and sought impetus for reform, reforms in key areas have continued to deepen, the results of reforms to enhance new impetus for economic development have continued to emerge, the scale of the open economy has continued to expand, and breakthroughs have been made in the construction of open platforms and open channels. Shanxi's exploration of reform and opening up has continued and achieved certain results, but there are still factors that restrict the liberation of productive forces and the release of creativity in some key areas and key links, the quality of the open economy is not high, and the system and mechanism of opening up are not sound enough. In the new era, in order to accelerate economic development and improve the level of development, Shanxi should look at the overall situation of the new round of reform and deepening in the country, recognize new opportunities, seize new opportunities, continue to deepen the reform of state-owned assets and state-owned enterprises, as well as the reform of finance, taxation and finance, promote the pilot reform of the business environment in depth, and continue to promote new breakthroughs in the reform of key areas, so as to form a new pattern of reform and opening up at a higher level.

Keywords: Reform and Opening Up; Reform of State-owned Assets and State-owned Enterprises; Business Environment; Shanxi

社会科学文献出版社

皮 书

智库成果出版与传播平台

❖ 皮书定义 ❖

皮书是对中国与世界发展状况和热点问题进行年度监测，以专业的角度、专家的视野和实证研究方法，针对某一领域或区域现状与发展态势展开分析和预测，具备前沿性、原创性、实证性、连续性、时效性等特点的公开出版物，由一系列权威研究报告组成。

❖ 皮书作者 ❖

皮书系列报告作者以国内外一流研究机构、知名高校等重点智库的研究人员为主，多为相关领域一流专家学者，他们的观点代表了当下学界对中国与世界的现实和未来最高水平的解读与分析。

❖ 皮书荣誉 ❖

皮书作为中国社会科学院基础理论研究与应用对策研究融合发展的代表性成果，不仅是哲学社会科学工作者服务中国特色社会主义现代化建设的重要成果，更是助力中国特色新型智库建设、构建中国特色哲学社会科学"三大体系"的重要平台。皮书系列先后被列入"十二五""十三五""十四五"时期国家重点出版物出版专项规划项目；自2013年起，重点皮书被列入中国社会科学院国家哲学社会科学创新工程项目。

皮书网

（网址：www.pishu.cn）

发布皮书研创资讯，传播皮书精彩内容
引领皮书出版潮流，打造皮书服务平台

栏目设置

◆ **关于皮书**

何谓皮书、皮书分类、皮书大事记、
皮书荣誉、皮书出版第一人、皮书编辑部

◆ **最新资讯**

通知公告、新闻动态、媒体聚焦、
网站专题、视频直播、下载专区

◆ **皮书研创**

皮书规范、皮书出版、
皮书研究、研创团队

◆ **皮书评奖评价**

指标体系、皮书评价、皮书评奖

所获荣誉

◆ 2008 年、2011 年、2014 年，皮书网均
在全国新闻出版业网站荣誉评选中获得
"最具商业价值网站"称号；
◆ 2012 年，获得"出版业网站百强"称号。

网库合一

2014年，皮书网与皮书数据库端口合
一，实现资源共享，搭建智库成果融合创
新平台。

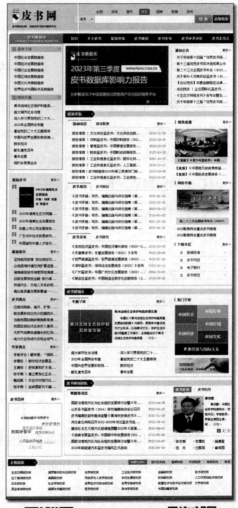

皮书网

"皮书说"
微信公众号

权威报告·连续出版·独家资源

皮书数据库
ANNUAL REPORT(YEARBOOK)
DATABASE

分析解读当下中国发展变迁的高端智库平台

所获荣誉

- 2022年，入选技术赋能"新闻+"推荐案例
- 2020年，入选全国新闻出版深度融合发展创新案例
- 2019年，入选国家新闻出版署数字出版精品遴选推荐计划
- 2016年，入选"十三五"国家重点电子出版物出版规划骨干工程
- 2013年，荣获"中国出版政府奖·网络出版物奖"提名奖

皮书数据库

"社科数托邦"
微信公众号

成为用户

　　登录网址www.pishu.com.cn访问皮书数据库网站或下载皮书数据库APP，通过手机号码验证或邮箱验证即可成为皮书数据库用户。

用户福利

- 已注册用户购书后可免费获赠100元皮书数据库充值卡。刮开充值卡涂层获取充值密码，登录并进入"会员中心"—"在线充值"—"充值卡充值"，充值成功即可购买和查看数据库内容。
- 用户福利最终解释权归社会科学文献出版社所有。

数据库服务热线：010-59367265
数据库服务QQ：2475522410
数据库服务邮箱：database@ssap.cn
图书销售热线：010-59367070/7028
图书服务QQ：1265056568
图书服务邮箱：duzhe@ssap.cn

社会科学文献出版社 皮书系列
SOCIAL SCIENCES ACADEMIC PRESS (CHINA)

卡号：584817713989
密码：

法律声明

"皮书系列"（含蓝皮书、绿皮书、黄皮书）之品牌由社会科学文献出版社最早使用并持续至今，现已被中国图书行业所熟知。"皮书系列"的相关商标已在国家商标管理部门商标局注册，包括但不限于 LOGO（▒）、皮书、Pishu、经济蓝皮书、社会蓝皮书等。"皮书系列"图书的注册商标专用权及封面设计、版式设计的著作权均为社会科学文献出版社所有。未经社会科学文献出版社书面授权许可，任何使用与"皮书系列"图书注册商标、封面设计、版式设计相同或者近似的文字、图形或其组合的行为均系侵权行为。

经作者授权，本书的专有出版权及信息网络传播权等为社会科学文献出版社享有。未经社会科学文献出版社书面授权许可，任何就本书内容的复制、发行或以数字形式进行网络传播的行为均系侵权行为。

社会科学文献出版社将通过法律途径追究上述侵权行为的法律责任，维护自身合法权益。

欢迎社会各界人士对侵犯社会科学文献出版社上述权利的侵权行为进行举报。电话：010-59367121，电子邮箱：fawubu@ssap.cn。

社会科学文献出版社